教育部人文社科规划基金项目成果

宁波工程学院学术专著出版基金资助出版

家族企业转型探究

——基于动态能力生成机理与路径

赵永杰　　著

中国时代经济出版社

China Modern Economic Publishing House

图书在版编目（CIP）数据

家族企业转型探究：基于动态能力生成机理与路径 /
赵永杰著 . -- 北京：中国时代经济出版社，2017.1
ISBN 978-7-5119-2642-5

Ⅰ . ①家… Ⅱ . ①赵… Ⅲ . ①家族－私营企业－企业

管理－研究－中国 Ⅳ . ① F279.245

中国版本图书馆 CIP 数据核字（2016）第 299997 号

书　　名：家族企业转型探究——基于动态能力生成机理与路径
作　　者：赵永杰

出版发行：中国时代经济出版社
社　　址：北京市丰台区玉林里 25 号楼
邮政编码：100069
发行热线：（010）63508271　63508273
传　　真：（010）63508274　63508284
网　　址：www.cmepub.com.cn
电子邮箱：sdjj1116@163.com
经　　销：各地新华书店
印　　刷：北京市媛明印刷厂
开　　本：710 毫米 ×1000 毫米　　1/16
字　　数：265 千字
印　　张：13.25
版　　次：2017 年 1 月第 1 版
印　　次：2017 年 1 月第 1 次印刷
书　　号：ISBN 978-7-5119-2642-5
定　　价：42.00 元

前　言

21 世纪以来受客观经济规律和国际金融危机的双重影响，增速放缓成为中国经济发展的新常态，转型升级成为企业发展的潮流。动态能力是动态多变环境下为解决企业长期生存和发展问题而提出的一个战略前沿。相对于国有企业和外资企业而言，处于技术变革、全球竞争、经济转型、产业升级交错过程中的当代中国家族企业面临着更多的环境动态性、复杂性和不确定性，如何不断开发和培育与环境变化相匹配的动态能力已成为未来中国家族企业能否顺利实现转型升级的最大挑战。

本书引入系统动力学分析视角，将企业家创新纳入企业动态能力的分析框架，旨在从企业家角度揭示家族企业动态能力的生成机理，提出了一条基于动态能力视角的、可操作性的家族企业转型升级路径。主要研究内容包括以下几部分：

一是提出了家族企业动态能力生成的分析框架。动态能力理论是对核心能力理论的延伸和发展，它产生于动荡复杂的竞争条件下，以增强企业对环境变化的反应能力为目的，聚焦于核心刚性的克服，被认为是动态环境下企业持续竞争优势的来源。但是以往对动态能力的分析主要将其界定为一种持续的战略变革能力或改变惯例的惯例，虽然强调其动态性，但是却不具有直接可考查性，因而不能很好地解释其形成的过程，无法有效地指导企业的实践。本书从系统演进的视角提出一个由"企业家精神—组织即兴—动态能力"构成的家族企业动态能力生成的分析框架，从而从长期与短期相结合的角度解释了家族企业动态能力的生成过程。

二是分析了家族企业动态能力生成的内在机理。在上述分析框架的基础上，本书以快速战略调整能力和快速战略执行能力作为两个可考核的具体指标，分析和评价家族企业的组织即兴水平，进而运用系统动力学分析方法，描述了家族企业动态能力生成的系统动力机制。在本书提出的理论框架中，家族企业动态能力的生成过程是由战略期间快速战略调整能力、运营期间快速战略执行能力两个增强环路构成的。增强环路有两种行为方式：要么是恶性循环，要么是良性循环。具体表现为恶性循环还是良性循环取决于环路的触发方式。系统思考发现：企业家精神是上述系统中系统要素的激活机制，也是系统结构中的"高杠杆解"。本书界定了个体、组织和社会三个不同层面的企业家精神，进而对三个层面企业家精神激活系统要素、催生动态能力的内在机理展开具体分析，使本书的理论框架建立在科学的逻辑基础之上。

三是分析家族企业动态能力生成的控制机理。只考虑动态能力生成使家族企业的战略变革很容易陷入两难困境：要么变革不足难以适应环境变化，要么变革过度导致成本上升，有人称之为过程悖论。所以研究家族企业动态能力的生成机理不仅需要考虑动力来源，还要研究控制机理。本研究从系统动力学的视角揭示了过程悖论产生的内在机理，并在此基础上提出战略调整时点的识别机制，为破解过程悖论和分析家族企业动态能力控制机理提出思路。

四是提出了基于企业家精神培育的动态能力策略。基于上述分析，本书从系统协同的视角构建了企业家精神形成的分析框架，然后深入分析了企业家精神的来源、扩散机理和动态传承机制，为企业动态能力培育和提升提出了一条可操作性路径。

五是理论检验。首先是基于对浙江省家族企业的调研数据，运用实证研究方法对本书提出的基本框架和研究假设进行实证检验。然后，又通过对万向集团、巨人集团、雅戈尔集团三个典型企业的案例考察，运用比较案例研究方法对本书提出的分析框架和理论模型进行检验。

各章节的主要内容是：第一章提出研究问题和研究框架。第二章界定核心概念，梳理逻辑关系。第三章通过对动态能力理论的系统综述，厘清理论发展脉络，把握发展现状，发现欠缺和不足，明确本书的研究视角和切入点。第四章通过相关文献综述，为提出家族企业动态能力生成的理论框架、进而分析其内在机理奠定理论基础。第五章从系统演进的视角构建了家族企业动态能力生成的分析框架，分析了其系统动力机制，揭示了过程悖论产生的内在机理，提出了战略调整时点的识别机制问题。第六章从个体、组织和社会三个层面分析了企业家精神激活系统要素、促进家族企业动态能力生成的内在机理。第七章分析了企业家精神的来源、扩散机理和动态传承机制。第八章以浙江省的家族企业作为调研数据的来源，运用实证研究方法对本书提出的基本框架和研究假设进行了实证检验。第九章通过对万向集团、巨人集团、雅戈尔集团三个典型家族企业的比较案例分析，对本书提出的分析框架和理论模型进行了检验。第十章分析研究不足，提出未来展望。

本书系教育部人文社科规划基金项目"转型升级背景下家族企业动态能力生成机理与路径研究（项目批准号：13YJA630142）"最终成果，由宁波工程学院学术专著出版基金资助出版。该课题在研究团队的精心组织和共同努力下，运用实地调研、专家咨询、会议研讨等形式积极开展研究，顺利完成了研究任务。课题组成员刘浩老师除了参与课题的调研之外，还直接参与了本书的写作（第7章和第9章）及文稿的修订工作，在此深表感谢！此外，本书在写作过程中参考和借鉴了一些研究成果，多数在参考文献部分已经一一注释，有些未及在书中一一注释，在此一并表示衷心感谢！

作者

2016年10月

目 | 录

1 导 论

2 核心概念及本书的研究框架

3　动态能力理论及研究进展

4　相关文献综述

5　家族企业动态能力生成的分析框架

6　家族企业动态能力生成的内在机理

| 1 |

导　论

1.1　研究背景

　　家族企业是人类历史上最古老、也是最普遍的企业组织形式。据美国学者克林·盖尔西克（1997）的研究，即使最保守的估计家庭所有或经营的企业在全世界企业中仍占 65% ~ 80%，世界 500 强企业中有 40% 由家庭所有或经营。放眼国内，中国改革开放的巨大成就离不开三十多年来民营企业的快速发展。而在中国民营企业的发展历程中，家族式企业扮演了极其重要的角色。据国家工商局统计，截至 2013 年 3 月底，我国私营企业总数 1096.67 万家，占全国企业总数的 80%，其中 90% 左右为家族企业，实行家族化管理。可见，家族企业已成为我国国民经济的重要组成部分。

　　我国家族企业虽然发展迅速，但由于随着企业竞争环境的日益恶化，其生存和发展并不容易，已经开始遇到两个比较明显的"瓶颈"：一是企业规模很难壮大。前几年在中小家族企业遍地开花的宁波，曾经开展过"五千万元现象"的大讨论，来自政府部门、著名大学和研究机构、咨询公司、企业界、媒体的代表纷纷参与讨论，反映了这一现象的普遍性。二是企业生命周期不长。Morris 等（1997）的研究表明，全世界家族企业的平均寿命只有 24 年，家族企业中仅有 30% 能够存活到第二代，15% 左右能够延续到第三代及后代。中国家族企业的生命周期更远低于此。据《中国民营企业发展报告蓝皮书》[①] 报告，全国每年新生 15 万家民营

---

　　① 目前我国尚没有系统的家族企业统计数据。考虑到中国 90% 的民营企业都是家族企业这一现实，在此以民营企业的数据代替家族企业的数据。

企业，同时每年又有 10 万多家倒闭，有 60% 的民营企业在 5 年内破产，有 85% 的民营企业在 10 年内死亡，其平均寿命只有 2.9 年。

我国家族企业的兴衰有其特定的体制和历史原因。改革开放初期，我国家族企业因初创成本低、家族成员可信度高、内部凝聚力强表现出极大的活力，成为近 30 年来中国经济高速发展的原动力之一。但是从价值链附加值角度看，由于起步晚、底子薄等原因，目前中国大部分家族企业仍然技术含量低、附加价值低，处于价值链"微笑曲线"的底端部分。随着家族企业走过初创期及经济环境的深刻变化，在经历了一段创业的辉煌后，家族制本身的局限性日益凸显。"一年企业靠促销，十年企业靠产品，百年企业靠管理"。目前，我国的家族企业正处于第一代创业者和第二代继任者交接传承的关键时期，由于缺少有效传承的制度安排和战略性，企业普遍面临持续发展的制约和跨代创业成长的挑战，转型升级已成为我国家族企业发展的必由之路。

1.2　问题的提出

本研究起源于对四个问题的思考。

问题一：如何探究家族企业转型升级问题？

深入探究家族企业转型升级问题，我们需要一个研究的视角。从动态资源基础观角度来看，家族企业转型升级的实现需要企业动态能力的支撑。因此从动态能力生成的角度研究家族企业的转型升级问题，有利于我们深入探究家族企业转型升级背后的动力机制，提出一条可操作性的家族企业转型升级路径。

动态能力是动态多变环境下为解决企业长期生存和发展问题而提出的一个战略前沿，是"超竞争"环境中企业取得竞争优势的基础。早在 1994 年美国著名策略大师戴维尼（D.Aveni）就在《超竞争：战略行为的动态管理》一文中发人深省地指出超竞争时代已经到来。如今身处其中的我们越来越深切地感受到这一点——企业赖以生存的环境发生了急剧的变化。新环境表现出一种"超竞争"的特征——随着市场竞争的加剧，企业的竞争优势正以逐渐加快的速度被创造出来和侵蚀掉。"超竞争"时代的来临颠覆着各种原有的竞争格局和游戏规则：科技进步一日千里、市场需求复杂多变、产品生命周期日益缩短——变化成为唯一不变的东西。

与动态多变的新时代相伴随的是企业兴衰沉浮日趋加速和普遍的现象。昔日稳定的商业生态环境一去不返，动态多变的竞争成为每一个身处其中的企业必须面对的现实。如何利用环境变化带来的机遇、应对快速变动带来的挑战，实现企业持续发展，成为企业在管理实践中需要思考的核心问题。人们逐步认识到：企业是快速地死亡还是快速地成长，不是取决于企业在现有一两件事上出众的运营能力，而是取决于随着环境的变化而不断构建、整合和重构新的资源和能力的能力，即所谓的动态能力。

相对于国有企业和外资企业而言，处于技术变革、全球竞争、经济转型、产业升级交错过程中的当代中国家族企业面临着更多的环境动态性、复杂性和不确定性，如何不断地开发和培育与环境变化相匹配的动态能力已成为未来中国家族企业能否顺利实现转型升级的最大挑战。基于这一认识，本研究尝试从动态能力生成的视角思考家族企业转型升级问题，关注家族企业这一企业特质对动态能力生成机理的影响，聚焦于转型升级背景下，我国家族企业动态能力的生成与演进问题，尝试构建基于动态能力理论的家族企业转型升级策略。

问题二：家族企业动态能力从何而来？

21世纪以来受客观经济规律和国际金融危机的双重影响，增速放缓成为中国经济发展的新常态，转型升级成为企业发展的潮流。处于经济转型时期的中国家族企业面临着更加复杂多变的环境，如劳动力和资源成本不断攀升、海内外市场的疲软等，这一背景下动态能力成为未来家族企业生存发展的关键。

"动态能力从何而来？"是应对这一挑战的核心问题，也是企业最为关注的问题。如果这个问题没有解决，动态能力理论就成了无源之水。尽管一些企业已经在实践中形成了很多值得借鉴的经验和教训，继提斯动态能力理论框架提出之后，一些学者对动态能力生成的影响因素也有所揭示，但是整体上看，对动态能力形成机制的研究尚处起步阶段。主要的问题在于：一是动态能力作为一种应对环境变化的能力，其形成过程具有显著的内外结合的特征，内外结合机制的设计是企业动态能力构建核心。作为企业创新的主体，企业家凭借其独特的地位和企业家精神，不可避免地成为内外结合关键点。但是从现有研究来看，企业家在动态能力生成中的作用，并未引起足够的关注。这一状况妨碍了动态能力理论的深化。二是现有的分析框架太过宽泛，没有考虑到企业属性、行业特征等不同特质对动态能力生成机理的影响。从权变的观点来看，不同的企业属性和行业特征必然会导致企业动态能力生成机理的差异性，对这种差异性的忽略显然意味着目前动态能力的理论研究尚不成熟。这也是目前对于企业如何开发和提升动态能力尚无法给出具体、合理的解释和策略建议，动态能力理论至今仍然只是作为一个观念性的理论概念被企业接受的主要原因。

本研究基于对上述问题的思考，尝试将企业家创新纳入企业动态能力的分析框架，从企业家角度揭示了家族企业动态能力的生成机理，提出一条基于动态能力视角的家族企业转型升级路径。

问题三：家族企业动态能力生成的控制机理是什么？

企业家精神为动态能力生成提供动力的观点已经得到不少研究者的认同。但是只考虑家族企业动态能力生成的动力机制有可能导致企业走向另外一个极端，即过于频繁的战略变革也可能导致成本的上升，使企业最终因无力承担高昂的调整费用而失败。这一现象的出现使家族企业的战略变革很容易陷入两难困境：要么变革不足难以适应环境变化，要么变革过度导致成本上升，有人称之为过程悖论（王翔，2006）。所以研究家族企业动态能力的生成机理不仅需要考虑动力来源，而且要研究控制机理。

问题四：如何构建家族企业动态能力生成的动力机制？

基于本书的研究框架，企业家精神构成了家族企业动态能力生成的主要动力机制，因此能否持续构建这样的动力机制是促进企业动态能力生成的关键。本研究从系统协同的视角对如何有效构建企业家精神进行了深入的分析和探讨。

1.3　研究内容

本研究从当前家族企业面临的现实问题出发、运用系统动力学分析方法、通过研究其动态能力生成的机理和路径，深入探究其转型升级的动力机制。技术路线如图1-1所示。

依据上述技术路线，本书拟划分为十个章节就研究问题展开论述。

第一章：导论

从现实和理论背景出发，提出本书研究问题，界定研究内容，介绍技术路线、研究方法及创新点。

第二章：核心概念的界定及其关系梳理

首先对企业家精神、动态能力、家族企业转型升级三个核心概念进行界定，然后对他们之间的相互关系展开分析，为后续研究奠定基础。

第三章：动态能力理论及研究进展

介绍动态能力的概念内涵、影响因素、形成机制和构成维度。通过对动态能力理论的系统综述，厘清理论发展脉络，把握发展现状，发现欠缺和不足，从而明确本研究的切入点、并为研究展开奠定理论基础。

第四章：相关文献综述

首先综述企业竞争优势理论的演进历史，归纳和评述其演化路径，然后对"企业家精神"和"组织即兴"概念内涵及相关研究进展的系统阐述。通过上述分析为提出家族企业动态能力生成的理论框架进而分析其内在机理奠定基础。

第五章：动态能力生成的分析框架

首先引入组织即兴概念，以快速战略调整能力和快速战略执行能力作为两个可考核的具体指标分析和评价家族企业的组织即兴水平，并据此推断其动态能力。然后从系统演进的视角构建了由关系链条"企业家精神—组织即兴—动态能力"构成的家族企业动态能力生成的分析框架。接着运用系统动力学分析方法构建了家族企业动态能力生成的系统动力机制。最后从系统动力视角揭示了过程悖论产生的内在机理，提出了战略调整时点的识别机制问题，为更深入地认识过程悖论和动态能力的控制机理提出思路。

第六章：动态能力生成的内在机理

从分析战略期间快速战略调整能力与运营期间快速战略执行能力的形成出发，运用文献研究和逻辑分析的方法，深入分析了三个层面的企业家精神激活系统要素、促进家族企业动态能力生成的内在机理，使本书的理论框架建立在科学的逻辑基础之上。

第七章：基于企业家精神培育的动态能力策略：来源、扩散与传承

深入分析了个体层面企业家精神的来源、企业家精神的扩散机理和动态传承机制。为家族企业动态能力培育和提升提出了一条可操作性路径。

第八章：企业家精神、动态能力、家族企业转型升级绩效关系的实证检验

以浙江省的家族企业作为调研数据来源，通过问卷调查的方法收集数据，然后利用结构方程分析软件对企业家精神和家族企业动态能力生成，动态能力与家族企业转型升级绩效之间的关系进行实证检验。

第九章：案例考察与思考

通过对万向集团、巨人集团、雅戈尔集团三个典型家族企业的比较案例分析，从实证研究的角度检验本书提出的理论框架。

第十章：总结与展望：

总结研究结论和实践启示，为中国家族企业适应环境变化获取竞争优势的具体实践提供指导。分析研究不足，提出未来展望。

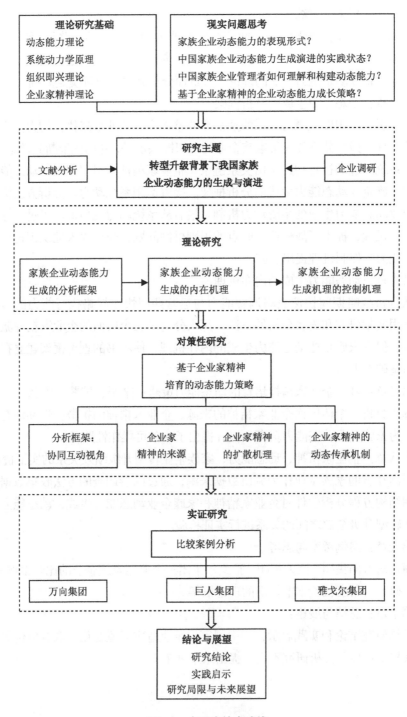

图1-1 本研究技术路线

1.4　研究方法

本研究拟采用的主要研究方法。

1.4.1　系统动力学分析方法

系统动力学产生于 20 世纪 50 年代，本质上是一种从整体出发强调系统思考的研究模式和分析方法。目前已经发展成为一种了解和认识人类动态复杂系统的具有普遍性的研究方法。

与其他方法相比，基于系统动力学的系统思考方法具有以下特点：一是从专注于个别事件到洞悉系统的潜在结构，强调"结构影响行为"。二是从线性思考走向环形思考。在传统的思维中，人们假设因与果之间是线性作用的，即"因"产生"果"。但是在系统思考中，因与果并不是绝对的，因与果之间有可能是环型互动的，即"因"产生"果"，此"果"又成为他"果"之"因"。甚至成为"因"之"因"。三是从局限于本位到关照全局，"见树又见林"。四是从机械还原论到整体生成论。系统是由一群相互连接的实体构成的一个整体。系统整体具备它们任何组成部分所不具备的特性（称为"涌现"现象）。彼得·圣吉生动地将这一特性表述为：把一头大象切成两半，并不会得到两头小象。

本书引入了这一分析方法，该方法是本书研究的立论基础，即本书的核心命题——"家族企业动态能力生成机理与路径"研究的出发点。

1.4.2　实证研究方法

结构方程模型（SEM）是社会科学研究中常用的方法，在解释不能直接测量的构念之间的因果关系方面，具有很强的处理优势。本研究以中国家族企业最繁荣的区域——浙江省的家族企业作为数据来源，采用问卷调查这一流行做法来搜集资料，以结构方程为主要分析方法，对本研究涉及的核心变量进行测度并对变量之间的关系进行实证检验。

1.4.3　多案例研究方法

案例研究是当代社会科学研究中广泛使用的一种研究方法，适合研究"如何"和"为什么"之类的问题，可以获得其他研究手段所不能获得的数据、经验知识，并以此为基础来分析不同变量之间的逻辑关系，进而检验和发展已有的理论体系（余菁，2004）。根据实际研究中运用案例数量的不同，案例研究分为单一案例研究和多案例研究。由于多案例研究能够更全面地了解和反映案例的不同方面，从而形成更完整的理论（Eisenhardt，1989），因而采用多案例能够增强说服力，提高外在效度（Yin，1994）。鉴于此，本研究尝试运用多案例研究方法对上述理论框架进行检验。

1.4.4 跨学科交叉研究方法

动态能力理论是企业能力理论丛林中新发展起来的重要分支，对动态能力问题的研究直接源于管理学、经济学、生态学等多学科的交融，以及对竞争优势理论、资源基础论、核心能力理论等近二十年来的企业理论的吸收借鉴和延伸发展，加之动态能力理论研究的多维视角已经取得有价值的研究成果，这些都决定跨学科交叉研究方法在本选题研究中的重要意义。

1.5　主要创新点

本研究尝试从以下几个方面进行创新：

1.5.1 在一个系统思考的框架内，分析家族企业动态能力的生成与控制机理

系统思考被认为是引导人们在分析和认识事物时从看局部到纵观全局、从看表面到洞察变化背后的结构、从静态分析到认识各种因素之间的相互影响、进而寻求一种动态平衡的有效方法，目前已发展成为一种了解和认识人类动态复杂系统的具有普遍性的研究方法。

这一方法强调以闭环的观点方法来认识和解决问题，强调系统的结构、行为的产生机制、控制的表述和因果的制约，因而较适合于处理复杂系统。近年来，这一方法在企业战略管理的应用日益广泛，已成为一种利用计算机实验来研究战略与策略问题的普遍的工具和方法。家族企业动态能力生成是一个能力与环境不断匹配的过程，具有动态复杂系统的特征，因而可以将系统动力学方法运用于家族动态能力生成与控制机理的研究。

以往对动态能力的分析主要将其界定为一种持续的战略变革能力或改变惯例的惯例，虽然强调其动态性，但是却不具有直接可考查性，因而不能很好地解释

其形成的过程，无法有效地指导企业的实践。组织即兴是面对高速变化的外界环境，为提高组织的应变能力和临场发挥能力、抓住稍纵即逝的机会而发展起来的一个研究领域。本研究引入了组织即兴这一关键变量，首先构建了由关系链条"企业家精神—组织即兴—动态能力"构成的动态能力生成的分析框架。然后运用系统动力学方法深入探讨了家族企业动态能力的生成与控制机理，为打开家族企业动态能力生成的"黑箱"、破解企业能力演化中的两难困境，促进家族企业顺利实现转型升级提出思路和借鉴。

1.5.2　引入企业家视角，从三个层面分析了家族企业动态能力的生成机理

一方面，根据动态能力理论的提出者 Teece 的定义，动态能力是"企业整合、建立、重新配置内外部能力来适应快速变动环境的能力"。由此我们认为，只有将企业内外部因素结合起来才能全面认识动态能力的影响因素，深入理解动态能力的生成机理。然而从动态能力的产生背景来看，以波特为代表的传统竞争优势理论主要关注既定的产业结构特征、强调外部环境，忽视了企业自身因素。而基于内生角度的资源能力理论乃至现有的以传统资源能力观为基础的动态能力理论，虽然在一定程度上解释了企业异质性的根源，但对影响企业成长的灵魂人物和企业发展的引擎——企业家，并未给予足够的关注，以致于在很大程度上忽略了企业家在动态配置和整合企业资源与能力过程中的异质性。这一状况导致现有对动态能力的研究缺少内外部结合的视角，对动态能力生成路径和生成机理缺少系统性认识，从而妨碍了人们对动态能力生成过程认识的深化。

另一方面，实践中我们不难发现，家族企业发展不时会陷入发展困境的一个重要原因在于：家族企业的继承人缺乏创业激情而过于墨守成规，不能及时跟上时代的发展进行相应的创新。Kellermanns 等（2008）的研究进一步证实了，基业长青的家族企业是持续创业、不断创新及进行更职业化管理的结果。由此可见，家族企业的良好发展离不开企业家创新精神。

此外，对家族企业的系统动力学分析也发现：企业家精神是家族企业动态能力生成过程中系统要素的激活机制。因此，本研究以企业家精神为分析起点，将个体、组织和社会网络三个层面的企业家精神结合起来，系统解析企业家精神激活系统要素、促进家族企业动态能力生成的内在机理。对企业家精神激活系统要素、促进家族企业动态能力生成机理的归纳提升，有助于管理者更好地理解家族企业动态能力及其生成机理，也为企业改变战略思维方式，通过培育和构建企业动态能力，获得与环境相匹配的竞争力，获得可持续发展提供借鉴。

1.5.3 深入分析了过程悖论产生的原因和动态能力的控制机理

现有对动态能力的研究表明，动态能力发展过程中企业很容易陷入两难困境（本书称之为过程悖论）。目前学术界对过程悖论少有深入的理论探讨和突破。本书从系统动力学视角揭示了过程悖论产生的内在机理，并在此基础上通过深入多案例研究，提出了战略调整时机的识别机制，为家族企业破解过程悖论、实施动态能力控制提供指导。

1.5.4 提出了基于企业家精神培育的动态能力策略

本研究将企业家精神划分为个体、组织和社会三个不同的层面，深入分析了不同层面企业家精神之间的耦合互动关系，基于系统协同视角构建了企业家精神构建的分析框架。基于这一分析框架，深入探讨了企业家精神的来源、扩散机理与传承机制问题，为家族企业动态能力培育和提升提出了一条可操作性路径。

本研究认为：从企业的角度看，应将个体和组织层面企业家精神的培育和提升作为塑造动态能力的切入点，通过企业家精神的培育有效地克服家族企业成长过程中存在的各种刚性特征，促进动态能力的生成。从社会层面来看，社会层面的企业家精神通过技术进步和制度创新对家族动态能力的生成具有重要影响。政府是社会层面制度创新的提供者，应该重视和发挥政府在制度创新方面的主体功能和重要作用，从宏观层面为家族企业动态能力的生成提供有利条件。

| 2 |

核心概念及本书的研究框架

2.1 家族企业

2.1.1 家族企业的内涵

定义家族企业是研究者在这一研究领域面临的首要挑战（Handler，1989）。现有文献对于家族企业的定义常常是以研究目的、研究对象、研究方法及现有资料为基础的，至今尚未达成统一的标准。总的来说，主要采用参与要素定义法、本质定义法、连续定义法三种方法来定义家族企业（Chrisman et al.，2005）。

参与要素定义方法认为，正是由于家庭对企业的参与和涉入使家族企业具备了相对于非家族企业的独特性，因此只要准确刻画出家庭的参与程度就可以辨识出家族企业。家庭参与主要包括家庭对企业所有权、管理权、治理和传承的参与。代表性的观点，如著名战略管理史学家钱德勒将家族企业界定为："企业创始者及其合伙人（和家族）一直掌握大部分股权，他们与经理人员维系紧密的私人关系，且留有高层管理的主要决策权，特别是在有关财务政策、资源分配、高层人员选择方面"（Chandler，1977）。

本质法希望通过对家族企业本质特征的刻画定义家族企业。国外学者的观点主要强调家族对公司战略方向的控制意图（Chrisman et al.，2003；Habberson et al.，2003），认为家族企业的本质是家族对企业的控制，以家族的特定行为与意图来判断企业是否属于家族企业。也有学者依照企业是否认定自己属于家族企业进行定义（Westhead & Cowling，1998）。

上述两种定义方法都采用"二分法"原则将企业划分为家族企业和非家族企业两类。连续定义法认为这种非此即彼的定义方法过于笼统，随意性较大，并不符合现实情况。连续定义法中代表性观点如 Astrachan 等（2002）尝试打破家族企业与非家族企业二分法定义的传统思路，将家庭对企业的参与和影响视为一个连续变化的频谱。进而开发出 F-PEC 量表，用以评估家庭在权力、经验和文化三个维度上对企业的影响，使家庭对企业的参与和影响得以量化。Astrachen & Shanker（1996，2003）提出家族企业有广义、中间和狭义之分。广义的家族企业最具包容性，只要某个家族参与企业并且控制着企业的战略方向，它就是一个家族企业。中间层面的家族企业还要家族成员对企业日常经营活动的适当直接参与；狭义的家族企业不仅如此，还要家族内几代人的参与。

国内学者对家族企业的界定是应用了参与要素定义法和本质定义法。一些学者关注到控制权的重要性，并据此对家族企业进行了界定。如孙治本（1995）提出，如果企业的控制权直接或间接地掌握在一个家族或家族联盟当中，即可认定为是家族企业。叶银华（1999）提出应从血缘关系和控制权的综合来定义家族企业，认为家族企业具备以下三个条件：（1）家族所持有股权比例大于临界比率；（2）家族成员或具有二等亲以内的亲属担任董事长或总经理；（3）家族成员或具有三等亲以内的亲属担任公司董事席位超过公司全部董事席位的一半以上。潘必胜（199；2005）认为只要能够控制企业，不管这种控制力是来自于所有权还是血缘关系或政治联系，都可以认定为是家族企业。

也有一些学者的界定是基于对家族企业本质的分析。如贺志峰（2004）认为，家族企业和非家族企业的重要区别在于两者之间的契约基础不同，家族企业是建立在家庭契约之上的企业组织，而非家族企业则是建立在市场交易企业基础之上的企业组织，这就使得家族企业是建立在一种信任程度更强、更重视长期受益和更注重公平的企业之上，并且会导致企业在组织行为和绩效上的差别，所以据此定义家族企业。储小平（2005）认为，家族企业的定义更为复杂，其中不光包括了家族成员对企业所有权和控制权的分布状态，还包括了家族、范家族文化规则对企业组织行为的影响组合。

上述三种界定各有优劣。参与要素定义法由于具有坚实的理论基础并且在实证研究中易于操作，因而接受度较高。但是实证研究表明，家庭参与难以有力地将家族企业和非家族企业区别开来（Chua et al.，1999）。本质定义法正是为了解决这一问题而提出来的，但是这种定义方法被认为过于抽象，缺乏实证研究的可操作性，很容易使研究者陷入"难以准确把握概念的境地"。F-PEC 量表被普遍认为是评估家庭影响最可靠的工具（Chrisman et al.，2005；李新春和刘莉，

2008），但是由于它并不能精确定义和全定义家族企业，也无法将家族企业和非家族企业区别开来，因此仍然无法很好地解决家族企业定义难题（Björnberg & Nicholson，2007）。

本研究试图将家族企业和非家族企业区别开来，本质定义法更符合研究需要。因此本书借鉴贺志峰（2004）、储小平（2005）等人的观点，将家族企业界定为：建立在家庭契约之上的，基于血缘、亲缘关系的一种信任程度更强、更重视长期受益企业组织。在实证研究的时候，侧重于以企业是否认定自己属于家族企业进行定义。

2.1.2 中国家族企业发展历程

家族企业是历史上最古老，也是世界上最普遍的一种企业组织形式。迄今为止包括美国和其他发达国家和地区的企业大部分都是由家族所有和控制的。在美国 90% 的企业被认定为家族企业，它们创造了 GDP 的 50% ~ 60%，提供了新增就业岗位近 80%（张兵，2004）。在东南亚华人社会中，家族企业这种组织形式更加普遍。

在我国真正意义上的近代企业，是从清末洋务运动开始出现的，早期采用官办官司营的形式。20 世纪初期，以家族企业的组织形态为主流的中国民族工业如雨后春笋般地得以发展，诞生了张謇的大生公司、荣氏家族福新、茂新、申新公司、郭氏家族的永安公司、简氏兄弟的南洋烟草公司等一大批著名家族企业。

新中国建立以后对私营经济进行了改造、利用、限制和取缔，中国家族企业的历史进程中断了。到 1976 年，全国城乡个体经济从业人员剩 14 万人左右，私营经济整体处于休克状态。

改革开放以来，随着私营企业逐步得到国家政策和法律上的认可，作为私营企业主要形式的家族企业在我国从无到有，迅速崛起，很快成为国民经济中最有活力和成长性的群体之一。但是，由于历史原因，我国家族企业多集中于以劳动密集为特征的传统行业，企业规模偏小、技术和资本含量低，竞争激烈、利润微薄。随着初创期的结束及经济环境的变化，在经历了一段创业的辉煌后，家族制本身的局限性日益凸显，企业普遍面临持续发展的制约。21 世纪以来受客观经济规律和国际金融危机的双重影响，增速放缓成为中国经济发展的新常态，转型升级成为企业发展的潮流。基于上述双重背景，转型升级成为我国家族企业发展的必由之路。

2.2 动态能力与家族企业转型升级的关系

2.2.1 转型升级的概念内涵

关于企业转型升级的概念目前尚未有明确的定义。现有的探讨主要是从企业转型和企业升级两个层面进行表述的。

转型这一词汇在 20 世纪 80 年代才引入经济管理领域。企业转型属于战略转换。Levey & Merry（1986）将其描述为一种彻底的、全面的变革；Bacharach（1996）认为，从某种程度上讲，组织是一个转换系统，它需要通过特定的过程来实现转换，理解组织转换过程，既要考虑组织内的微观政治交换过程，又要触发转换的宏观环境变化。王吉发（2006）认为企业转型包括两种情况：一是由于自身在所处行业竞争能力降低或竞争优势衰退，促使企业通过组织变革，提升其在产业内的能力；二是由于所处行业的衰退，迫使企业不得不主动或者被动地采取产业转移战略，寻求新的经济增长点。吴家曦（2009）将企业转型概括为一种状态向另一种状态的转变，即企业在不同产业之间的转换和不同发展模式之间的转变。

企业升级概念的提出源于 20 世纪 90 年代末。Gereffi（1999）基于全球价值链分析理论提出了企业升级的概念，认为企业升级是一个企业或经济体迈向更具获利能力的资本和技术密集型经济领域的过程。Humphrey & Schmitz（2002）则从价值链的角度阐述了发展中国家的企业或企业群实现升级的四种不同类型的方式，包括过程升级、产品升级、功能升级、部门间的升级。Poon（2004）认为，企业升级就是制造商成功地从生产劳动密集型的低价值产品转向生产更高价值的资本或技术密集型产品这样一种经济角色转移过程。目前基于全球网络视角下的全球价值链分析，已成为目前国内外学者研究企业升级的主要理论依据。

从本质上讲，企业的转型升级就是企业创新能力不断提升的过程。基于对企业转型升级内涵的梳理和分析，结合对企业转型升级实践的调研，本书认为家族企业的转型升级主要体现在四个方面：从劳动、资源密集型向资本、技术密集型转型；从纯粹的贴牌生产向自主品牌生产转型；从专业化向多元化转型；产业价值链的延伸。

2.2.2 动态能力与家族企业转型升级的关系

在本书的研究框架中，动态能力是家族企业转型升级的动力机制。因此本研究实质上是尝试从动态能力生成的角度探讨家族企业转型升级动力机制的生成机理与路径。

本研究采用的核心分析法是系统动力学方法。系统动力学产生于 20 世纪 50 年代，本质上是一种从整体出发强调系统思考的研究模式和分析方法，其语言描述主要通过增强环路、调节环路、时间延滞三种基本元件表达。成长上限基模是彼得·圣吉博士在《第五项修炼：学习型组织的艺术与实务》一书中介绍的一种系统基模（即系统的基本模型）。其基本含义是增强环路在导致快速成长的同时，不知不觉中触动了另一个抑制成长的调节环路，从而导致成长的减缓、停止，甚至下滑。

将系统动力学思想运用于对家族企业成长的研究，我们发现，我国家族企业的成长过程本质上就是一个成长上限基模，如图 2-1 所示。一方面改革开放政策的深化促进了市场经济因素的增长，市场经济因素的增长又促进了家族企业的增长繁荣，"市场经济因素的增长——➤家族企业的增长"构成了一个成长或改善的增强环路；另一方面，市场经济因素增长在促进家族企业增长繁荣的同时也会导致家族企业价值链的低端化，进而限制了家族企业的进一步成长，"市场经济因素的增长——➤家族企业价值链的低端化——➤家族企业的增长"构成了一个抑制成长的调节环路。因此改革开放以来，家族企业在不断成长的同时也在不知不觉中触发了抑制成长的调节环路，在调节环路的影响下，运作一段时间之后，企业成长的速率会逐渐慢下来，甚至终于停止。

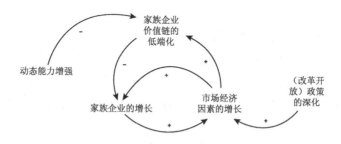

图2-1 中国家族企业发展的成长上限模型

成长上限模型的启示在于：当由增强环路和调节环路互动影响所构成的系统结构达到成长上限的时候，为了继续成长，多数人会在刚性的作用下更加努力地推进增强环路，殊不知增强环路越强，调节环路的反作用也越强，因而结果很可能是白费力气，甚至南辕北辙。解决的办法在于不要去推动增强环路，而应该致力于去除或者消减抑制和限制成长的因素——即调节环路。运用这一思想，我们发现推动家族企业进一步增长的关键是要打破家族企业价值链低端化的路径依赖，从而削弱甚至消除调节环路，打破成长上限。这需要企业发展动态能力作为支撑。

基于上述思考，本书提出假设：家族企业动态能力对转型升级绩效具有正向影响，以此为基础构建了本书的研究框架，并在第八章利用实证研究的方法对二者的关系提出假设并进行检验。

2.3 企业家精神与家族企业动态能力的关系

总体来说，动态能力的理论研究，尤其是对动态能力形成机制的研究尚处起步阶段。主要问题在于：一是动态能力作为一种应对环境变化的能力，其形成过程具有显著的内外结合的特征。因此内外结合机制的设计是企业动态能力构建的核心。作为企业创新的主体，企业家凭借其独特的地位和企业家精神，不可避免地成为内外结合关键点。但是从现有研究来看，企业家在动态能力生成中的作用，并未引起足够的关注。这一状况妨碍了动态能力理论的深化。二是现有的分析框架太过宽泛，没有考虑到企业属性、行业特征等不同特质对动态能力生成机理的影响。从权变的观点来看，不同的企业属性和行业特征必然会导致企业动态能力生成机理的差异性，对这种差异性的忽略显然意味着目前动态能力的理论研究尚不成熟。

企业家精神也译作创业精神或创业导向，是贯穿于家族企业成长的全过程一个重要概念，也是创业研究的核心内容之一。与各种管理制度机制相对完善的国有企业、外资企业等企业组织形态相比，中国家族企业的成长和成功更加依赖于企业家。因此在这类企业中，企业家精神或创业精神对动态能力的影响也应该更为显著。

在早期的国内外研究中，很少有人将家族企业和创业问题结合起来研究。但是现在越来越多的学者认为，家族企业和创业研究有着密切的关联性。如胡晓红和李新春（2009）认为，忽视创业的家族企业研究或忽视家族作用的创业研究都与实际产生了较严重的背离。整合研究将这两个长期隔离的领域结合起来，将会对家族企业和创业问题的研究同时产生贡献，因而逐渐成为一个新的研究方向。

基于上述分析，本研究认为企业家精神对家族企业动态能力的生成具有正向影响，尝试将企业家创新纳入企业动态能力的分析框架，从企业家角度揭示家族企业动态能力的生成机理，提出一条基于动态能力视角的家族企业转型升级路径。并在第八章利用实证研究的方法对二者的关系提出假设并进行检验。

2.4 本研究的基本框架

综上所述，本研究的基本框架如图 2-2 所示。

图2-2 本研究的基本框架

其核心思想是：企业家精神是企业动态能力生成的一个重要来源，企业家精神的培育是促进企业动态能力生成的一个重要途径；而家族企业转型升级的实现需要动态能力的支撑，提升企业动态能力为家族企业实现转型升级奠定了基础。

本研究的基本假设如下：

1. 企业家精神对家族企业动态能力的生成具有正向影响。

2. 家族企业动态能力对转型升级绩效具有正向影响。

我们将在第八章利用实证研究方法对上述假设进检验，进而在第九章利用案例研究方法对本研究提出的家族动态能力生成机理与路径进行实证检验。

| 3 |

动态能力理论及研究进展

3.1 动态能力理论的概念内涵

近年来，国内外学者对动态能力的概念内涵（Teece& Pisano，1994；Teece et al.，1997；Grant，1996；Helfat，1997；Eisenhardt & Martin，2000；Zollo& Winter，2002；Winter，2003）、形成机制（Zander&Kogut，1995；Teece et al.，1997；Zollo&Singh，1998；Zollo&Winter，1999；Argote，1999）、影响因素（Zollo&Winter，1999；Argote，1999；Kale &Singh，1999；Lengnick-hall & Wolff，1999；Priem & Butler，2001）等问题展开了深入的探讨，使得动态能力理论日臻发展和完善。其中对动态能力概念内涵的探讨是对传统资源能力理论的继承和发展，目前已形成了能力的整合观、阶层观、惯例观、学习观、知识观、技术观、过程观、自组织观等多种观点。

3.1.1 整合观

以 Teece 等人（1997）为代表的整合观将"动态能力"定义为：厂商整合、建立和再配置内部与外部能力来适应快速变动环境的能力；并以传统的资源能力理论、创新经济学、演化经济学，以及运营战略理论的相关理论观点为基础，以"过程—位置—路径"为三个关键要素，构建了一个"3P"动态能力战略框架[①]。这一理论框架为众多后续研究者接受，但是这一定义本质上是将动态能力

[①] Schreyogg & Kliesch-Eherl（2007）认为，Teece 的这一模型既包含了静态的策略要素也涉及动态的过程特征，因此可以被看作是动态能力的一种整合观点。

视为"改变能力的能力",因而也被质疑存在"无限后退"(Collis, 1994)、含糊不清和同义反复(Eisenhardt & Martin, 2000)、难以观测(Godfrey & Hill, 1995),缺乏可操作性(Eisenhardt & Martin, 2000)等问题,有学者甚至因此怀疑动态能力的存在性和可开发性。

3.1.2 阶层观

Collis(1994)是最早正式提出组织能力阶层观点的学者,他率先提出了"二阶""三阶"乃至无限"多阶"能力的概念,清晰和正式地区分了普通能力和动态能力,提出动态能力是对普通能力变化速率的管理。Collis 将组织能力分为三类:第一类能力是指企业开展基本职能活动的能力。第二类能力是指企业动态提升各项业务活动的能力。例如,研发能力、创新能力、弹性制造能力、学习适应和变革能力。第三类能力是企业认知和开发自己潜能,包括企业文化、组织惯例、管理能力、企业家精神等内容。Sanchez(2004)提出了一个动态能力的"能力层级"模式,将动态能力划分为:经营层动态能力、功能层动态能力、作业层动态能力三个层面。Cepeda & Vera(2007)直接将组织能力分为运营能力和动态能力两种。其中运营能力是指企业赖以生存的能力,动态能力就是改变运营能力的能力,是一种高阶能力。Wang & Ahmed(2007)将企业能力划分为四个阶层:其中企业所拥有的资源基础构成其零阶能力,作为企业生存技能的是一阶能力,与竞争优势直接相关的"核心能力"是二阶能力,而组织更新能力、重构能力、再造能力、环境适应能力等属于三阶能力。传统的资源能力理论没有清晰地说明资源如何转换为竞争优势的机制,动态能力的层级结构理论在一定程度上解释和回答了连接资源和产品市场的因果机制,因而是对传统资源能力理论研究的深化和发展。

3.1.3 惯例观

1982 年 Nelson & Winter 巧妙地将动态思路、资源基础理论和企业行为理论的观点整合在一起,提出了规范演化经济学理论框架,用以分析企业的内生成长和变革过程。之后,Winter 等人在吸收了 Collis 能力层级结构理论的基础上,开始从组织惯例的角度界定动态能力概念。Zollo & Winter(2002)指出,从下而上存在运作惯例、动态能力和学习机制三层能力,上层的能力对下层的能力施加作用,决定了下层能力演化的频度和方向。winter(2003)认为动态能力是高阶惯例,区别于特别问题解决方式和救火式变革方式。

3.1.4 学习观

Zollo & Winter（2002）不仅从惯例的角度界定了动态能力，而且指出动态能力是一种持续稳定的集体学习行为模式，本质上是一种学习机制，通过这种学习模式系统地改善运营惯例从而提升整体绩效，并构造了学习、动态能力和经营惯例之间的关系模型。Zott（2003）基于计算机仿真模拟从理论上推演和分析了一个集学习机制、动态能力和运营惯例于一体的分析框架。Zahra 等（2006）在此基础上指出，不管是新创企业还是成熟企业都必须通过试验、干中学、试错学习、即兴发挥等方式应对环境变化。随着企业运作的日益成熟，即兴发挥式的学习会逐渐减少，试错式学习会先增后减，而试验式学习则不断增加。

3.1.5 知识观

Helfat & Peteraft（2003）将知识观和生命周期的思想引入动态能力的研究，认为可以用能力生命周期来解释组织能力如何诞生、成长和演化，企业动态能力形成与演变过程就是知识形成的动态过程，并且提出了一个知识、能力和产品共同演进的动态能力分析模型。我国学者董俊武等（2004）借鉴了这一思想，将能力被看作是知识的集合，认为知识改变的过程就是动态能力形成的过程，并深入探讨了动态能力与知识交互演变的关系。

3.1.6 技术观

Iansiti & Clark（1994）视企业为一个包括技术人员和战略制定者在内的技术系统，视动态能力为企业的技术整合能力，也就是企业在有关自身业务的技术知识的演变过程中挑选和应用与自身现有知识基础相关的技术知识的能力。其基于汽车行业（1985—1988 年）和大型计算机行业（1989—1992 年）跨部门产品研发的实证研究为解决动态能力可操作性问题提供了有益的思路，不足在于其将技术能力、整合能力视同动态能力的研究视角本身过于狭隘。

3.1.7 过程观

Eisenhardt & Martin（2000）提出了另一种界定思路，即把动态能力看作诸如产品创新、战略决策制定和联盟等可辨识的、特定的过程，通过依附于这些过程的惯例来整合、重构、获取和释放资源，从而成为新的竞争优势来源。这种界定使动态能力成为一种可识别的流程，为动态能力的测量和定量研究创造了条件。同时他们还引入权变的观点，认为动态能力的内涵取决于市场机制，在适度动态环境下因其复杂性和难以观测性而呈现模糊状态，而在高度动态市场中却因其简单性而呈现出模糊性。Helfat & Peteraf（2003）认为动态能力作为一种特殊的能力，可以用能力生命周期理论来探讨其产生、演化过程。

3.1.8 自组织观

2003 年 Leoncini 等人《动态能力：技术演化系统中的演化组织》一文中基于复杂系统理论将企业视为一种处于技术 – 经济关系的制度环境中的复杂自适应系统，在此基础上 2004 年 Masini 等人明确地将动态能力定义为运用和拓展兼而有之的高层次管理能力，是与环境相适应的自组织系统。

表 3-1 汇总了动态能力概念的主要代表性观点。

表3-1　动态能力概念内涵的代表性观点汇总

学者	研究视角	定义	具体观点与内容
Teece（1994，1997）	整合观	"动态能力"是厂商整合、建立和再配置内部与外部能力来适应快速变动环境的能力。	以"过程—位置—路径"为三个关键要素构建了动态能力战略框架，动态能力来源于独特的管理和组织流程、形成于企业独特的资产位势，以及来自企业所采用或继承的演化路径。
Colli（1994），Sanchez（2004），Cepoda & Vera（2007），Wang & Ahmed（2007）	阶层观	动态能力是对普通能力变化速率的管理，普通能力是零阶能力，动态能力是二阶、三阶甚至多阶能力。	区分了普通能力和动态能力，认为动态能力是对普通能力变化速率的管理。
winter（2003）；Zollo & Winter（2002）	惯例观	Winter（2003）认为动态能力是高阶惯例，区别于特别问题解决方式和救火式变革方式。	从下而上存在运作惯例、动态能力和学习机制三层能力，上层的能力对下层的能力施加作用，决定了下层能力演化的频度和方向。动态能力是高阶惯例。
Helfat & peteraf（2000，2003）；董俊武等（2004）	知识观	企业动态能力的形成与演变过程也是知识形成的动态过程。	提出一个知识、能力和产品共同演进的动态能力分析模型。
Zollo & Winter（2002），Zahra et al（2006）；	学习观	动态能力是一种持续稳定的集体学习行为模式，本质上是一种学习机制。	动态能力本质上是一种学习机制，通过这种学习模式系统地改善运营惯例从而提升整体绩效。
Iansiti & Clark（1994）	技术观	动态能力是企业的技术整合能力，也就是企业在有关自身业务技术知识的演变过程中挑选和应用与自身现有知识基础相关的技术知识的能力。	视企业为一个包括技术人员和战略制定者在内的技术系统。通过竞争关系尤其是外部技术整合和顾客整合连接的产业对技术变革进行深入分析，认为资源的技术系统，技术集成对动态能力的形成起决定性作用。

学者	研究视角	定义	具体观点与内容
Eisenhardt &Martin（2000）	过程观	动态能力是诸如产品创新、战略决策制定和联盟等可辨识的、特定的过程，通过依附于这些过程的惯例来整合、重构、获取和释放资源，从而成为新的竞争优势来源。	动态能力可以分为资源整合型动态能力、资源重构型动态能力，以及资源获取和释放型动态能力。
Leoncini, et aL（2003）, Srhreyögg & Kliesch（2007）	自组织	认为动态能力是运用和拓展兼而有之的高层次管理能力，是与环境相适应的自组织系统。	企业动态能力系统具有典型的自组织特征，是与环境相适应的自组织系统，可以运用自组织理论研究企业动态能力的形成及其演化发展问题。

资料来源：本研究整理。

3.2 动态能力的影响因素

"动态能力从何而来"是动态能力研究中最为核心的问题，对动态能力影响因素的深刻认识是解答这一问题的关键，那么动态能力受哪些因素的影响和制约呢？本书在系统的文献研究的基础上将动态能力的影响因素划分为内生性因素和外生性因素两大类。

3.2.1 企业内生性影响因素

内生性因素是与企业资源、能力等有关的影响因素。主要涉及人力资本、管理层认知、组织惯例、组织结构、组织文化、技术手段、组织学习和组织经历等。

3.2.1.1 人力资本

人力资本是指通过投资于教育、培训等学习方式而获得知识和技能的积累。企业的动态能力是在一定的资源基础上形成和发展起来的，企业资源对动态能力产生重要影响。在企业所有的资源中，由于"人"具有创新和创造性、具有有效配置资源、调整企业发展战略等市场应变能力，是最具有能动性的资源，因而人力资本比物质、货币等硬资本具有更大的增值空间，对动态能力的影响也最为突出。

Wooten & Crane（2004）认为，人力资本会对动态能力产生重要影响。动态能力是组织通过学习而获得的一个相对稳定的集体行为模式（Zollo & Winter, 2002），它的提升应该以人力资源的投资为基础，通过员工学习能力的提高来实现。Narasimh（2001）认为，动态能力的形成主要由组织设计和人力资源管理两个因素决定。企业一方面可以通过组织设计建立由中层经理领导的组织，促进业务多样化的动态能力形成；另一方面可以通过加强人力资源管理（促进学习、扩展知识）来促进动态能力的形成。

3.2.1.2 管理层认知

管理层尤其是高层管理者是企业战略变革的最终决定者，由于他们的观念和认知直接决定着企业的行为模式，因而会对企业的动态能力产生重要影响。Rindova & Kotha（2001）研究发现，高层管理团队及其关于组织演化的信念对于动态能力的形成具有重要作用。Adner & Helfat（2003）认为，人力资源、社会资本和管理层认知这三类因素单独或者共同起作用，决定了企业战略性和操作性管理决策，进而对动态能力产生重要影响。

不同的管理层认知（尤其是高层管理者）极大地促进或阻碍着企业的战略变革，进而影响企业的动态能力及企业对环境变化的适应性。管理层认知是企业管理人员（尤其是高层管理者）在多年的社会生活和企业战略管理实践过程中形成的比较固定的认知结构，深受习惯思维、定势思维、已有知识的局限。因此改善和提升高层管理者的认知模式对增强企业的动态能力，提高组织的适应能力与变革能力具有重要意义。

企业家精神是一种重要的管理层认知。Zahra 等人（2006）认为，企业家精神及基于企业家精神的企业家活动对企业资源、技能配置和学习模式都有影响，而这两个方面对于动态能力的培育具有决定作用。

3.2.1.3 组织惯例

Nelson & Winter（1982）将执行组织记忆的规则、程序和活动模式等称为组织惯例。惯例作为组织类似于生物基因的遗传物质存在，是"在同样背景下重复操作的一个执行能力，是一个组织对选择性压力的反应式学习"。

组织惯例对动态能力具有双重影响。一方面，惯例融入到组织结构、战略、技术、企业文化等组织现象的各个方面（Levitt & March 1988），组织的很多任务（工作）是通过惯例完成的（Feldman 2000），因而组织惯例是组织行为的基本构成和组织能力的宝库，是认识组织变化的关键（Nelson & Winter 1982）。King & Tucci（2002）的研究发现：企业原有的经验积累对于其顺利进入新的利基市场具有积极作用。另一方面，惯例具有刚性特征，组织惯例又是产生组织惯性（Hannan，Freeman，1983）、导致组织僵化的源泉（Gersick & Hackman，1990；Weiss et al. 1985）。总之，组织惯例具有作为问题解决行动模式和作为管理与控制机制的双重属性（Cohen et al. 1996），是动态能力影响因素中绕不过去的重要变量。

3.2.1.4 组织结构

有人把组织架构比喻成是人体的骨骼，是让企业站立起来有效运行的基础和保障。传统组织观认为，作为组织运作的平台，组织结构一经形成便应该具有相对的稳定性，不能贸然或者频繁地去改变。然而在动态环境下，组织结构的稳定性也可以导致组织的能力刚性。组织结构的稳定性越强，越僵化，组织能力刚性也会越大，动态能力较小。因此组织结构也是影响企业动态能力形成的重要因素。组织结构的僵化不利于于企业动态能力的提升。企业要培育动态能力，其组织形式必须是分权化和柔性的。

3.2.1.5 组织文化

组织文化是组织在长期的生存和发展中所形成的、组织特有的并且为组织多数成员共同遵循的最高目标价值标准、基本信念和行为规范等的总和及其在组织中的反映。作为企业文化核心内容的价值观和行为规范，是在企业成长的长期历程中，通过对组织成员行为结果的正反馈机制逐渐形成的。它一经形成，就会沿着一条固定的轨迹或路径一直演化下去，形成一种诺斯所说的"路径依赖"现象。即使有更好的替代方案，既定路径也很难发生改变。企业文化所具有的这种不易被改变的特征本身就是文化刚性。

文化刚性的成因主要包括以下几个方面：

一是来自于管理者的认知刚性。管理者是企业文化的提出者、建设者、管理者和示范者，在企业文化的塑造中扮演着重要的角色。然而作为"有限理性"的个体，管理者本人的认知具有很强的刚性特征。企业过去越成功、管理者在位的时间越长，管理者在其思维和行为过程中形成的认知范式越丰富，其认知刚性越根深蒂固，也就最容易导致文化刚性的形成。

二是企业内部的互补性资产或沉没成本的限制。企业文化的形成是一个长期投资、积累的过程。打破文化刚性意味着要改变原来有效的行为方式，意味着与现有文化相关的巨大的沉没成本和互补性资产损失。企业文化越持久、越成功，来自于企业内部互补性资产或沉没成本的转换成本就越高，文化的刚性特征就越强，其创新和转型就越困难。

三是企业员工社会化过程的不断强化。员工的社会化是指企业员工学习和融入企业文化，成为合格企业成员的过程。在这一过程中，通过老员工向新员工传输价值观、信念和态度等活动，企业文化以特殊的方式向企业成员赋予了相应的内在价值；作为回应，企业成员则会沿着企业文化指引的方向积累资产和发展自己的潜能，从而进一步形成和巩固企业的文化。企业文化刚性在这一过程中不断得以强化。

文化刚性在组织中的作用主要体现在以下几个方面：一是它类似于生物体内的抗体，扮演着知识筛选和控制的角色。企业会通过组织文化把自己保护起来以防御新奇事物及任何转变企图。首先是竭尽全力阻止外部文化的进入；一旦外部文化已经进入企业体，就会千方百计设法杀死；对于不能杀死的外部文化，会寻找办法尽可能地予以压制。二是企业文化对员工的行为具有引导、协调和激励的功能。企业文化中的价值观念和行为规范决定着什么样的行为将受到容忍或鼓励，什么样的行为将受到惩罚，企业员工的行为方式总是会自觉或不自觉地受到这些价值观念和行为规范的影响。在萝西·伦纳德·巴顿（Leonard Barton, D.）（2000）划分的核心刚性的四个相互关联的构成维度中，相对改变难度由低到高依次为"物理系统—管理系统—员工的技能与知识—组织价值观和规范"。由此可见文化系统对组织运行的基础支撑作用和文化刚性的难以改变性。

综上所述，组织文化对于企业的动态能力有着十分重要的影响。在相对稳定的环境下，组织文化能够有效地保持组织内部的一致性和协调组织成员的行为。但是在动态的环境下，这种员工认知和行为的一致性却会对组织的环境动态适应性造成负面影响。因为为了适应环境变化需要的不是战略管理者个人对于新事物和新观念的接受与认可，而是要改变广大员工共同的价值和信念。当外部环境发生巨大变化时，作为组织共有的价值和信念，组织文化具有的刚性特征会严重妨碍企业对新事物和新观念的接受和认可，从而阻碍企业动态能力的提升。

3.2.1.6 技术手段

技术环境的变化，是导致企业核心能力转化为核心刚性的重要原因。企业采取的技术手段也是其动态能力形成的重要影响因素。Carlson（2003）研究了企业的信息通信技术和知识管理系统在企业间社会网络的建立、使用和维护中的作用，从而论述了二者对于企业的吸收能力（一种类型的动态能力）的积极作用。Pavlou和ElSawy（2006）研究发现：技术能力（指信息技术能力）作为前因通过动态能力的中介作用有助于企业在动荡环境中取得新产品开发的竞争优势。

3.2.1.7 组织学习

组织学习是影响组织动态能力的关键因素。Eisenhardt（2000）指出：尽管企业动态能力的演化会沿着某个独特的路径进行，但是演化主要是由企业的学习机制主导。其中，重复实践、经验编码、犯错误和学习节奏等学习机制对于动态能力演化具有重要的影响。Miner等（2001）认为组织学习包括三种类型：基于实时的即兴学习、基于行动的试错学习和基于设计的试验学习。Zahra等（2006）在此基础上研究指出，虽然不管是新创企业还是成熟企业都必须通过上述学习方式应对环境变化。但是随着企业运作的日益成熟，即兴发挥式的学习会逐渐减少，试错式学习会先增后减，而试验式学习则不断增加。

3.2.1.8 组织经历

企业自身的组织经历也会对动态能力产生影响，其理论依据就是诺斯提出的路径依赖理论。诺斯认为由于经济生活与物理世界一样，存在着报酬递增和自我强化的机制。使得人们一旦选择走上某一路径，就会在以后的发展中得到不断自我强化，从而对这种路径产生依赖，就好比走上了一条不归之路，轻易走不出去。

从组织的角度来看，巨大的失败可能使企业深陷泥沼、回天乏力，巨大的成功同样可能使置身于"成功陷阱"无力自拔。要走出路径依赖的陷阱需要有强大的动力机制，动力机制可能既来自于外部机遇，也可能来自于企业家本身的"创新精神"和"忧患意识"。

3.2.2 企业外生性影响因素

外生性因素是与环境的动态性、社会关系网络等有关的影响因素。其中环境的动态性包括市场环境、技术环境和制度环境的动态性三个方面。

3.2.2.1 市场环境的动态性

一些学者认为，外部环境的动荡与变化会促进企业动态能力的产生与提升（Wang & Ahmed，2007；李大元等，2009；Barreto，2010）。Eisenhardt & Martin（2000）认为，动态能力受市场环境动态性程度的影响。他们把市场分为中等变化的市场和高速变化的市场，并且通过研究指出：在中等变化的市场中，有效的动态能力的特征是复杂的、难以观察的、因果关系模糊的，现有的知识和经验会显著地影响动态能力；在高速变化的市场中，有效动态能力的特征是简单的，很大程度上要依靠直觉和经验。

3.2.2.2 技术环境的动态性

技术进步一词包含的概念内涵相当丰富。从研究层面来看，包括企业层面的技术进步和社会层面的技术进步；从具体含义来看包括狭义的技术进步和广义的技术进步。狭义的技术进步主要是指生产工艺、中间投入品及制造技能等方面的革新和改进。广义的技术进步包括技术所涵盖的各种形式知识的积累与改进。技术环境的动态性主要表现为社会层面技术进步的速度和水平。

由于技术环境的变化是导致企业核心能力转化为核心刚性的重要原因。因此，技术环境也是动态能力重要的外生性影响因素。社会层面技术进步是动态能力形成的主要外部驱动力之一，社会技术进步的速度和水平对企业动态能力的成长具有促进作用。

3.2.2.3 制度环境的动态性

制度创新是支配人们行为和相互关系规则的变更，包括企业和社会两个层面的制度创新。社会层面制度创新是组织与其外部环境相互关系的变更，其核心内容是社会政治、经济和管理等制度的革新。

制度环境的动态性主要表现为社会层面制度创新的速度和水平。由于动态能力的形成本质上是由创新驱动的整合、构建和重构能力。而制度创新是激发企业积极性和创造性的主要外在动力之一。因此制度环境也是动态能力重要的外生性影响因素。社会层面制度创新是动态能力形成的主要外部驱动力，社会制度创新的速度和水平对企业动态能力的成长具有促进作用。

3.2.2.4 社会资本

Teece 等人（1997）视动态能力为企业"整合、构建和协调内部和外部能力的能力"，并且认为合作关系可以成为推进新型组织学习的动力。动态能力研究的一些代表性学者，如 Eisenhardt & Martin（2000）、Zollo & Winter（2002）等也都认为，动态能力的影响因素可以存在于企业层面，也可以存在于个人和网络层面。在此基础上，Blyler & Coff（2003）认为社会资本是动态能力的重要影响因素，它通过为企业获取和整合资源提供必要的信息，对动态能力产生重要影响。崔瑜等（2009）也在研究中指出：以企业家为代表的企业精英们通过企业家网络获得企业所需知识和资源是动态能力的构建与提升基础。

3.3 动态能力的形成机制

动态能力形成机制的研究是动态能力理论中最为核心的问题，对这一问题的解答是动态能力理论能否有效指导企业开发和提升动态能力的关键。继提斯动态能力理论框架提出之后，一些学者就开始了对动态能力形成机制的探讨，但是尚未形成统一的看法。现有对动态能力形成机制的认识存在较大的差异性。但是总体来看可以分为组织内部视角和环境视角两大类（Leoneini et al. 2003）。

3.3.1 环境视角

环境视角主要是从"本地生产系统"的角度考察企业动态能力和环境影响因

素的关系，源于一些学者从网络嵌入性视角考察企业动态能力的尝试。如 McEvily 等人（2004）指出，动态能力不仅仅是指企业内部处理资源的战略和组织过程，也涵盖为扩展各自的能力而与其他组织进行的合作。Eisenhardt & Martin（2000）、Zollo & Winter（2002）等认为，动态能力的影响因素可以存在于企业层面，也可以存在于个人和网络层面。Doving & Gooderham（2008）提出，任何与某一外部合作伙伴单一的联系都难以应对动态的环境，因此企业间关系的多样性或范围可以被视为动态能力的重要表现，帮助企业在网络中获取和维持异质性的位置，从而获取多样化的能力和资源，并有机会收集和筛选来自不同源头的相关信息。

3.3.2 组织内部视角

更多的研究是基于组织内部视角、从过程的角度展开的。已经形成了以下观点：一是提斯的 3P 战略分析框架，即认为动态能力的形成是由企业所拥有的资产位势和历史发展路径所决定的；二是学习机制引导与塑造企业动态能力的形成与演化过程；三是知识形成的动态过程，即为动态能力的形成与演变过程；四是认为动态能力形成过程，即为企业形成技术轨道和技术范式的过程。

3.3.2.1 动态能力的形成是由企业所拥有的资产位势和历史发展路径所决定的

在正式界定动态能力概念的基础上，Teece 等人提出了动态能力的 3P（"流程—位势—路径"）分析框架，指出动态能力的本质内嵌于各种各样的组织和管理流程中，而这些流程是由企业的资产位势（特别是专用性和互补性资产）和历史演化路径所塑造的。组织和管理流程指的是企业做事情的方式，或者当前实践和学习的"程序"或模式；资产位势是指企业拥有的专用资产（包括专用性的厂房和设备、很难交易的知识资产及它们的互补性资产、信誉资产和关系资产等）存量与结构状况；路径更多是从技术机会的角度提出的——路径依赖观点认为企业的先期投资及其过程演变（其历史）都会对企业的未来投资构成限制，提斯据此指出产业活动的特定领域能走多远和多快，一定程度上取决于前面的技术机会（Teece et al.，1997）。2007 年，提斯进一步明确指出：独特的企业技能、流程、程序、组织结构、决策准则与组织制度构成企业动态能力的微观基础，并能够加强难以形成和配置的企业感知、把握机会及企业资源重构能力（Teece 2007）。

3.3.2.2 组织学习机制形成动态能力

1982 年，Nelson 和 Winter 巧妙地将动态思路、资源基础理论和企业行为理论的观点整合在一起，提出了规范的演化经济学理论框架，用以分析企业的内生成长和变革过程。动态能力理论提出之后，一些学者将这一分析框架与知识观相结合用于对动态能力的分析。知识观是自传统资源能力理论衍生而来的一个新兴学派，该理论认为，企业是具有异质性的知识体，企业能力本质上是知识的整合（Grant，1996）；知识是最具战略价值的核心资源，企业的竞争优势源于对知识的创造、存储及应用（Kogut & Zander，1992；Conner & Prahalad，1996；spender & Grant，1996）。而组织的知识是组织学习的直接后果。以此为基础，众多学者对动态能力的演化过程及学习机制进行了广泛深入的研究。

Zollo & Winter（2002）认为，学习机制塑造了动态能力。学习机制包括以经验积累为主的相对被动的经验性学习过程和包括知识澄清和知识编码的相对深度的认知性学习过程。两种学习过程分别针对两种活动：一种是企业的运营职能或"运营惯例"，另一种则是改变运营惯例，即动态能力。动态能力是一种高阶惯例，是构建、整合和重构组织的运营能力的能力。在演化经济学中被识别为搜寻惯例，即促进运营惯例演化的惯例。动态能力的出现和发展是组织的经营性惯例、学习性惯例、知识的明晰及知识的编码四种因素共同发展的结果。其中深度学习与动态能力的演化之间有紧密的联系。他们还从知识观视角将动态能力的演进过程描述为一个由探索性学习、知识外显化、利用性学习和知识内隐化四种活动推动的包括生成变异、内部选择、复制和保持四个阶段组织知识的演进过程。

Eisenhart & Martin（2000）就动态能力的演化也做了一个细致的分析，认为尽管企业动态能力的演化会沿着某个独特的路径进行，但是演化主要是由企业的学习机制主导。学习机制包括重复实践、经验编码、犯错、经验积累节奏。此外动态能力的演化也依赖于市场的动态性。

Zott（2003）基于计算机仿真模拟从理论上推演和分析了一个集学习机制、动态能力和运营惯例于一体的分析框架。

Zahra（2006）指出：不管是新创企业还是成熟企业都必须通过试验、干中学习、试错学习、即兴发挥等方式应对环境变化（即认为组织即兴是形成动态能力的重要学习机制之一）。随着企业运作的日益成熟，即兴发挥式的学习会逐渐减少，试错式学习会先增后减，而试验式学习则不断增加。

3.3.2.3 知识形成的动态过程，即为动态能力的形成与演变过程

Helfat & Peteraft（2003）从生命周期的角度将知识观引入动态能力的研究，他们认为企业动态能力形成与演变过程就是知识形成的动态过程，可以用能力生命周期来解释组织能力如何诞生、成长和演化，并且提出了一个知识、能力和产品共同演进的动态能力分析模型。

我国学者唐春晖（2003），董俊武等（2004）等在吸收借鉴国外动态能力研究理论的基础上，认为企业动态能力是在知识的形成过程中建立与演化的。董俊

武等（2004）还进一步提出了一个基于组织知识的动态能力演化模型：认为动态能力的演化主要围绕变异、内部选择、传播和保持四个阶段循环进行。在这一过程中，组织的经营性惯例和学习性惯例都发挥了重要作用，并交织着企业的认知性努力与行为性努力。并且在论文中结合湖北京山轻工机械股份有限公司进行了案例分析。

3.3.2.4 动态能力形成过程就是企业形成技术轨道和技术范式的过程

l982 年英国经济学家 Dosi 类比科学哲学家 Kuhn 的"科学范式"的概念，提出了"技术范式"和"技术轨道"概念。Dosi 认为，技术范式是"解决技术问题的一种模型或模式"，技术轨道是"沿着由范式规定的经济和技术折中的技术进步轨迹"。Iansiti & Clark（1994）从技术的角度研究了动态能力，认为动态能力的形成过程实质是实现企业技术能力发展演化的管理过程，在一定的技术范式背景下动态演化的。他们视企业为一个包括技术人员和战略制定者在内的技术系统，视动态能力为企业的技术整合能力，也就是企业在有关自身业务技术知识的演变过程中挑选和应用与自身现有知识基础相关的技术知识的能力。

3.3.3 两种视角的融合

随着研究的深入，越来越多的学者开始认识到：单从组织内部视角或者单从组织外部视角都不足以说明厘清动态能力的形成机制，他们从内外结合的角度出发，将动态能力的形成视为一个与环境相适应的自组织过程。

自组织理论是 20 世纪 60 年代末期开始建立并发展起来的一种系统理论，它的研究对象主要是复杂自组织系统（生命系统、社会系统）。企业自组织理论把企业视为社会中一种自组织现象，即认为企业组织内部存在着一个相应的系统结构，企业过程是这个系统结构内部互动的过程。Leoncini 等（2003）基于复杂系统理论提出，无论是从企业视角还是从环境视角研究动态能力均存在不同程度的片面性；他们尝试将两种研究视角进行整合，即将企业视为一种处于技术—经济关系的制度环境中复杂自适应系统。基于这一视角，Masini 等人（2004）明确提出动态能力是运用和拓展兼而有之的高层次管理能力，是与环境相适应的自组织系统。

在动态多变的环境下，传统的资源观或能力观面临着难以突破的能力悖论：能力越强，竞争力也就越强，但也越容易导致企业锁定于固有的模式而无法适应环境变化。动态能力针对这一悖论，强调要不断打破能力"刚性"，强化动态特征，以不断适应适应范式变化。但是任何单一过程都不可能既稳步提升组织能力，又不断进行调整。基于这一认识，Srhreyögg & Kliesch-Eberl（2007）指出，要整合组织能力和动态性就必须包括两个过程——能力实践过程和动态调整过程。这两个过程并非相互独立，而是相辅相成的。二者共同构成动态能力框架，并且从能力动态性的角度提出了包括能力递进过程和柔性监控过程的双重过程模型。在这一模型中，监控是企业能力动态化过程的核心要素。动态能力的监控过程包括：对内外部环境的检测、对企业日常行为活动的控制和对组织能力困境的自查三个子过程。Srhreyögg & Kliesch 基于双重过程的动态能力自组织系统模型的提出，初步确立了动态能力演进的自组织理论基础。

表 3-2 汇总了动态能力形成机制的主要观点。

表3-2　动态能力形成机制的主要观点

研究视角	核心思想	具体观点与内容	学者
环境视角	从"本地生产系统"的角度考察企业动态能力和环境影响因素的关系；认为企业除了自身所拥有的资源以外，还可通过与企业外部实体之间各种形式的联系获得关键性资源，企业间的各种联结为企业带来可观的关系租金和竞争优势。	动态能力不仅仅是指企业内部处理资源的战略和组织过程，也涵盖为扩展各自的能力而与其他组织进行的合作。	（McEvily et al 2004）
		认为动态能力的影响因素可以存在于企业层面，也可以存在于个人和网络层面。	Eisenhardt & Martin（2000），Zollo & Winter（2002）
		任何与某一外部合作伙伴单一的联系都难以应对动态的环境，因此企业间关系的多样性或范围可以被视为动态能力的重要表现，帮助企业在网络中获取和维持异质性的位置，从而获取多样化的能力和资源，并有机会收集和筛选来自不同源头的相关信息。	Doving & Gooderham（2008）
组织内部视角	动态能力的形成是由企业所拥有的资产位势和历史发展路径所决定的。	以"过程—位置—路径"为三个关键要素构建了动态能力战略框架。认为动态能力的本质内嵌于各种各样的组织和管理流程中，而这些流程是由企业的资产位势（特别是专用性和互补性资产）和历史演化路径所塑造的。	Teece（1994，1997）
	组织学习机制形成动态能力。	尽管企业动态能力的演化会沿着某个独特的路径进行，但是演化主要是由企业的学习机制主导。学习机制包括重复实践、经验编码、犯错、经验积累节奏。	Eisenhart & Martin（2000），Zollo & Winter（2002），Zott（2003），Zahra（2006）
	动态能力形成过程就是企业形成技术轨道和技术范式的过程。	动态能力的形成过程实质是实现企业技术能力发展演化的管理过程，在一定的技术范式背景下动态演化的。	Iansiti & Clark（1994）
	知识形成的动态过程即为动态能力的形成与演变过程。	提出了一个知识、能力和产品共同演进的动态能力分析模型。	Helfat & Peteraft（2000，2003）
两种视角融合	动态能力的形成是一个与环境相适应的自组织过程。	提出了包括能力递进过程和柔性监控过程的双重过程模型。	（Leoncini et aL.，2003），Srhreyögg & Kliesch（2007）

资料来源：本研究整理。

3.4　动态能力的构成维度与实证研究

量化的实证研究对于验证学者关于动态能力的观点与争论及理论的普适性至关重要。对动态能力测度和实证研究的不足会给动态能力研究的进一步深入化和系统化造成诸多不便。因此，对动态能力的定量化研究和实证研究已经成为近年来动态能力研究的另一个研究焦点。本节主要对动态能力的量化研究和实证研究成果进行系统回顾，以对动态能力概念内涵及构成维度形成更加明晰的认识。

3.4.1　动态能力的测度方法

从动态能力的测度方法来看，现有的定量研究主要采用了三种测度方法：一是间接的度量法。例如 Arthurs & Busenitz（2006）用企业对抗产品、管理、法律责任和政府规制风险的能力来间接地测度动态能力。Griffith & Harvey（2000）用对合作伙伴决策的影响力来测度企业的全球化动态能力。二是简化度量法，例如，Deeds 等学者简单地用新产品开发数量来度量动态能力。Jantunen 等（2005）在研究创业导向、动态能力与国际化绩效的关系时，用前三年企业重构活动的数量和成功率来测量动态能力。三是从动态能力的构成要素进行测量。前两种测度方法仅能反应动态能力的某些侧面，难以体现动态能力的内涵。基于第三种方法对动态能力展开更精确的测量是动态能力定量研究发展的主要方向。现有文献中直接探讨动态能力维度的文献为数不多，其中大多数是从过程的角度对动态能力进行解构的。

3.4.2　动态能力的构成维度

3.4.2.1　国外研究进展

Teece 等（1997）率先解构了动态能力的概念：为了适应快速变化的外部环境，构建（Build）、整合（Integrate）和重构（Reconfigure）企业内部和外部能力（Competence）的能力（Capabilities），并且提出了一个较为系统的动态能力架构，即动态能力内嵌于企业的组织与管理流程之中，其形成是由企业的位势和发展路径决定。因此"组织与管理流程""位势"和"路径"构成动态能力的三维战略分析框架体系，而组织和管理过程又包含整合协调、学习、重构与转变三个方面内容。此后，Teece（1998，2007）更明确地将动态能力界定为"不断以快于竞争对手的速度感知、抓住突现的机会并进行必要的资源重构的能力"，从而提出了另一种动态能力构成要素的划分，即认为动态能力的基本要素是"外部感知"（external sensing）能力和"组织行动"（organizational action）能力。Teece 的研究得到了广大学者的认同，Caloghirou 等（2004）通过调查希腊制造企业，分析了产业因素、企业因素对企业盈利的影响，并建立了用学习能力、协调能力与变革能力来测量动态能力的模型。Schreyogg & Kliesch-Eherl（2007）也明确指出：根据 Teece 的模型，可以以整合协调、学习、重构与转变三个构面来衡量企业的动态能力，并分析企业能力的动态演变过程。

然而，Teece 本人及其后来的学者并未从这个框架展开构建有效的测度体系。同时也有不少学者对提斯的观点提出了质疑。如有学者认为，提斯的理论存在逻辑上的同义反复（Mosakowski & McKelvey，1997；Williamson，1999；Priem & Butler，2000）问题，将导致 Collis（1994）提出的"无限后退"问题，即存在更高一级的改变这种改变能力的能力的能力，因而使得对任何一级能力的分析都失去意义。也有学者指出：Teece（1997）认为动态能力内嵌于企业的组织与管理惯例（流程）之中，部分学者将其理解为"学习惯例的惯例"（routines to learn routines），然而由于惯例本身就存在难以捉摸的特性，因而这种对动态能力的定义也是含糊不清（Eisenhardt & Martin，2000）、难以观测（Godfrey & Hill，1995；Simonin，1999）和缺乏可操作性的（Eisenhardt & Martin，2000）。

针对这些问题，Eisenhardt & Martin（2000）提出了另一种界定思路。他们将动态能力定义为企业运用资源，尤其是整合、重构、获取和释放资源以适应或者创造市场变革的过程，包括整合能力、重构能力、获取能力和释放能力四个构面。这种界定将资源而非能力视作动态能力的作用对象，由于资源相对于能力更易于观察，因而使动态能力成为一种可识别的流程，大大降低了以往界定造成的动态能力的模糊性，特别是为动态能力的度量和其他定量研究创造了条件。

此后，Daniel & Wilson（2003）归纳分析了电子商务变革过程中所体现出来的两类八种动态能力：一类是进行业务创新的能力，包括快速决策和实施、制订较好的策略方案、争取企业内外利益相关者的支持等；一类是将创新活动和现有活动进行衔接的能力，包括现有系统平稳过渡的能力、整合多个渠道的能力，以及密切连接电子商务与企业战略的能力。Menguc & Auh（2006）提出动态能力包括两个互相补充的维度：市场导向和创新。Pavlou & Sawy（2006）把新产品开发背景下的动态能力界定为"重构资源以更好地与环境相匹配的能力"，即一个"资源重构"的二阶结构，并通过对产品开发经理的大规模问卷调研，将其构成维度识别为感知环境、学习、协调活动和整合互动四个方面。Wang & Ahmed（2007）则将动态能力的构面归纳为适应能力、吸收能力和创新能力三个方面。其中适应能力聚焦于企业整合、重组自身资源以应对环境的变化；吸收能力侧重于企业学习外部知识，并将它转化为自身的新能力；而创新能力则强调企业自身的能力与新产品（市场）间的创新路径或过程。Prieto 等（2008）在讨论新产品开发过程中的动态能力时，认为动态能力包含知识产生、知识集成和知识重构三个构面，并基于此提出了一个动态能力的测度量表。近来一些学者还将市场异质性、营销过程中的关系资产等纳入研究的范畴（Hun，2000；Srivastava et al.，2001），这就更加丰富了动态能力理论。

国外动态能力构成维度的主要观点。

表3-3　国外动态能力构成维度的主要观点

	观点	具体内容	学者
国外研究进展	基于提斯定义动态能力维度解构	"动态能力"是为了适应快速变化的外部环境，构建、整合和重构企业内部和外部能力的能力，将构建、整合和重构能力作为动态能力的三个基本维度。	(Teece et al.，1997)
		即动态能力内嵌于企业的组织与管理流程之中，其形成是由企业的位势和发展路径决定。因此"组织与管理流程""位势"和"路径"构成动态能力的三维战略分析框架体系，而组织和管理过程又包含整合协调、学习、重构与转变三个方面内容。	(Teece et al.，1997)
		动态能力是"不断以快于竞争对手的速度感知、抓住突现的机会并进行必要的资源重构的能力"，因而动态能力的基本要素是"外部感知"能力和"组织行动"能力。	Teece（2007）
		根据 Teece 的模型，可以以整合协调、学习、重构与转变三个构面来衡量企业的动态能力，并分析企业能力的动态演变过程。	Schreyogg & Kliesch-Eher（2007）
	基于过程观的动态能力维度解构	动态能力是企业运用资源，尤其是整合、重构、获取和释放资源以适应或创造市场变革的过程，它包括整合能力、重构能力、获取能力和释放能力四个构面。	Eisenhardt & Martin（2000）
	基于特定情境的动态能力维度解构	归纳分析了电子商务变革过程中所体现出来的两类八种动态能力：一类是进行业务创新的能力；一类是将创新活动和现有活动进行衔接的能力。	Daniel & Wilson（2003）
		通过对产品开发经理的大规模问卷调研，将其构成维度识别为感知环境、学习、协调活动和整合互动四个方面。	Pavlou & Sawy（2006）
		在讨论新产品开发过程中的动态能力时，认为动态能力包含知识产生、知识集成和知识重构三个构面，并基于此提出了一个动态能力的测度量表。	(Prieto et al.，2008)
	其他观点	将市场异质性、营销过程中的关系资产等纳入研究的范畴。	(Hunt 2000；Srivastava et al.，2001)
		动态能力包括两个互相补充的维度：市场导向和创新。	Menguc & Auh（2006）
		Wang & Ahmed(2007)则将动态能力的构成归纳为适应能力、吸收能力和创新能力三个方面。其中适应能力聚焦于企业整合、重组自身资源以应对环境的变化；吸收能力侧重于企业学习外部知识，并将它转化为自身的新能力；而创新能力则强调企业自身的能力与新产品（市场）间的创新路径或过程。	Wang & Ahmed（2007）

资料来源：本研究整理。

3.4.2.2 国内研究进展

国内学者对于动态能力的研究起步较晚，目前对动态能力测度的研究是国内研究的热点，其中大多数是从过程的维度对动态能力进行解构的。

贺小刚等（2006）通过文献研究和对中国企业的实证研究认为动态能力的测量维度包括：市场潜力、组织柔性、战略隔绝、组织学习和组织变革五个方面。

李兴旺（2006）从动态能力的作用本原出发，认为动态能力可以通过环境洞察能力、价值链配置与整合能力、资源配置和整合能力来测量。

郑刚（2007）等认为动态能力由组织文化、组织过程、资产技术、成长路径这四个维度构成。

焦豪等（2008）认为动态能力包括环境洞察力、技术柔性、组织柔性和变革更新能力四个维度。

邱钊（2008）等将动态能力划分为协调及整合、学习及重构和转变三个纬度，然后以东风汽车有限公司为例，使用"质性研究"方法对动态能力与企业竞争优势的关联性进行了实证研究。

罗珉和刘永俊（2009）采用模糊聚类分析法，在对过去10年间有关动态能力观的39篇文献进行聚类分析的基础上，归纳出了动态能力的"四种能力"，即市场导向的感知能力、组织学习的吸收能力、社会网络的关系能力和沟通协调的整合能力。

曹红军（2009）以Eisenhardt的过程观为基础，将"信息"从广义的资源中分离出来，将动态能力划分为：信息利用能力、资源获取能力、内部整合能力、外部协调、资源释放能力五个维度。

曾萍（2009）把动态能力划分为协调整合能力（指组织内部活动的协调及组织外部活动与技术的整合能力）、重组转型能力（指组织觉察到资产重组的必要性及完成内外部转型的能力）两个维度，并且分别用六个题项来测量企业的协调整合能力和重组转型能力。

林萍（2009）认为动态能力的目标是资源重构和转变，它主要是以下五个方面的整合：市场导向、组织学习、整合能力、组织柔性和风险防范能力，并在此基础上开发出量表进行了实证研究。

郑素丽等（2010）引入了知识观理论视角，将动态能力界定为"企业获取、创造和整合知识资源以感知、应对、利用和开创市场变革的能力"，并在此基础上开发了基于知识的动态能力的测度量表，从知识获取、知识创造和知识整合能力三个维度对动态能力进行测度。

黄俊等（2010）基于对Teece动态能力框架的研究和对动态能力测度过程中

现存的两种逻辑思路的总结指出：应该将"位势""路径"视为影响动态能力形成和发展的因素，将企业的组织与管理流程所承担的三个功能作为衡量动态能力的三个维度，即由整合能力、组织学习能力及重构能力所构建的动态能力一阶多因素相关模型是测度企业动态能力的最佳简约模型，与现有其他动态能力测量模型相比较，该模型具有更高的效度、信度和预测性。

国内动态能力构成维度的主要观点。

表3-4　国内动态能力构成维度的主要观点

	观点	具体内容	学者
国内研究进展	基于提斯定义的动态能力维度解构	从动态能力的作用本原出发，认为动态能力可以通过环境洞察能力、价值链配置与整合能力、资源配置和整合能力来测量。	李兴旺（2006）
		将动态能力划分为协调及整合、学习及重构和转变三个纬度，然后以东风汽车有限公司为例，使用"质性研究"方法对动态能力与企业竞争优势的关联性进行了实证研究。	邱钊（2008）
		把动态能力划分为协调整合能力（指组织内部活动的协调及组织外部活动与技术的整合能力）及重组转型能力（指组织觉察到资产重组的必要性及完成内外部转型的能力）两个维度。	曾萍（2009）
		认为应该将企业的组织与管理流程所承担的三个功能作为衡量动态能力的三个维度，即由整合能力、组织学习能力及重构能力所构建的动态能力一阶多因素相关模型是测度企业动态能力的最佳简约模型。	黄俊等（2010）
	基于过程观的动态能力维度解构	以Eisenhardt的过程观为基础，将"信息"从广义的资源中分离出来，将动态能力划分为信息利用能力、资源获取能力、内部整合能力、外部协调与资源释放能力五个维度。	曹红军（2009）
		引入了知识观理论视角，将动态能力界定为"企业获取、创造和整合知识资源以感知、应对、利用和开创市场变革的能力"，并在此基础上开发了基于知识的动态能力的测度量表，从知识获取、知识创造和知识整合能力三个维度对动态能力进行测度。	郑素丽等（2010）
	基于文献研究、调研访谈及实证研究的动态能力维度	通过文献研究和对中国企业的实证研究认为，动态能力的测量维度包括市场潜力、组织柔性、战略隔绝、组织学习和组织变革五个方面。	贺小刚等（2006）
		动态能力包括环境洞察力、技术柔性、组织柔性和变革更新能力四个维度。	焦豪等（2008）
	基于聚类分析法动态能力维度	动态能力的目标是资源重构和转变，它主要是以下五个方面的整合：市场导向、组织学习、整合能力、组织柔性和风险防范能力，并在此基础上开发出量表进行了实证研究。	林萍（2009）
		采用模糊聚类分析法，在对过去10年间有关动态能力观的39篇文献进行聚类分析的基础上，归纳出了动态能力的"四种能力"，即市场导向的感知能力、组织学习的吸收能力、社会网络的关系能力和沟通协调的整合能力。	罗珉和刘永俊（2009）

资料来源：本研究整理。

整体上说，目前国内对动态能力的研究尚处于理论的引进和吸收阶段，问题主要体现在两个方面。

一是未能打破西方学者的研究框架，真正意义上的理论创新并不多见。现有的很多文献仅限于对国外学者所做研究的评介，对动态能力的概念、特征、形成与演化机理等没有形成自己的突破性认识。

二是与当代中国企业管理实践结合不够紧密。有关动态能力理论在中国现情境下如何运用，当代中国企业如何测度、培育自己的动态能力等问题的研究还较少且不够深入。

3.5　本书的研究视角与研究思路

3.5.1　现有研究的不足

动态能力理论是企业资源观、创新经济学、演化经济学、组织行为理论及运营战略理论相结合的产物，与传统核心能力理论相比，动态能力理论在理论整合程度上有所提升。从研究内容和理论特征来看，动态能力理论从资源能力出发，对企业如何适应迅速变化的市场环境，建立和保持持久竞争优势进行阐述，其突出特点是充分强调能力的动态特征，这是对传统资源能力理论的重大发展。但是作为一门新兴的理论，动态能力的理论体系还远未完善，其不足之处主要体现在以下几个方面：

3.5.1.1　对动态能力概念内涵的界定不够清晰

动态能力理论的提出主要是基于对传统资源能力理论的批评，持动态能力观的学者认为传统的资源基础理论在概念界定方面存在含义模糊、同义反复等问题，从而影响其理论的严谨性。然而随着研究的深入，批评者发现这种现象在动态能力观中同样存在。例如，动态能力理论的提出者提斯将"能力"概念解释为："战略管理在合理地改造、整合和重构内部和外部组织技能、资源和职能能力以适应市场变革要求中的关键角色"（Teece et al., 1997）；同时又将"动态能力"界定为"企业整合、构建和重构内部和外部能力以应对快变环境的能力"（Teece et al., 1997）。批评者认为：这种将动态能力视为"改变能力的能力"的界定在解释企业竞争优势时面临"无限后退"问题，从而导致对高阶能力的讨论使得对低阶能力的分析失去意义，永远无法找到企业竞争优势的真正来源（collis 1994）。

概念的模糊导致了一系列问题：如一些学者至今对动态能力是否客观存在仍持怀疑态度；一些学者虽然相信动态能力的存在，但却认为动态能力是与生俱来的、因而怀疑管理者培养和提升动态能力的努力的有效性；还有一些学者如Winter（2003）等认为，动态能力并不是企业获得竞争优势的必要条件。这些问题的存在，对动态能力的研究提出了严峻的挑战。作为战略管理的一个重要概念，对动态能力的清晰界定是进一步深入研究的基础。为此，需要进一步揭开动态能力的神秘面纱，清晰地界定其内涵与外延。

3.5.1.2 对动态能力生成和演化的"黑箱"缺少系统的研究

虽然对动态能力的研究已经得到了理论界和实业界的广泛认同，但目前这一领域还缺少严谨科学的理论体系。例如，动态能力生成的研究是动态能力理论的核心内容，但是目前这方面的研究成果还很有限，尤其缺少系统的研究方法和分析框架。这一现状大大限制了我们对动态能力认识的深化，导致动态能力理论至今尚不能有效指导企业的实践。本书认为动态能力的生成过程是一个复杂系统中各系统要素之间协同、互动的结果。只有深入分析各系统要素之间复杂的互动关系，才能深刻理解动态能力生成的内在结构。

3.5.1.3 研究层面单一

动态能力理论的创立者提斯等人将动态能力界定为企业"整合、构建和协调内部和外部能力的能力"（Teece et al., 1997）。动态能力研究的其他代表学者（Powell et al., 1996；Eisenhardt & Martin，2000；Zollo & Winter，2002；Rothaermel & Hess，2007）也都认为动态能力的影响因素可以存在于个人、企业、网络等不同层面。由此可见，只有将上述三个层面结合起来才能全面认识动态能力的影响因素，深入理解动态能力的生成路径和生成机理。现有对动态能力的研究分为组织内部视角和环境视角两类，从个体、组织和社会三个层面结合起来探讨动态能力生成的研究尚不多见。通过引入企业家精神这一概念，本书尝试补充和完善空白，将个体、组织和社会网络三个层面结合起来深入分析企业动态能力的生成系统。

3.5.1.4 在对动态能力生成过程的研究中普遍存在企业家缺位现象

根据前述对竞争优势理论的回顾，以波特为代表的竞争优势理论主要关注既定的产业结构特征、强调外部环境，忽视了企业自身因素。而基于内生角度的资源和能力学派虽然在一定程度上解释了企业异质性的根源，但对影响企业成长的灵魂人物和企业发展的引擎——企业家，并未给予足够的关注，以至于以资源能力理论为基础的动态能力研究仍然在很大程度上忽略了企业家在对企业资源和能力进行动态的配置与整合过程中的异质性。这一问题突出表现为：在对动态能力生成过程的研究中普遍存在企业家缺位现象。这一现状在一定程度上妨碍了人们对动态能力生成过程认识的深化。

本书认为，从资源配置的角度来看，企业家是企业的灵魂，在企业成长过程中发挥着无可替代的重要作用。企业家的核心职能是创新。应该从企业家创新的角度深入探讨企业动态能力生成机理，完善动态能力的研究。

3.5.1.5 现有研究操作性不强、对企业缺少有效指导

管理理论的价值最终体现于其对管理实践的指导。目前我国企业动态能力缺位现象非常普遍，然而以往对动态能力的分析主要将其视为一种持续的战略变革能力或改变惯例的惯例。虽然强调其动态性，但是却不能很好地解释其形成的过程，导致动态能力理论至今尚无法就企业如何开发和提升动态能力给出具体、合理的解释和操作性强的策略建议。这是造成目前动态能力理论仍然主要只是作为一种抽象的概念和观点被企业接受、无法有效地指导企业实践的主要原因。

组织即兴概念的提出使我们能够从可考察的、连续的、富有创造性的、调整的角度来研究动态能力的生成过程，本研究尝试引入这一概念，为动态能力生成的理论与实践研究提出一个更具操作性的战略分析框架。

3.5.2 本书的研究视角

以波特为代表的传统竞争优势理论主要关注既定的产业结构特征、强调外部环境，忽视了企业自身因素。而基于内生角度的资源能力理论乃至现有的以传统资源能力观为基础的动态能力理论，虽然在一定程度上解释了企业异质性的根源，但对影响企业成长的灵魂人物和企业发展的引擎——企业家，并未给予足够的关注，以致于在很大程度上忽略了企业家在动态配置和整合企业资源与能力过程中的异质性。这一状况妨碍了人们对动态能力生成过程认识的深化。

企业家精神是企业的灵魂，在企业"整合、建立、重新配置内外部能力来适应快速变动环境"的过程中发挥着无可替代的主导作用。要深入分析动态能力的生成机理，企业家在动态配置和整合企业资源与能力过程中的异质性是一个不容忽略的重要变量。

本书通过系统思考发现：企业家精神是体现这一异质性的重要变量和促使企业克服战略刚性、催生动态能力的动力源泉，是动态能力生成过程中系统要素的激活机制，也是该系统中系统结构中的"高杠杆解"。因此，本书以企业家精神为研究起点，在深入探讨了企业家精神的内涵和层次，并将其划分为个体、组织和社会三个不同层面的基础上，将其纳入组织即兴的生成系统。即将三个层面企业家精神的培育和提升作为塑造动态能力的切入点，从个体、组织、社会三个层

面深入分析和论证了其促使企业克服战略刚性、催生企业动态能力的内在机理。此后，通过对企业家精神来源、扩散与动态传承机制的深入分析，进一步提出了基于企业家精神培育的企业动态能力成长策略，为企业动态能力的培育提出了一个相对完整的、具有可操作性的分析框架。

3.5.3 本书的研究思路

3.5.3.1 以实践为导向的指导思想

管理大师德鲁克（Drucker）指出，管理的本质在于实践。管理理论从实践中来，管理理论的发展是为了有效地指导管理实践。本选题本着这一宗旨，沿着"战略管理中的成长上限问题→动态能力的生成机制→系统动力机制的构建→战略变革中的两难困境问题→动态能力的控制机制"这一提出问题、分析问题、解决问题的思路构建了本书的研究结构。本书提出的研究框架注重层次分析和系统要素之间互动关系分析，这一创新性理论框架的提出是对动态能力研究从抽象到具体的一种有意义的尝试，它丰富和拓展了动态能力生成研究的理论框架，有助于打开动态能力生成的"黑箱"，破解企业能力发展中的两难困境；也有利于为我国企业动态能力的开发和提升给出一些合理可行的理论解释和策略建议，提高我国企业的国际竞争力、促进我国经济健康发展提供理论。

3.5.3.2 系统思考的分析方法

本选题认为：缺少系统的研究方法是造成现有研究不足的主要原因，因而首先尝试引入系统动力学分析方法，运用系统动力学中"成长上限"基模原理描述了企业战略管理的成长上限模型。然后，以快速的战略调整能力和快速战略执行能力作为判断组织即兴水平的主要指标，将组织即兴能力的生成过程描述为以上述两个指标为核心的两个紧密相关的增强环路，深入探讨了企业动态能力生成的系统动力机制。

系统动力学研究方法的引入，有利于引导我们去洞察复杂背后引发变化的结构，打开动态能力生成的黑箱，为企业开发和提升动态能力提供指导和借鉴；也有利于从系统演进的视角发展出一个关于企业动态能力生成的操作性强的战略分析框架，使得企业动态能力分析有一套科学的程序。

3.5.3.3 从长期和短期相结合的角度探讨了动态能力的生成

以往对动态能力概念的界定主要将其视为一种持续的战略变革能力或改变惯例的惯例。虽然强调其动态性，但是却不具有直接可考查性，因而不能很好地解释其形成的过程，无法有效地指导企业的实践。

　　组织即兴是面对高速变化的外界环境，为提高组织的应变能力和临场发挥能力、抓住稍纵即逝的机会而发展起来的一个崭新的研究领域。从战略管理的角度看，组织即兴就是立即进行学习与模仿的战略互动行为（包括连续战略互动）。在战略决策过程中，即兴行动不只限于某一时点的事件，而是期间内的连续现象。正是由于组织在技术执行过程中会出现一连串的即兴活动，导致在组织实践过程中经常会发生不间断的变革（Vera & Crossan, 2004）。由此可见，组织即兴本质上是动态能力的一种可考察的表现形式。

　　组织即兴概念的引入使得我们可以用可考核的具体指标考查企业的组织即兴水平，并据此推断其动态能力，因此为动态能力生成的理论与实践研究提出了一个重要的研究思路。

　　本书引入了组织即兴这一关键变量，运用系统思考的分析方法，从长期和短期相结合的角度提出了一个由关系链条"企业家精神→组织即兴→动态能力"构成的企业动态能力生成的分析框架，并在此基础上深入分析了动态能力的生成与控制机理，以打开动态能力生成的"黑箱"，破解企业能力演化中的两难困境，丰富和推进动态能力的理论研究进展。

| 4 |

相关文献综述

4.1 企业竞争优势理论的历史演进与评述

从国内外家族企业成功与失败的发展轨迹可以看出：竞争优势理论是企业生存和发展的基础，是产业界和理论界共同关注的重要问题。家族企业要想顺利实现转型升级，必须构建持续有效的竞争优势。因此有必要首先对企业竞争优势理论的历史演进过程进行系统回顾和评述，为动态能力理论的研究奠定基础。

4.1.1 相关概念的界定

4.1.1.1 竞争优势

竞争优势是 1939 年由英国经济学家张伯伦（E.H. Chamberlin）在《垄断优势理论》一文中率先提出，后经霍弗（Hofer）和申德尔（Schendel）引入战略管理领域的一个概念。竞争优势理论主要回答"为什么有些企业能够相对于其他企业获得更好的业绩"这个问题，即解释造成企业之间业绩差异的原因（Mehra，1998）。

目前对"竞争优势"概念存在两种定义方式（潘国锦，2006）。一种是从企业层次角度进行界定的。Hofer & Schendel（1978）认为，竞争优势是一个企业通过其资源调配而获得的相对于竞争对手的独特市场位势。波特虽然没有给出对竞争优势的具体定义，但是分析其理论框架不难看出，他实际上隐含地把竞争优势视为建立在顾客价值创造基础上的高于竞争对手的持久绩效。在 Ansoff & McDonnell（1990）看来，企业竞争优势就是企业在产品或市场范围中所具有的、能为企业带来比其他竞争者更优竞争地位的特质。Barney（1991）认为，假如某个企业能够实施某种价值创造战略，而其竞争对手（现有的或潜在的）不能实施同样的战略，则该企业具有竞争优势。另一种是从产业的角度进行界定的，如戴维·贝赞可等（1999）《公司战略经济学》一书指出，"当一家公司获得了超过本行业平均水平的利润，我们就说它获得了竞争优势。"

4.1.1.2 可持续竞争优势

与此相关的是可持续竞争优势的概念。1984 年在关于维持竞争优势战略类型的论述中戴维（Day）首次提出了可持续竞争优势的概念。之后 Barney（1991）和 Hoffman（2000）更清晰地将这一概念界定为不能被现有的或潜在的竞争者实施或复制的、能够为企业带来持久利益的价值创造战略。目前对于可持续竞争优势概念有两种不同的理解：Jacobsen（1988）和 Porter（1985）认为持续性就是简单地持续了一段很长的日历时间。Barney（1991）则在论文中做出以下说明：（1）可持续性并非"日历时间"，而是"逻辑时间"，指竞争者复制、模仿与替代的容易程度。（2）可持续性并非指竞争优势永远存在，而是意味着不会由于其他企业的快速复制而迅速被竞争出局。这一阐释与 Rumelt（1982，1984）的观点一致。Foss（1998）也曾指出，以均衡法界定的可持续竞争优势使持久性失去了和现实的直接联系，即并非指日历时间，而是指均衡模型中的"逻辑时间"，是不能直接转化为现实时间的。此外，Barney（1991）还根据其对可持续竞争优势的定义，概括了实现持续竞争优势的条件，即有价值性、稀缺性、不完全模仿性（基于历史依赖、因果不明、社会复杂性等原因）与难以替代性。

国内对企业竞争优势或持续竞争优势的理解多是基于对国外研究成果的吸收和借鉴，真正创新性的成果并不多见。

较具代表性的如：马刚（2006）认为，竞争优势是指企业因其拥有独特的资源和能力而在市场竞争中持续获得高于行业平均获利水平的市场表现。这一界定既关注高于行业平均水平的获利能力，也强调竞争优势的可持续性。包括了以下三个要点：一是竞争优势来源于企业拥有的独特的资源和能力；二是强调竞争优势的表征在于企业能够获得高于行业平均获利水平的持续性；三是强调企业竞争优势是一种市场表现，是一种结果和状态，具有可衡量性，可根据相关的获利性指标，比如资产报酬率、销售利润率等进行测度。

关于持续竞争优势的研究，邹国庆（2003）认为，可持续竞争优势包括两层含义：一是在企业能为客户创造的价值方面具有能够超越竞争对手的、能力重构的动态过程；二是竞争优势不仅反映在更高的利润率上，也可能反映在长期为顾客创造价值的潜能方面。吴应宇和路云（2003）指出，决定企业可持续竞争优势的有两类性质不同的因素：其一是能力和知识的差别性与不可仿制性；其二是资源、能力和知识的不可替代性。这两种因素对持续竞争优势的贡献主要体现于企业与环境的相互作用中。刘建伟、张正堂（2003）概括了可持续竞争优势的两大特征：其一是"动态性"，即无论在什么样的市场结构下，竞争优势都是暂时和有条件的。只有通过自我更新、自我超越才有可能实现可持续的竞争优势。其二是"连续性"，即持续竞争优势是由一系列小的、相对不重要的或短期的竞争优势不间断积累而成的。游达明和彭伟（2004）将可持续竞争优势定义为在所有的仿制作业已被尝试之后仍然存在竞争优势的一种均衡。认为企业的可持续竞争优势表现为两种状态：一是可持续竞争优势是某时点上的竞争优势在长期内的延续和保持，二是可持续竞争优势是由多个短暂优势连续叠加而成。

4.1.2 竞争优势理论的理论层次

企业竞争优势理论一直是产业经济学、企业经济学和战略管理学多学科共同关注的焦点，是企业理论的一个重要研究领域，又是战略管理理论的核心。为了理清竞争优势理论的发展脉络，学者们对竞争优势理论的理论层次进行了归纳和梳理。这方面比较有代表性的观点主要有：

郭斌（2002）在《企业异质性、技术因素与竞争优势：对企业竞争优势理论的一个评述》一文中指出：围绕企业竞争优势的研究可以概括为三个方面。其一，是什么给企业带来竞争优势，此即竞争优势的"源"的问题。其二，竞争优势的"源"与企业竞争绩效之间到底存在着怎样的关联。此即竞争优势的"内在逻辑"问题。其三，什么样的企业竞争优势（满足什么条件）才是可持续性的，此即竞争优势的"可持续性"问题。目前的研究主要是从不同层面和角度对竞争优势的"源"、"内在逻辑"及"可持续性"进行分析与阐释。

许征文（2008）在《企业持续竞争优势的资源视角》一文中将竞争优势的理论研究划分为三个层次：第一个理论层次争论的焦点是竞争优势的存在性问题，对立于该层次的是新古典经济理论和战略管理理论。其中，新古典企业理论认为：在完全竞争的市场环境下，企业持续的竞争优势是不存在的。他们将存在于实践中的企业间持续绩效差异归因于未观察到的异质性。战略管理理论则认为：战略管理理论以长期竞争优势的存在性为存在前提，企业间持续的绩效差异是企业资源定位或行业定位的结果。第二个理论层次争论的焦点是管理的能动性在企业竞争优势形成过程中的作用。这一层次的理论研究以承认竞争优势的存在为前提，对立于该层次的是群体生态学观点和战略管理理论。其中，群体生态学理论认为，企业绩效差异（尤其企业长期生存率差异），主要是由企业所面临的初始条件决定的，后天努力无济于事（Stinchcombe，2000）。战略管理理论则关注企业如何对环境信号做出反应，进而利用环境带来的机会获取和维持竞争优势。第三个层次的理论研究承认管理能动性在竞争优势中的作用，分歧在于对竞争优势来源的看法不同。本书将在以下部分对企业竞争优势来源进行系统的文献回顾。

此外，许征文等（2007）在《竞争优势分析单位的整合研究》一文中将竞争优势理论划分为：行业、战略集团、交易、企业和资源四个分析层次（如表4-1所示），并在此基础上构建了基于资源的竞争优势整合模型（如图4-1所示）。

表4-1　竞争优势的分析层次及假设

分析单元	假设		
	同质性	独立性	异质性
行业	行业内的企业是同质的：行业结构特征决定企业绩效		
战略集团	战略集团内的成员是同质的：集团结构特征决定集团内企业相对于其他集团内企业的竞争优势		行业内的不同战略集团是异质的
交易		交易独立于行业、战略集团和行业：企业竞争优势决定于不同制度设计对交易成本的节约	
企业和资源			企业资源禀赋是异质性的：资源异质性是竞争优势的决定因素

资料来源：许征文等，竞争优势分析单位的整合研究[J]，科技管理研究，2007（9）：199。

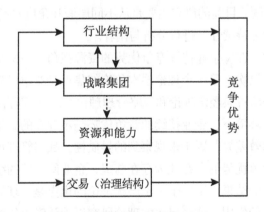

图4-1　基于资源的竞争优势整合分析

资料来源：许征文等，竞争优势分析单位的整合研究[J]，科技管理研究，2007（9）：202。

4.1.3 竞争优势来源及其历史演进

"竞争优势"概念最早出现于英国经济学家张伯伦（E.H. Chamberlin）1939年的著作《垄断竞争理论》中，自张伯伦提出企业竞争优势概念以来，企业如何获得和维持竞争优势一直是学术界研究的热点话题。

目前在这一领域已经形成了众多的理论。从研究视角看主要分为内生论和外生论，从研究领域看主要涉及传统经济学领域和战略管理学领域。经济学领域主要产生了基于国家层面的竞争优势理论、基于企业集群的竞争优势理论、基于企业生态系统的竞争优势理论及基于网络嵌入性的竞争优势理论。此后出现经济学与战略管理理论相互融合、共同推动竞争优势理论研究不断深化和发展的局面，产生了众多的研究成果。该领域的研究始于新制度经济学代表人物威廉姆森（Oliver Williamson）将交易成本理论引入战略管理领域的尝试，先后产生了现代企业理论、古典综合论、外生论和内生论、系统综合论等不同的理论观点。以下对演进过程中的主要观点阐述如下：

4.1.3.1 经济学领域的竞争优势理论

1. 基于国家层面的竞争优势理论

对竞争优势的分析发轫于古典经济学，最早可以追溯到"经济学之父"亚当·斯密（Adam Smith）的分工理论、绝对成本优势理论和大卫·李嘉图（David Ricardo）的比较成本优势理论。斯密和李嘉图对竞争优势都是从国家层面展开的。

斯密在1776年出版的《国民财富的性质和原因的研究》一书中，从国际贸易的角度提出了企业绝对成本优势理论，从绝对成本的角度解释了具有不同优势的国家之间进行分工与交换的合理性。此后，英国古典经济学家大卫·李嘉图（David Ricardo）通过国际贸易与国际分工的研究发现：由于资源稀缺性的存在，实际发挥作用的并非绝对成本优势，而是比较成本优势，并在其1817年出版的《政治经济学及赋税原理》一书中阐述了这一思想。20世纪50年代以后，日本经济学家筱原三代平及加拿大经济学家布朗德（J.Brander）和斯宾塞（B.Spencer）等人在此基础上先后提出了自己动态比较优势理论，认为由于市场的不完全性与规模经济的存在，发展中国家可以通过提高劳动生产率、补贴与保护国内市场、扶持本国战略性产业的发展等手段改变竞争优势地位。1960年加拿大经济学家海默（Stephan Hymer）在他的博士学位论文中首次提出了垄断优势论。这一理论主要是回答一家外国企业的分支机构为什么能够与当地企业进行有效的竞争，并能长期生存和发展下去。此后，学者们以优势分析为中心又提出了一系列新的直接投资理论。其中包括 1977 年英国经济学家邓宁（J.H.Dunning）在《贸易、经济活动的区位和跨国企业：折衷理论方法探索》提出的国际生产折衷理论。在该文中，邓宁总结了决定国际企业行为和国际直接投资的三个最基本的要素，即所有权优势（Ownership）、区位优势（Location）、市场内部化优势（Internalization），被称为 OLI 模式。

2. 基于企业集群（集聚）的竞争优势理论

新古典学派的创始人马歇尔（Alfred Marshall）主张将内部知识积累与企业之间的交互作用区别开来，把决定企业成长的因素归结为"内部经济"和"外部经济"，其中内部经济是指由于企业内部各种因素所导致的生产费用节约，外部经济性包括由于企业集聚所产生的外部经济性。马歇尔认为企业集群有助于集群内企业间技术信息和新思想的传播与共享，这一开创性观点的提出，首开从企业集聚（集群）中寻求竞争优势之先河。

此后，在 1909 年出版的《工业区位论》一书中区位经济学家韦伯（A.Weber）从企业群落的角度指出：集中化有利于基础设施共享及降低"一般经常性开支成本"，从而有利于竞争优势的形成。另一位区位经济学家巴顿（K.J.Button）（1976）在此基础上深入探讨了企业集聚与创新的关系，认为企业地理上的集中能够促进竞争进而产生创新，并且有助于供应商、制造商与顾客之间自由的信息传播，因而有助于竞争优势的形成。20 世纪三四十年代，创新理论大师熊彼特（Joseph Alois Schumpeter）发现了企业发展的集群现象，并且在研究经济周期性波动的背景下提出了企业的集群理论。对企业集群与竞争优势理论做出突出贡献的是著名战略管理专家迈克尔.波特（Michael porter）。波特通过对国家竞争优势的考察发现：在绝大多数国家里成功的产业都是由企业集群而非孤立的个体组成。企业集群内部企业之间的合作和适度竞争是整个企业集群及该集群内单个企业保持活力和竞争优势的决定性因素。1990 年在其著名的《国家竞争优势》一书中，波特阐述了这一观点。此后，波特的"集群"观点，即一个由相互联系的企业、供应商、相关产业和特定地区的组织机构组成的群体，逐步成为一种企业和政府思考经济、评估地区竞争优势及制定公共政策的新方式。

3. 基于企业生态系统的竞争优势理论

伴随着企业之间竞争的加剧，一些学者尝试将生物学隐喻引入组织理论，从生态隐喻的角度为企业寻求竞争优势。1977 年，Hannan & Freeman 发表了《组织种群生态学》一书，将达尔文的自然选择学说引入组织分析中。种群生态学主要回答的问题是：何种类型的组织能够最好地适应环境并且维持自身的生存和发展。其核心思想就是竞争和对环境的适应，但是忽略了组织（企业）对环境的能动作用。

组织生态学是在种群生态学理论基础上发展起来的，主要从种内竞争、组织年龄、环境扰动、组织生存策略、种间竞争五个方面，系统地研究组织个体之间及组织种群之间的互动关系。与种群生态学理论突出强调竞争与环境适应的观点不同，组织生态学更强调组织之间的合作。它认为处于复杂生态系统中的组织并非孤立生存而是与环境互动的，进化遵循的规律是"相互适应者生存，而非最适者生存"。

此后，一些学者尝试将上述两种观点中体现的竞争与合作两种不同的思想统一起来。1996 年 Nalebuff & Brandenburger 在合著出版的《合作竞争》一书中提出了"合作竞争"的观点，即认为企业之间既非单纯的合作关系，也非单纯的竞争关系，而是一种既合作又竞争的竞合关系。企业的竞争优势来源于其在不同的条件下对竞争与合作做出正确的战略选择。

1993 年 Moore 在《一种新的生态的竞争》一文中首次提出了商业生态系统的概念。并且接着在 1996 年出版的《竞争的死亡》一书中详细阐述了其商业生态系统的观点。在这一理论框架下，企业不应该仅仅把自己视为某个单个企业或扩展企业，而应该把自己看作是一个商业生态系统的成员；合作与竞争是弥漫于整个商业生态系统范围内主要氛围；共同进化是该理论的核心内容；企业竞争优势来源于成功地在商业生态系统中取得领导地位，进而引导整个商业生态系统共同进化。

4. 基于网络嵌入性的竞争优势理论

卡尔·波兰尼（Karl Polanyi）在其 1944 年出版的《大转型：我们时代的政治与经济起源》一书中首次提出"嵌入性"概念。Polanyi（1944）认为，各种经济行为受制于特定的结构和制度条件。在此后的文献中，他用嵌入性概念描述市场运作中的社会结构，强调社会结构对个体决策与行为的影响（Polanyi，1966）。此后 Polanyi 的思想在相当长的时间里并未引起学术界的足够重视。1985 年 Granovetter《经济行动和社会结构：嵌入性问题》一文中重新阐述并进一步发挥了 Polanyi 提出的"嵌入性"概念，使嵌入性理论成为连接经济学、社会学、管理学（尤其是组织理论）的桥梁，促进了嵌入性理论研究的兴起。如今，在战略管理研究中，网络嵌入性已发展成为研究企业网络的重要工具。近些年来，越来越多的学者开始考察网络嵌入性对于企业获取竞争优势的影响（Granovetter，1995；Gulati，1995a，1995b；Uzzi，1997）。

考察主要从关系嵌入性和结构嵌入性两大视角分析其对企业竞争优势的影响。其中关系嵌入性视角主要探讨了网络联结的强弱对知识转移及竞争优势的影响。虽然目前学者们在研究结论上存在争议，但基本的趋向是认为强联结和弱联结对企业都有价值，在不同的情境下，二者对不同资源的获取发挥不同的作用。Burt 提出的"结构洞"理论在结构嵌入性视角的研究中具有较大影响。Burt（1992）借鉴了社会资本的概念，认为扩大结构洞或者消除行为者间的冗余联结对于构建高效网络具有重要作用。此外，McEvily & Zaheer（1999）在研究中指出，在网络结构中拥有较多的桥联系有利于获得联结节点的异质性和信息优势，从而有助于提升企业的竞争优势。此外，还有一些学者研究指出，企业在网络中的中央性越高越有利于企业创新水平的提高（Salman & saives，2005；Bell，2005；Powell et al.，1996）。

4.1.3.2 经济学与战略管理理论融合的竞争优势理论

1. 现代企业理论

1920 年，新古典经济学奠基人之一阿尔弗雷得·马歇尔（Alfred Marshall）开始从企业内部职能部门间"差异分工"的角度提出微观的"企业内生成长论"，从而为企业层面竞争优势理论，尤其是竞争优势内生论的研究奠定了基础。之后，一些学者开始尝试打开企业这个黑匣子，从企业内部分析竞争优势的来源。

1937 年，新制度经济学的创始人罗纳德·科斯（Ronald H. Coase）发表了其经典论文《企业的本质》。文中他创造性地提出了"交易成本"的概念，并据此深入讨论了企业存在的原因及其规模边界问题。科斯将交易成本定义为：企业利用价格机制的费用或利用市场的交换手段进行交易的费用，主要包括其提供价格的费用、讨价还价的费用、订立和执行合同的费用等内容。科斯认为，由于交易费用的存在，市场不一定就是最有效的资源配置方式。企业是市场机制的替代机制，企业的存在是为了节约市场交易费用。市场交易的边际成本等于企业内部管理协调的边际成本是企业规模扩张的界限。当市场交易的边际成本低于企业内部管理协调的边际成本时，市场机制是最佳选择；当市场交易成本高于企业内部管理协调成本时，即以费用较低的企业内交易代替费用较高的市场交易。科斯还是产权理论的创始人，他一生致力于经济运行背后的产权结构（制度基础），在1960 年发表的《社会成本问题》一文中，他深入研究了交易成本为零时合约行为的特征，指出清晰的产权可以很好地解决外部不经济，即在产权明确的前提下，即使在社会成本（即外部性）的场合，市场交易同样有效。

威廉姆森（Oliver Williamson）发展了科斯的交易成本概念，并将其运用于战略管理研究。他首先从机会主义行为、不确定性、交易频率和资产专用性四个方面具体分析了市场失效的的条件；然后从激励、控制和"内在结构的优势"三个方面分析了企业垂直一体化体制替代市场体制（即企业组织内部资源配置方式优于市场机制）的原因。

以科斯和威廉姆森理论为基础的现代企业理论将经济分析的最小分析单元扩展到交易，并以此为基础深入探究交易成本及内部治理结构对企业竞争优势的影响。通过将交易成本理论引入战略管理领域的尝试（例如对企业垂直一体化体制替代市场体制原因的分析），威廉姆森试图打开企业这个黑箱，从内生的角度探索竞争优势的来源。但由于在注重交易成本和内部治理的同时忽视了企业的生产活动，现代企业理论并不能很好地解释现实中的诸多现象，科斯等人的理论近年来受到较多的批评。

2. 古典综合论

20世纪60年代初期，伴随着企业竞争的加剧，在钱德勒（Chandler）、安索夫（Ansoff）和安德鲁斯（Andrews）等人的推动下，战略管理的思想应运而生了。战略管理理论的产生标志着一个重大的转变，即关于企业竞争优势的研究由经济学转向了战略管理学。

1962年钱德勒（Chandler）《战略与结构：美国工商企业成长的若干篇章》一书的出版首开企业战略问题研究之先河。在这部著作中，钱德勒（Chandler）首次分析了环境、战略与组织结构之间的关系，提出了著名的"结构追随战略"的观点，即认为企业经营战略应当适应环境变化的需要，而组织结构又必须与企业战略相适应。

在此基础上，对于企业战略的研究形成了"设计学派"和"计划学派"两大相近学派。其中，以安德鲁斯（Andrews）为代表的设计学派视战略制定为领导者有意识的但非正式的构想过程，充分考虑了企业内外部环境对制定战略的影响，并在此基础上建立了著名的SWOT战略分析框架。这一研究框架清晰地表明，形成战略的最重要的因素是对外部因素和组织因素进行匹配。

计划学派以安索夫（Asoff）为代表。同设计学派相似，计划学派也把市场环境、定位和内部资源能力视为制定战略的出发点。但它认为企业战略的制定过程应该是一个正规化、条理化的计划过程，不能停留在经验和概念的水平上。基于这一理念，计划学派引进了许多数学、决策科学的方法，提出了许多复杂的战略计划评价方法，以保证SWOT分析的客观性与有效性。

古典综合论是在钱德勒（Chandler）、安德鲁斯（Andrew）等人的推动下形成的，被视为现代战略管理理论发展的"基石"。该学派的主要观点是竞争优势来源于企业内外部因素的匹配，企业必须调整内部条件适应环境状况。但是该学派假定企业所处的外部环境是既定不变和可预测的，实践证明这一假设已经不能适应当代企业发展的现实。实际上，一方面，企业所处的外部环境并非是一成不变的，而是随着时间的进展正呈现出越来越动态多变的趋势；另一方面，由于信息的不完善性、环境的不连续性及不确定性等因素的存在，企业对其所处的环境是很难，甚至不可能做出准确预测的。古典综合论提出的 SWOT 模型也只是一个静态的分析框架，无法适应当代动态多变的竞争环境的需要。尽管存在上述缺陷，但是古典综合论还是对战略管理理论的发展做出了重大贡献。

3. 竞争优势外生论

战略管理领域的竞争优势外生论以波特的产业结构理论为主要代表。其演进过程可以追溯到新古典经济学理论。新古典经济学最基本的理论假设是企业的"同质性"。在同质性假设条件下，就无所谓竞争优势。然而根据 Muller（1977）对 600 个美国制造业企业 1950—1972 年间持续盈利率进行的统计研究，企业之间存在盈利差异性是不争的事实。为解释此类问题，美国经济学家张伯伦（E.H. Chamberlain）根据产品差别的概念建立了他的垄断竞争价值理论（即新古典竞争优势理论）。该理论在企业同质性假设前提不变的情况下，修正完全竞争市场结构假设，认为实际的市场既不是竞争的，也不是垄断的，而是这两种因素的混合；企业业绩差异来源于垄断。

张伯伦垄断竞争理论的提出开创了从外部市场结构研究企业竞争优势的先河，成为竞争优势外生论的重要基石。之后，以梅森（Masson）和贝恩（Bain）为代表的新古典产业组织理论发展了张伯伦的不完全竞争思想，将企业的竞争优势归结于企业所处的产业结构。梅森和贝恩认为：在不完全竞争市场结构下，产业内存在的进入和退出壁垒、政府管制及产品差异等因素导致了企业在竞争优势和获利水平上的差异。在总结上述思想的基础上，他们提出了著名的产业组织理论分析 S–C–P 范式（即"市场结构—市场行为—市场绩效"范式）及企业竞争优势市场结构决定的外生论。

20 世纪 80 年代，波特将产业组织理论与企业竞争战略相结合，在新古典产业组织理论的基础上，进一步构建了产业结构分析的竞争优势框架。这一框架将企业的竞争优势归结于产业的结构特征，认为企业选择一个正确的产业介入是获得竞争优势的关键（Porter，1980）。换句话说，企业的竞争优势是两个结构因素的函数：因素一是企业参与竞争的产业的吸引力；因素二是企业在该产业中的相对位势。

4. 竞争优势内生论

以波特为代表的产业结构理论在 20 世纪 80 年代处于统治地位。然而，随着相关理论和实践的发展，这一战略分析框架的不足逐渐暴露出来，因而受到广泛的批评。首先由于过于强调外部环境和市场力的作用，忽视了企业自身的特质，该框架往往诱导一些企业盲目采取非相关多元化战略，进入一些利润很高但自身缺乏经验或者与自身优势不相干的产业；其次，Rumelt（1982）通过实证研究表明："产业内长期利润率的分散程度比产业间的分散程度要大得多①"。因此，"最重要的超额利润的源泉是企业具有的特殊性，而非产业内和相互关系"。

总之，随着理论与实证研究的深入，企业"同质性"的假设逐步趋于破灭。企业同质性假设的破灭，直接导致了竞争优势外生论的终结。在这一背景下，解释和探寻企业竞争优势的理论研究，开始进入企业内部。

（1）资源观。资源基础观的起源可以追溯到Penrose（1959）的企业成长理论。Penrose继承和发展了马歇尔的内部经济思想，她开创性地提出企业是资源的集合体，并且开始以资源界定企业的边界。在成长论的基础上，从20世纪70年代末80年代早期起，一些学者开始界定和发展资源的概念，并尝试从资源的角度阐释企业竞争优势的来源，从而形成了资源基础论流派。

霍弗和申德尔认为，企业是通过其资源的使用从而获得竞争位势的（Hofer & Schendel，1978）。沃纳菲尔特（Wernerfelt）在其经典论文《企业资源基础观》中首次提出企业内部资源是决定企业能否获得竞争优势的关键的观点，他还在该论文中提出"资源优势壁垒"的概念用于描述基于资源的先发者优势（Wernerfelt 1984）。该论文被评选为《战略管理杂志》1994年度最优秀论文，自此基于资源的观点（resource-based view，简称"RBV"）引起了学术界广泛的关注。通过对Wernerfelt研究工作的拓展，学者们开始更加针对性地阐释企业内部资源与竞争优势之间的内在机理。Rumelt（1984）在论文中强调了"资源隔绝机制"在企业持续竞争优势过程中的作用。Dicrickx & Cool（1989）将资源区分为流量资产与存量资产，并且指出由于资产的积累过程具有路径依赖性、因果模糊性等特征，使竞争对手在短时间内很难模仿，因而企业能否创造和保持竞争优势主要取决于资产的积累过程。Barney（1991）提出了"战略性资源"的概念，并进而建立了持续竞争优势分析框架，即企业获取持续竞争优势的资源应具备价值性、稀缺性、难以模仿、难以替代四个条件。Grant（1991）建立了战略制定过程的分析框架，将企业战略制定的过程划分为五个基本过程：分析企业资源→评价企业能力→分析企业资源与能力的赢利潜力→选择战略→扩展与提升企业资源与能力。Peteraf（1993）修正了Barney的持续竞争优势分析模型，提出了获得持续竞争优势资源应具备的四项新的标准，即资源的异质性、竞争的事后限制、不完全移动性、竞争的事前限制。

资源基础观以异质性为基本假设、以资源界定企业的边界、从企业内部解释

---

① 事实上，产业内分散程度比产业间的分散程度要大3～5倍。

企业竞争优势的来源，它的兴起标志着战略管理的基本逻辑发生了重要转变，即从"由外而内"转变为"由内而外"。但是该理论认为企业唯一要做的事情就是要"获取资源"（Makadok，2001）以获得 Richard 租金，而对于资源如何开发、如何组合、能力如何构建等诸多问题均不能给出解释；并且隐含地假设产品市场是同质且不变的以简化战略分析（林萍和李刚，2008），因而难以适应环境变化的需要；此外由于对资源的界定过于宽泛，也导致实践中的难以操作性等。针对资源基础观的不足，一些学者开始透过资源这一表面现象，从配置和利用资源的能力来分析企业竞争优势差异性的源泉。

（2）能力观。企业能力论可追溯到塞兹尼克（Selznick）的研究。在《行政管理中的领导行为》一书中描述领导能力时，Selznick（1957）首次提出了"独特的能力"这一概念，认为企业发展史造成了"独特的能力"和缺陷，正是它使得企业比其他企业做得更好或更坏。之后，在彭罗斯的企业成长论（Penrose，1959）、钱德勒的组织能力论（Chandler，1962），以及以安德鲁斯（Andrews，1969）和安索夫（Ansoff，1965，1976）等为代表的古典战略学派理论中能力引起了学者们强烈的兴趣和关注。Ansoff（1965，1976）认为，一个组织的特有能力是对弱环境信号进行鉴别和反应的本质，是公司战略的必要组成内容。

随着 Prahalad & Hamel 经典论文《企业核心能力》一文的发表，企业能力理论进入一个新的历史发展阶段——核心能力理论阶段。在该文中，Prahalad & Hamel（1990）明确地将企业核心能力定义为"企业组织中的积累性学识，特别是关于如何协调不同生产技能和有机结合多种技术流的学识"。并指出核心能力的积累是企业保持竞争优势的关键性，一个企业最终产品的市场地位取决于其核心产品的地位，而核心产品的竞争力则取决于核心能力。因此可以通过在少数几个关键技术领域成为最好培养和提升企业的竞争优势。Quinn & Hilmer（1994）从六个方面对核心能力的本质特征进行了界定：核心能力应该是知识与技能的综合，而不是产品或者传统职能活动；具有应变力和进一步利用与扩展的空间；有限的数目、价值链上具有独特的杠杆作用；企业可以控制或者主导的领域；顾客长期认为重要的因素；根植于企业的系统。Barney（1995）从可持续竞争优势的角度提出了判断核心能力的四项标准，即必须是稀有能力、有价值的能力、不可替代的能力、难于模仿与学习的能力。

企业能力理论认为，能力是企业对其所能影响的资源进行配置的内在机制，它具有难以模仿与难以替代的特性（Amit & Schoemaker，1993），表征了不同企业之间的异质性特征，因而可以成为企业竞争优势的来源。该理论将经济学理论和战略管理理论结合起来，为人们提供了一套比较完整的由内到外的战略思维逻辑，能够较为透彻地解释为什么有些企业能长期获得高于行业平均收益水平的市场回报。其不足主要在于：过于关注企业内部，忽视了外部环境的影响；不能很好地解释多元化，尤其是非相关多元化企业成功的原因；更重要的是由于资源能力理论是以企业间的异质性为假设前提，并认为这种异质性主要是通过隔绝机制持续下去的，这就必然导致 Barton（1992）所提出来了核心刚性问题，这是静态的资源能力理论所不能够问答的问题。

（3）知识观。资源观理论虽然把企业竞争优势的探寻视角转向了企业内部，但是由于难以解释从资源到竞争优势的形成机制（Mosakowski & McKelvey，1997；Williamson，1999），因而它本质上仍然是把企业视为一个黑箱。知识观理论以资源观理论为直接基础，认为企业要获取持续竞争优势不仅需要获取有价值的、稀缺的、难以模仿、难以替代的资源，更需要具有配置、开发和利用资源的能力，而这种能力的背后是知识；并明确提出：企业的异质性知识是重要的战略资源（Kogu & Zander，1992）和企业间绩效差异的主要决定因素（Grant，1996）。

在继承和发展资源观理论的同时，知识观理论广泛吸收了组织学习理论（March & simon，1958；Fiol & Lyles，1985；Huber，1991）、核心能力理论（Leonard-Barton，1992；Prahalad & Hamel，1990）、演化经济学理论（Nelson & Winter，1982）、知识管理（Nonaka，1994；Nonaka & Takeuchi，1997）、创新与新产品开发（Clark & Henderson，1994）及 Polanyi 等对知识分类和知识转化的讨论等相关理论。在此基础上对企业存在原因、横向与纵向的企业边界、组织结构、竞争优势等问题给出了独到的解释，目前正逐渐发展成一种新兴的企业组织理论和战略理论。

5. 系统综合论

（1）内生观和外生观的整合理论。Spanos & Lioukas（2001）通过对希腊1090 个企业的实证研究发现：产业因素和企业独特性因素对企业的获利能力都很重要，二者分别解释了企业绩效的不同方面，其中产业力量影响市场绩效和获利能力，企业独特性资产则影响其在市场上的表现（如市场绩效），并通过后者影响企业的获利能力。

实际上，从古典战略管理理论形成以来，甚至是更早，就一直没有非常严格地将企业内外完全分开，只是侧重点不同而已（贺小刚，2001）。那些集中于研究某一个方面的因素对竞争优势影响的学者，也已经认识到他们假设前提的不足，并对此做出了一定的改进。如在《竞争优势》一书中，波特（Port）在其产业结构分析基础上，提出了"价值链"方法对企业内部活动进行分析，从而完善了自己的竞争理论。之后，一些学者进一步继承和发展了波特的产业结构理论。斯坦福大学商学院战略管理理论学者卡波萨罗纳等（2004）肯定了波特对价值重要性的分析，进而指出：价值创造是所有成功战略的核心，企业能否取得卓越业绩取决于它能否创造价值。但是企业要想发展壮大不能仅凭价值创造，还必须能够获取自己所创造的价值，因此价值创造和价值获取是企业获取竞争优势的基础。他们还将企业竞争优势的来源划分为两种类型：基于企业位置的竞争优势和基于企业能力的竞争优势。其中位置主要植根于企业外部环境，能力主要植根于企业内部环境，位置和能力在相互作用的过程中为企业提供竞争优势。在《企业战略博弈：揭开竞争优势的面纱》一书中，布鲁斯·格林沃德和贾德·卡恩（2007）对波特的产业结构分析体系进行了拓展与简化，并且具体分析了在不同的市场环境中企业应该如何遵循这一思路制定商业战略，进而获取竞争优势。他们还认为，企业真正的竞争优势来源于：供应、需求和规模经济。三者背后的经济力量更可能出现在地理或产品空间的区域性市场中。

近年来，国内学者也从内外结合的视角系统考虑企业竞争优势的来源，进行了一些有益的探索。如田奋飞（2005）认为，围绕环境、资源与能力中的一个方面考察企业竞争优势源泉问题失之偏颇，企业竞争优势应该是一个基于企业资源、能力与环境三个因素的整合性概念，是三者的综合效应。胡林和孙仁金（2006）在分析了各种竞争优势理论内在逻辑联系的基础上，指出各理论都只是强调了影响企业竞争优势的一个方面，进而构建了一个竞争优势来源系统观模型，即认为竞争优势来源于在了解市场的基础上以资源获取与配置能力为中心的知识的观点。

（2）动态能力理论。上述对外生论与内生论的整合尝试尚没有能够从动态的角度考察竞争优势，因而无法揭示出企业竞争优势的演化过程。

1992年哈佛商学院教授多萝西·伦纳德·巴顿（Leonard Barton, D.）率先在论文中提出核心刚性的概念，正式对核心能力理论提出质疑。Barton（1992）认为，核心能力可以帮助企业获取竞争优势，但同时企业也会由于核心能力的长期积累而产生一种难以适应变化的惰性，她称之为"核心刚性"。1994年，戴维尼（Richard D' Aveni）在《超竞争：战略行为的动态管理》一文中，首次提出了"超竞争"的概念，为企业间竞争行为的动态研究开了先河。此后Day & Reibstein（1996）在其合著的《动态竞争战略》一书式提出"动态竞争"的概念。在这一背景下，1994年Teece等人发表了《企业动态能力：导言》一文，首次提出了动态能力概念，此后又提出了由"过程—位置—路径"构成的"3P"动态能力战略框架（Teece et al., 1997），标志着动态能力理论的正式诞生。动态能力理论在演化经济学、战略管理理论、组织学习理论等理论基础上，致力于从动态演化的视角深入揭示竞争优势的演化过程，它不但体现了一种对竞争优势内外部影响因素进行系统整合的研究思路，而且彻底打破了产业稳定性的假设前提，强调企业与环境的动态适应，使对企业竞争优势的研究由静态研究转变为动态研究。因此随着环境动态性的增强，日益成为战略管理研究的热点和前沿。本书将在以下部分对动态能力进行具体、详细的综述。

4.1.4 企业竞争优势理论的演化路径

综上所述，战略理论对企业竞争优势的研究呈现出一定的规律性，其演化趋势基本上遵循了从"内生论"到"内外静态匹配"，再到"静态外生论"，再回到"静态内生论"，最后回归到"内外动态匹配"的路径。

Koskinsson等学者（1999）形象地将这一演进路径比喻为一个不断摇摆的秋千，即随着秋千的摇摆，战略理论研究在不同发展阶段对企业竞争优势来源的认识有所不同，导致研究的层次和对象也在不断发生变化，从提出企业内生成长论到前期静态关注企业内部条件和外部环境之间的内外匹配，再到20世纪80年代着重关注企业外部环境（尤其是产业环境）的由外而内，回到20世纪90年代重点关注企业内部条件的由内而外，最后回归到关注内外因素的动态演化和匹配，期间经历了各种主导的战略模式的更替，形成了一个螺旋式上升的理论认识发展和转变过程。

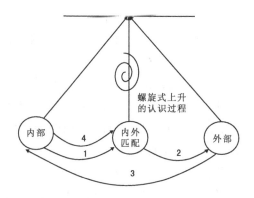

图4-2 企业竞争优势理论螺旋式上升的认识演变过程

资料来源：参考了Hoskisson, R. E. & Hitt,M.A. and Wan,W. P. 1999,
"Theory and Research in Strategic
Management: Swings of a Pendulum".Journal of Management, Vol.25,No.3, pp. 417-456,
箭头上的数字顺序代表螺旋式上升的理论演变顺序。

4.2 组织即兴理论及其研究进展

本书将组织即兴视为动态能力可考查的表现形式，据此推断企业的动态能力水平，在此对这一变量的概念内涵和研究进展做简要回顾。

4.2.1 组织即兴研究的产生与发展

组织即兴是面对高速变化的外界环境，为提高组织的应变能力和临场发挥能力、抓住稍纵即逝的机会而发展起来的一个研究领域。即兴的英文对应词是"improvisation"源自于拉丁文"improvisus"，意指事前未及预见（Barrett，1998）。因此，即兴并非谋定而后动，而是临机应变的行动。

关于企业即兴现象的讨论来自于以音乐或戏剧的即兴为隐喻来分析组织内的即兴现象。进入二十一世纪，随着组织所面临外在环境的不确定性与不可预期性日益增强及基层人员自主能力与参与决策的能力大幅提升，组织即兴现象日益受到重视。关于组织即兴现象研究兴起的原因，Moorman & Miner（1998a）总结了两点：一是竞争力的动态调整特征，促使管理者放弃传统的预先规划；二是科技的进步使得管理人在"决策"与"行动"间的时间差愈来愈短，即所谓"计划赶不上变化"。台湾学者陈墀元（2006）认为除了上述原因外，也与理性决策关于规划所立基的三个假设破灭有关，这三个假设分别为线性假设、深思熟虑的假设与分工的假设。线性假设认为根据过去可以决定未来，但实际上，未来有许多意外是不可测的。深思熟虑的假设认为决策者无所不知，但实际上，决策者是有限理性的。深思熟虑的假设认为"决策"与"执行"可以有效率地依先后顺序分别责由专人负责，但实际上，"决策"与"执行"往往需要仰赖同一批人同时融合地决定并执行（Cunha & Cunha，2002）。

目前，组织理论学界关于组织即兴现象的研究却仍还在萌芽发展阶段，组织即兴知识体系的构建仍然是支离破碎，其概念架构与实证研究尤见稀少（Vera &Crossan，2004）。Moorman & Miner 是较早对组织即兴现象进行探讨的学者。1998 年他们利用 9 个月的期间，调查了 SeeFoods 与 FastTrack 两家公司的新产品研发过程，辨认出各研发团队中的集体即兴事件共有 107 件（Moorman & Miner，1998b）。这一研究表明：组织即兴行为普遍存在于组织且其对组织具有相当的价值（Weick，1993；Moorman & Miner，1998a）。

Cuha 等（1999）将组织即兴理论研究的发展归纳为两个阶段：其中以音乐、戏剧或其他领域的研究结论为隐喻来分析组织即兴的研究称之为第一代研究；近年来为了描述组织即兴的特性并提出正式定义，陆续有些学者以组织发生的事例为基础所进行的扎根性或实证性研究称为第二代的研究。目前对于组织即兴的研究主要包括三个层面：Weick（1993）讨论了组织内个人层次的即兴行为；Hutchin（1991）讨论了团体层次的集体即兴行为；Pascale（1984）则讨论了组织层次的集体即兴行为。

目前，国内对组织即兴现象的研究还很鲜见。最早介绍组织即兴概念的文章出现于 2007 年，蒲明（2007）在文献回顾的基础上率先构建了一个组织即兴与组织学习和组织记忆三者之间的动态关系模型。此后陶厚永等（2009）分析了组织即兴的影响因素，总结了组织即兴的触发条件，探讨了组织即兴与企业应对危机能力之间的关系。陶然等（2009）结合组织即兴理论，分析了组织认知即兴现象发生的原因、结果及与组织创新活动的关系，提出了即兴状态下，从一般认知到卓越认知的组织认知状态跃迁过程及其对组织创新能力的影响。彭正龙和王海花（2010）以提升组织即兴效能为出发点，构建了企业社会责任、员工满意度与组织即兴效能三者关系的理论模型；在此基础上，通过对三者各自维度的划分，借助结构方程统计分析方法，重点讨论了企业社会责任表现与员工满意度对组织即兴效能的影响机理。韵江和姜晨（2010）在对现有文献进行梳理的基础上，对组织即兴的概念内涵、特征、类型及层次划分进行了归纳总结，评价了组织即兴与组织学习、组织记忆、组织创新及战略变革间的相关关系。李笑男和潘安成（2010）通过分析组织即兴中的决策行为和实施行动之间同步发生关系，构建了基于多维搜索路径的组织即兴行为模型，分析了组织即兴的内在演进机理，指出了组织即兴可以大大提高在不确定性环境下的组织柔性能力。张小林和裘颖（2011）综述了即兴能力的基本概念、发展阶段、测量维度和研究层次，并从个人、团队、组织三个层次综述了即兴能力与创新绩效的关系。吴东和裘颖（2010）从团队层次探讨了即兴能力对创新绩效的关系，认为团队即兴能力与团队创新绩效具有正相关性，其中团队即兴能力的自发性与团队创新绩效呈正相关，团队即兴能力的创造性与团队创新绩效呈正相关。

4.2.2 组织即兴概念的界定

由于组织即兴的研究很多是藉由其他领域（大部分是从爵士乐团的即兴，有的是从剧团的即兴，有的是从教育、体育、心理诊疗等领域）研究结论隐喻而来，所以不同学者关于组织即兴的定义有不同的看法。比较具有代表性观点如：

Eisenhardt & Tabrizi（1995）从强调应变的角度，将其定义为"组织快速地建立直觉和弹性的可供选择的方案，以应对不确定的、变化的环境"；Moorman & Miner（1998a）从强调创作与执行同时发生的角度，将其定义为"创作和执行在时间上集中的程度"；Vera & Crossan（2005）从强调创新的角度，将其定义为"组织透过创造性与立即性的程序，试图以一个新的方式达成原来目的"；Cunha 等（1999）从强调利用现有资源的角度，认为组织即兴是随着行动的开展而对行动的概念化，这个过程是组织或它的成员利用可获得的物质的、感知的、情感的、社会的资源来实现的。

表 4-2 汇总了研究者对组织即兴的相关界定。

表4-2　即兴的组织观点

序号	观点	学者	研究领域
1	对经验现象的直观性理解，在某一个时点一并地浮现、批评、重组与测试。从行动中理解，从行动中反思	Schon（1983）	管理教育
2	不需事前准备也无规则羁绊的行动	Weick（1987）	管理
3	及时策略	Mangham & Pye（1991）	管理
4	在手上没有"脚本"可供演出时，搜寻周围之前所发生的事实及目前所呈现的参考架构，可以让人能够继续演下去	Perry（1991）	管理
5	一面表演（执行），一面作曲（计划）	Preston（1991）	组织发展
6	即兴要与重新谱曲区别，即兴是表演者于表演的同时改编乐曲，重新谱曲是作曲家于演出前的改编	Bastien & Hostager（1992）	组织沟通
7	规划过程与执行过程交互混合的行动，不但规划与执行密不可分，而且该规划异于以往的规划，该执行也异于以往的执行	Brown & Eisenhardt（1997）	产品研发
8	当下即兴，就是在进行既有计划步骤时，同时密切关注现下正在发生的状态	Crossan & Sorrenti（1997）	管理
9	以自发反映的方式，让直观引导行动	Hatch（1997）	管理
10	以自发反映的方式，让直观引导行动，但所谓"自发反映"却也是在历史氛围所拘束下的反映方式	Mangham（1986）	管理
11	自发性地执行事务可以让人更熟练用脚思考的技能。	Weick（1998）	管理
12	行动的"创作（composition）"和"执行（execution）"在时间上集中的程度	Moorman & Miner（1998a）	组织管理
13	随着行动的开展而对行动的概念化，这个过程是组织或它的成员利用可获得的物质的、感知的、情感的、社会的资源来实现的	（Cunha et al.，1999）	组织管理
14	将设计与执行两者刻意而根本地加以融合，期以产生创新的成果	（Miner et al.，2001）	组织管理

序号	观点	学者	研究领域
15	组织透过创造性与立即性的程序，试图以一个新的方式达成原来目的	Vera & Crossan（2005）	组织管理
16	按"时间压力"与"不确定性"程度高低不同分为三类：修饰性即兴、发现性即兴和全盘性即兴	（Crossan et al., 2005）	组织管理

资料来源：参考了 Moorman and Miner.1998a, "Organizational improvisation and organizational memory". Academy of Management Review, Vol.23,No.42,pp.700.

从性质上看，组织即兴也被认为是组织学习的一种形式。组织即兴理论研究的代表性学者之一 Miner 等（2001）等将组织学习划分为三种类型：基于实时的即兴学习、基于行动的试错学习和基于设计的试验学习，认为组织即兴是"一种为应付公司未曾预料到的事情而产生的实时、短期的特殊类型的组织学习"。

4.2.3 组织即兴的基本类型

Crossan 等（2005）提出以"时间压力"和"不确定性"两个维度说明组织即兴的发生，并说明其与规划的区别，同时根据二者程度高低的不同把组织即兴分为三类（如图4-3所示）：修饰性即兴（Ornamented Improvisation）、发现性即兴（Discovery Improvisation）、全盘性即兴（Full-Scale improvisation）。当时间充裕不确定情况的程度较低时，管理者尤其是倾向于透过规划来控制的管理者，能够经过详细的分析来控制环境，计划执行者可以按部就班地照剧本演出，没有脱稿演出的必要。但当时间不充裕环境也不确定时，管理者无法事前详细规划，在时间与不确定的压力下，即兴行为的出现则是不可避免。

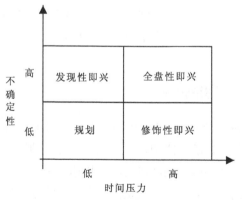

图4-3 组织即兴的分类

资料来源：Crossan, M., Cunha, M. P., Vera, D., and Cunha, J. 2005, "Time and organizational improvisation", Academy of Management Review, Vol. 30, No. 1.pp.133.

4.2.4 组织即兴的主要特征

Miner 等（2001）将组织即兴的特征概括为：利用现有资材、设计与执行两者及时并进、新颖性、刻意性四个方面。Vera & Crossan（2005）汇整组织学者关于组织即兴的研究及以剧团即兴为隐喻，认为组织即兴具有两个特征。一个是立即反映（letting go），另一个是意图创造（making do）。所谓立即反映是指组织存续过程中，有许多活动必须是在线（on-line）实际执行（real-time）的，在执行中不管是事先计划不周或是遇到突发状况，在时间压力下，必须马上就目前所有（bricolage）加以立即执行。一些组织即兴的定义反映出"立即反映"的特征。例如，"以自发性的方式让直觉引导行动"（Croosan & Sorrenti，1997）；"自发性地执行事务可以让人更熟练用脚思考的技能"（Weick，1998）；"计划与执行及时并进的程度"（Moorman & Miner，1998a）；"利用现存的材料、认知、情感与社会资源，于活动开展的同时获得行动的意义"（Cunha et al.，1999）。所谓意图创造是指组织成员执行任务的时候，体认到原来的执行方式有所不足，意图有所突破有所创新而采取的新行动。这种刻意（deliberate）营新（novel）的集体行动是组织即兴的第二个特征，一些组织即兴的定义反映出这个特征。例如，"将设计与执行两者刻意而根本地加以融合期以产生创新的成果"（Miner et al.，2001）；"计划与执行两者不可分的行动，不管从计划面来看或从执行面来看，此种新行动都是前所未见的"（Bastien & Hostager，1992）。在此，所谓意图创造，并不意味能够产生创新的结果，是在强调其行为并非随机任意的行动，而是有意想要突破。此外，Vera & Crossan（2005）还指出历来学者对组织即兴的讨论过度强调直观性地自发性反映，忽略组织即兴也可以照所建立的"即兴规则"或"即兴惯例"来即兴。事实上，即兴也是可以事先来准备的（Barrett，1998）。预先演练组织即兴，可以让执行者临事时能够以较快的速度或较有创意地去临机应变。

4.2.5 组织即兴的影响因素

Moorman & Miner（1998a）首先探讨了组织记忆（程序性记忆与事实性记忆）对组织即兴成效（创新行动、协调行动与及时行动）的影响。然后又通过对美国两家中等规模企业新产品研发团队研发活动长达 9 个月的纵向研究发现：环境动荡性水平、及时的信息沟通程度、组织记忆类型影响新产品研发活动中组织即兴的发生率（Moorman & Miner，1998b）。

Cunha 等（1999）将组织即兴的影响因素归纳为：领导（包括服务性领导与

轮流性领导）；成员特征（包括成员即兴的技巧、创造力，成员能力的多样性及处理情感（抗压）的能力）；信息流通（包括与环境之间的信息流通及组织内的信息流通）；记忆（包括丰富的程序记忆、即兴经验与不受记忆拘束的意向）；组织组成（包括信赖关系、非正式组织系统与团体规模）；资源（系指组织即兴时所需支持的资源是否充足）。

Akgün & Lynn（2002）将团队即兴的前因变量归纳为目标、团队和信息共享。Vera & Crossan（2004）基于即兴剧团的隐喻而将其归纳为个人技能、团队品质、试验的文化、实时信息与沟通。其中，从个人技能看即兴者须发展两种技能：自由连结（重在发明与发展）与重行连结（重在与目前状态或组织记忆挂钩）。从团队品质看，团队质量高低可以从两方面衡量，从认知而言，要看团员是否具有共同分享的团体意识与心智模式；从情感而言，要看团员能否相互信任与相互支持。在时间压力和不确定的环境下，相同的团体信念，有助于创新思维的产生；团队成员之间的相互信任和支持有助于提高行动速度。试验的文化是在培养相互接纳共识中建立的。这种文化强调错误是学习的历程，可以增强未来竞争力，因而鼓励成员勇于尝试，容许甚至鼓励错误。实时信息与沟通强调组织应该构建一种随时提供周围的（内部或环境）实时信息的机制，以使企业及其成员能够对目前正在发生的事件随时保持高度的注意力与警觉力。

国内这方面的研究较少，张文坤（2008）综合研究文献将其归纳为六种因素：领导风格、成员特质、通信机制、组织记忆、组织结构、资源。陶厚永等（2009）在此基础上总结为：管理风格、成员特征、信息沟通、与记忆相关的影响因素、组织架构、资源、组织文化。

4.2.6 组织即兴的测量

组织即兴是一个具有可考查性的指标。现有的测度研究是基于对组织即兴概念内涵的界定提出的，主要集中于设计与执行之间时间间隔（Miner & Moorman，1998a，1998b）、设计与执行刻意而根本融合（Miner et al.，2001）、创新和创新速度（Vera & Crossan，2005）、利用现有资材（Cunha et al.，1999）等方面。

Miner & Moorman（1998a）提出以一项行动设计与执行之间时间间隔的长短来考查组织即兴水平，并且开发出一个包含三个条目的语意差异量表从即兴发生率角度测量了组织即兴活动占正常严格按照计划来执行的活动的比率（Moorman & Miner，1998b）。Miner 等人（2001）在此基础上指出创造与执行单在时间上的融合不足以完整诠释即兴构念，进而使用"一种新颖的将设计与执行进行刻意而根本融合的生产过程"来重述即兴这一构念。Vera & Crossan（2005）汇整组织学者关于组织即兴的研究，归纳出组织即兴的两个构面：创新速度和创新，并运用七个题项从上述两个方面对组织即兴进行了计量。Cunha 等人（1999）则明确指出"利用现有资源"是组织即兴构念中一个重要部分，"利用现有资源"等级越高则"组织即兴"水平越高。

总体上看，现有对组织即兴的测度研究虽然强调其内涵的准确性，却忽略了易考核性。从战略管理的实践来看，组织即兴能力表现为快速战略调整能力和快速战略执行能力两个方面。快速战略调整能力和快速战略执行能力本身的易考查性，使得我们可以用可考核的具体指标考查组织即兴水平，并据此推断其动态能力，因此为动态能力生成的理论与实践研究提出了一个重要的研究思路。

4.3 企业家精神理论及其研究进展

在本书的研究框架中，企业家精神是组织即兴生成过程中系统要素的激活机制，也是动态能力生成系统的"高杠杆解"。因此简要回顾这一变量的概念内涵和研究进展。

4.3.1 企业家与企业家精神

现实生活中人们常把企业领导人统称为企业家，似乎只要是企业领导人就可以称为企业家。这实际上是对企业家概念的误解和滥用。

企业家"entrepreneur"一词来源于法语，最初的意思是"冒险家"，国内文献中译作企业家、创业家或创业者。在 1912 年出版的《经济发展理论》一书中，创新大师熊彼特（Schumpster）将"企业家"定义为企业创新的主体，是"以实现新组合为基本职能的人"。他认为：不是所有的高层管理者都可以称为"企业家"，而且一个人在其一生中也很少能总是一个"企业家"，只有当他实际上实现"新组合"时才是一个"企业家"。是"企业家"能动的、偶然的创新行为推动了资本主义经济"飞跃式的发展"。这一经典界定广泛地为后来研究者理解和接受。在 1985 年的著作《创新与企业家精神》一书中，管理大师德鲁克（Peter Drucker）指出："企业家是指那些愿意把变革视为机遇，并努力开拓的人"。哈耶克（Hayek，1937）和科兹纳（Kerzner，1973）认为，利润源起于企业的创新活动，企业家是创新活动的人格化主体。由此可见，从管理学的角度看，企业家是人们对以创新为主要手段，从事企业经营、管理，并取得了显著业绩的一类企业领导人的尊称（邢以群，1994）。

企业家是企业家精神的人格化主体，企业家精神是企业家的核心内涵。"企业家精神"英文对应词为"entrepreneurship"，也被译作"创业精神"。自熊彼特在其著名的创新理论中提出"创新的主动力来自于企业家精神，企业家精神的本质就是创新"的思想以来，对企业家精神内涵与维度的研究呈现出不断扩大的趋势，先后把风险性、先动性、自主性、进取性、合作性、学习性等都纳入其范畴，导致对这一概念至今尚未形成统一的界定。然而抛开具体的分歧，多数研究者都将创新精神作为企业家精神的核心与灵魂。在我国举办的 2001 年 "企业家理论与企业成长国际研讨会" 上鲁兴启认为，企业家精神实质上是一种变革和创新精神。市场竞争压力是激发企业家精神的外在压力，而对个人利益的追求是激发企业家精神的内在动力。叶勤则指出，创业是形成企业家精神的基础，创新则是企业家精神的核心（李新春等，2002）。在 2007 年举办的 "第三届企业家精神论坛" 上也明确提出企业家精神是第四生产力，创新是最最核心的企业家精神之一。

4.3.2 企业家精神的内涵及研究层面

随着研究的深入，学者们越来越认识到企业家精神不仅存在于企业家个体层面。例如，在我国举办的 2001 年 "企业家理论与企业成长国际研讨会" 上，李新春（2002）指出：传统观点往往将企业家与人等同起来考察，把企业的老板、所有者都理解为企业家，这本身是很模糊的。研究企业家不能简单地把企业家具体化、职业化，判断一个人是否是企业家应该着眼于其在企业中发挥的作用；企业家精神的发挥应该理解为一个企业家创新、创业过程，只有在此过程中才能比较准确地理解企业家生成机制。Davidsson（2003）认为，企业家精神不仅是独立企业家的某些个体特征，而且也是一种社会现象，是在一定的社会人文环境和经济制度规范下，由企业家这一特殊群体在企业经营活动中形成的，一种以创新精神为核心、以风险承担精神为支撑的综合性精神品质和意志。

目前对于企业家精神的研究主要分布于企业家个体、组织和社会三个不同的层面。

4.3.2.1 个体层面的企业家精神

个体层面的企业家精神以自然人为载体，研究者主要从企业家个体创业特质、个体企业家精神所包含的要素及个体企业家精神在创业过程中的行为表现等多个角度展开探讨。

新古典经济学代表人物 Marshall（1890）[①] 率先从企业家个体心理特征的角度用"果断、机智、谨慎、坚定、自力更生、坚强、敏捷并富有进取心"等修饰词来形容企业家精神。在《风险、不确定性和利润》一书中 Knight（1921）把企业家精神视为承担风险。在现代创新理论的提出者熊彼特看来，企业家精神就是创新精神（Schumpeter, 1934）。在《经济发展理论》（1934）、《资本主义、社会主义和民主》（1947）两本著作中，熊彼特（Schumpeter）明确指出经济发展的原因在于创新，创新活动的主体就是企业家。管理大师德鲁克则将创新上升到企业家职能的高度，认为创新是企业家最核心的职能和最基本的活动……企业家或企业家精神的本质是有目的、有组织的系统创新（Drucker, 1985）。Hitt（2001）等人在《战略型企业家》一书中指出"创造价值是企业家精神与战略管理的核心"。Stopford & Baden-Fuller（1994）将企业家精神归纳为企业家群体所共有的五个特质：前瞻性、超越现有能力的渴望、团队定位、解决争端的能力和学习能力。

国内学者邢以群（1994）认为，企业家精神是在经营管理企业的特殊环境中形成的，体现其职业特点的独特思想意识、思维方式和心理状态，他通过对 120 个优秀企业家进行个案文献统计分析和制作企业家精神表现量表，分析评定出追求进取精神、创新精神、大胆开拓精神、坚韧不拔的拼搏精神、实事求是的实干精神是表现最为突出的个体企业家精神要素。周其仁（2000）基于功能和能力视角将企业家精神定义为创新、对潜在的市场机会有敏感和对市场不确定性的驾驭。周立群、邓宏图（2002）认为，个体企业家精神使企业家行为出现"变异性"和"跃迁性"，即正是通过企业家精神导引下的企业家创造性活动，实现企业家资源禀赋的扩张。庄子银（2005）强调企业家是风险的承担者，是长期经济增长的微观组织机制，企业家精神的核心是持续技术创新和模仿。汪良军和杨蕙馨认为，只有经过一个企业家认知主观化与创造性的活动之后，客观机会才可能被发现与开发利用。主张企业家创业活动是具有企业家精神的主体与机会之间动态匹配关系的体现，具体表现为企业家对机会的发现确定开发利用。因而应该把创业机会作为企业家精神研究的切入点。

基于上述分析，本书将个体层面的企业家精神界定为：企业家个体在经营管理企业的特殊环境中形成的，体现其职业特点的创新性思想意识、思维方式和心理状态。从这一层面分析，发现市场机会是企业家的禀性和基本职能，在这种实

[①] Alfred Marshall（1890）在《经济学原理》中，更是将"企业家才能"作为传统的劳动、土地、资本三大生产要素基础之外影响生产的第四要素，利润是企业家经营管理的收益，即得益于"工业组织"的收益。

现潜在机会价值的内在驱动力影响下，企业家开始不断地获取和积累资源；而后通过对资源的筛选、淘汰、挖掘、整合等一系列机制与过程，形成与市场机会相适应的、有价值的、创新性技术、技能和知识，从而不断地推动着企业动态能力的形成和发展。

4.3.2.2 组织层面的企业家精神

在现有研究中，组织层面的企业家精神也被称为公司企业家精神或内企业家精神。

Miller（1983）认为创业精神不仅可以指创业家的个性特征，也可以指企业的行为特征。他率先提出了公司企业家精神的概念，将其定义为企业家精神在整个公司的渗透，主要体现在公司的创新与风险创业行为上，包括创新、承担风险和行动领先的行为三个基本维度。Covin & Slevin（1989）把公司企业家精神定义为一种战略导向在整个公司的渗透，认为该导向以创新、冒险和前摄性为主要特点。Guth & Ginsberg（1990）指出公司企业家精神包括在现有企业内部建立新的企业或对现有企业进行战略重组两种不同的现象和过程。Sharma & Chrisman（1999）在分析总结以往定义的基础上把公司企业家精神界定为：个人或群体在现有公司基础上建立一个新公司或者对现有公司进行重组或创新的过程。Lynn（1991）认为企业家精神的核心应该是一种价值观体系，也就是人们对各种事物的态度。此外，Baumol（1990）把企业家精神分为生产性和非生产性两种。Hendenson & Clark（1990）根据企业产品和市场的战略导向把公司企业家精神划分为渐进式公司企业家精神和激进式公司企业家精神。Lumpkin & Dess（1996）提出创业导向的五个维度：自主性、创新性、冒险性、先动性和积极竞争。

国内学者薛红志、张玉利（2003）在研究公司企业家精神与企业绩效的关系时，从创新、风险偏好、进取性三个方面探讨了公司创业精神的衡量标准。贾良定和周三多（2006）认为企业家精神由知识素养（理论精神）、创新能力（实践精神）和伦理品质（自由精神）三个层面所构成。武汉大学周长城等学者认为，机遇是企业家精神的核心议题。张玉利（2004）认为企业家精神是将一系列独特的资源集中在一起从事开采机会的过程，研究的焦点是机会而不是目前所掌握资源的情况，是在动态复杂环境下组织谋求竞争优势的重要途径。蒋春燕、赵曙明（2006）将公司企业家精神定义为企业家精神在整个公司的渗透，即一种战略导向。高波和吴向鹏（2007）认为，企业家精神是由文化决定的企业家群体所具有的价值观取向，其实质是以创新为核心的文化资本积累。

综上所述，公司企业家精神概念的提出使研究对象由针对具有成功创业经验的个体企业家扩大到整个公司，它突破了个体企业家精神理论研究的局限性，更加重视理论的实效性研究，因而成为当代企业家精神研究的主流。本书借鉴大多数研究者的观点，将其视为个体层面企业家精神在组织中的扩散，是一种弥漫于公司上下的价值取向和战略导向。

4.3.2.3 社会层面的企业家精神

社会层面的企业家精神是指企业家精神在社会层面广泛渗透。这一概念不同于社会企业的企业家精神。后者是过去几年，在公共、私营和非营利等部门中迅速涌现出来的一个概念，意指如何将企业家的创业、创新和冒险等精神应用于社会非营利组织部门来创造新价值。

Davidsson（2003）认为企业家精神不仅是独立企业家的某些个体特征，而且也是一种社会现象，是在一定的社会人文环境和经济制度规范下，由企业家这一特殊群体在企业经营活动中形成的，一种以创新精神为核心、以风险承担精神为支撑的综合性精神品质和意志。本书借鉴这一观点，将社会层面的企业家精神界定为：企业家精神在社会层面的传播和扩散，是在长期的个体、组织与社会互动中形成的，社会成员共有的以创新精神为核心、以风险承担精神为支撑的综合性精神品质和意志。

从系统的角度看，上述三个层面的企业家是一个紧密相关的统一体。对此我国学者时鹏程和许磊（2006）曾经构建了一个企业家精神的三层次及其相互关系的理论框架，在这一框架中，企业家精神是一种实用的进取精神，个体层次的企业家精神研究旨在启发个体自觉地学习这种精神，进而使之成为激发个体创业的精神支柱；组织层次的企业家精神研究旨在启发和指导企业组织自觉地创建具有企业家精神特质的企业文化和制度，进而使之成为指导企业可持续快速发展的精神力量；而社会层次的企业家精神研究目的在于引导社区、国家乃至整个社会创建具有企业家精神特征的文化，最大限度地激发整个社会的创新、创业热情，进而使企业家精神成为推动社会经济增长的动力。本书对企业家精神三个层面的分析以这一框架为基础。

4.3.3 企业家精神观点汇总

为了对企业家精神概念形成更系统清晰的认识，本书在表4-3中汇总了企业家精神的研究进展情况。

表4-3 企业家精神的相关研究进展

序号	观点	学者	研究层面	研究焦点
1	经济发展的原因在于创新，而创新活动的主体就是企业家	Schumpeter（1934）	个体层面	以自然人为载体，研究者主要从企业家个体创业特质、个体企业家精神所包含的要素及个体企业家精神在创业过程中的行为表现等多个角度展开探讨。
2	创新是企业家最核心的职能，是企业家最基本的活动……企业家或企业家精神的本质是有目的、有组织的系统创新	Drucker（1985）		
3	企业家精神在六个领域（创新、网络、国际化、组织学习、高层管理团队、公司治理和成长）内采取了许多行动以创造价值，其中创新是企业家精神核心的第一个要点	Ireland Hitt（2001）		
4	通过对120个优秀企业家进行个案文献统计分析和制作企业家精神表现量表，分析评定出追求进取精神、创新精神、大胆开拓精神、坚韧不拔的拼搏精神、实事求是的实干精神是表现最为突出的个体企业家精神要素	邢以群（1994）		
5	企业家精神是指创新、对潜在的市场机会有敏感和对市场不确定性的驾驭	周其仁（2000）		
6	企业家精神使企业家行为出现"变异性"和"跃迁性"，即正是通过企业家精神导引下的企业家创造性活动，实现企业家资源禀赋的扩张	周立群和邓宏图（2002）		
7	对企业家精神研究文献的内容分析发现，创新精神是最重要的企业家精神	李志等（2003）		
8	企业家是风险的承担者，是长期经济增长的微观组织机制，企业家精神的核心是持续技术创新和模仿	庄子银（2005）		
9	率先提出公司企业家精神的概念，将其定义为企业家精神在整个公司的渗透，主要体现在公司的创新与风险创业行为上，包括创新、承担风险和行动领先的行为三个基本维度	Miller（1983）		
10	一种战略导向在整个公司的渗透，该导向以创新、冒险和前摄性为主要特点	Covin & Slevin（1989）		
11	公司企业家精神包括在现有企业内部建立新的企业或对现有企业进行战略重组两种不同的现象和过程	Guth & Ginsberg（1990）		
12	在分析总结以往定义的基础上，把公司企业家精神界定为：个人或群体在现有公司基础上建立一个新公司或者对现有公司进行重组或创新的过程	Sharma & Chrisman（1999）		
13	企业家精神的核心应该是一种价值观体系，也就是人们对各种事物的态度	Lynn（1991）		
14	把企业家精神分为生产性和非生产性两种	Baumol（1990）		
15	根据企业产品和市场的战略导向把公司企业家精神划分为渐进式公司企业家精神和激进式公司企业家精神	Hendenson & Clark（1990）		
16	提出创业导向的五个维度：自主性、创新性、冒险性、先动性和积极竞争	Lumpkin & Dess（1996）		
17	判断是否是企业家应该着眼于其在企业中发挥的作用。企业家精神的发挥应该理解为一个企业家创新、创业过程，只有在此过程中才能比较准确地理解企业家生成机制	李新春（2001年企业家理论与企业成长国际研讨会）		

（续上表）

序号	观点	学者	研究层面	研究焦点
18	企业家精神实质上是一种变革和创新精神。市场竞争压力是激发企业家精神的外在压力，而对个人利益的追求是激发企业家精神的内在动力	鲁兴启（2001年企业家理论与企业成长国际研讨会）		
19	创业是形成企业家精神的基础，创新则是企业家精神的核心	叶勤（2001年企业家理论与企业成长国际研讨会）		
20	从创新、风险偏好、进取性三个方面探讨了公司创业精神的衡量标准	薛红志和张玉利（2003）		
21	企业家精神由知识素养（理论精神）、创新能力（实践精神）和伦理品质（自由精神）三个层面所构成	贾良定和周三多（2004）		
22	企业家精神是将一系列独特的资源集中在一起从事开采机会的过程，研究的焦点是机会而不是目前所掌握资源的情况，是在动态复杂环境下组织谋求竞争优势的重要途径	张玉利（2004）		
23	将公司企业家精神定义为企业家精神在整个公司的渗透，即一种战略导向	蒋春燕和赵曙明（2006）		
24	企业家精神是由文化决定的企业家群体所具有的价值取向，其实质是以创新为核心的文化资本积累	高波和吴向鹏（2007）		
25	把企业家精神明确界定为社会创新精神，并把这种精神系统地提高到社会进步的杠杆作用的地位	德鲁克（1985）	社会层面	是企业家精神在社会领域的拓展，即如何将企业家的创业、创新精神应用于社会非营利组织部门来创造新价值。
26	探讨了社会领域中存在不同层次和类型的社会企业家及各自作用，指出需要创立新机制以促进社会企业家精神的形成，进而促进社会经济的增长	Thompson（2000）		
27	企业家精神不仅是独立企业家的某些个体特征，而且是一种社会现象，是企业家这个特殊群体在企业经营活动中形成的，在社会人文环境和经济制度规范下生成的，以创新精神为核心的，以风险承担精神为支撑的一种综合性的精神品质和意志	Davidsson（2003）		
28	个体层次的企业家精神研究旨在启发个体自觉地学习这种精神，进而使之成为激发个体创业的精神支柱；组织层次的企业家精神研究旨在启发和指导企业组织自觉地创建具有企业家精神特质的企业文化和制度，进而使之成为指导企业可持续快速发展的精神力量；社会层次的企业家精神研究目的在于引导社区、国家乃至整个社会创建具有企业家精神特征的文化，最大限度地激发整个社会的创新、创业热情，进而使企业家精神成为推动社会经济增长的动力	时鹏程和许磊（2006）		
29	企业家精神是第四生产力，创新是最最核心的企业家精神之一	"第三届企业家精神论坛"（2007）		

资料来源：本研究整理。

| 5 |

家族企业动态能力生成的分析框架

5.1　方法基础

5.1.1　系统理论的产生和演进

5.1.1.1　系统的含义及系统理论的发展

系统一词，来源于古希腊语，意思是"放在一起"。系统思想源远流长，但是直到二十世纪三四十年代系统才正式成为专项研究的对象。

系统论作为一门科学，人们公认是由理论生物学家、美籍奥地利人 L.V. 贝塔朗菲（L.Von.Bertalanffy）创立的。贝塔朗菲（Bertalanffy）1932 年提出"开放系统理论"思想，1937 年提出了一般系统论原理，1945 年公开发表论文《关于一般系统论》，1968 年发表专著《一般系统理论：基础、发展和应用》奠定了这门科学的理论基础。系统理论发展中另一个重要的里程碑是 1948 年美国麻省理工学院教授诺伯特·维纳（Norbert Wiener）出版的《控制论》。该书深入研究了控制的基础，分析了信息流在保持控制有效性中的关键作用。另一位对系统理论做出突出贡献的学者是麻省理工学院的另一位教授佛睿斯特（Forrester）。由佛睿斯特首创的技术被称之为系统动力学，该理论的创立对改变人们的思维产生了深远的影响。

20 世纪 60 年代，系统理论的研究转向非线性的复杂性科学。到 20 世纪 70 年代初，系统动力学逐渐发展成为一种了解和认识人类动态复杂系统的具有普遍性的研究方法。这一时期兴起的企业自组织理论吸收了系统动力学的思想和研究方法，把企业视为社会中一种自组织现象。"耗散结构理论""突变理论""分形论""协同学理论"等是企业自组织理论主要内容。其中，协同论指出，无论什么系统从无序向有序的变化，都是大量子系统相互协调与作用的结果。

在系统论发展的几十年中，人们从各种角度研究系统，对系统的概念提出了各种不同的界定。美国系统学家 G.Gorden（1978）认为："系统是指相互作用、相互依赖的所有事物，按照某些规律结合起来的总和"。贝塔朗菲（Bertalanffy）用数学概念定义系统为："如果对象集 S 中至少包含两个不同的对象，且 S 中对象按照一定的方式相互联系在一起，则称 S 为一个系统，S 中的对象为系统的元素"。另一位著名的西方系统科学家 A. Rapoport（1986）从整体性和独立性的角度指出：一个系统是世界的一部分，被看成一个单位，尽管内外发生变化，但是仍能保持其独立性。《系统思考》一书的作者 Dennis Sherwood（2002）将系统定义为"由一群相互连接的实体构成的一个整体"。

在讨论系统概念和运用系统方法最早的中国和日本，人们也对系统做出了自己的界定。日本工业标准（JISZ8121）将其定义为："许多组成部分保持有机的秩序，向同一目标行动"。多年致力于系统工程研究的我国著名学者钱学森教授，十分重视建立统一的系统科学体系的问题，在 1981 年提出的"系统学"设计中，他把系统科学看成是与自然科学、社会科学等相并列的一大门类科学，将系统科学像自然科学一样划分为工程技术和技术科学两大层次。

目前，人们普遍采用的对系统的理解是将其视为由若干要素以一定结构形式联结构成的具有某种功能的有机整体，包含要素与要素、要素与系统、系统与环境三方面的关系。

5.1.1.2 系统动力学的产生和发展

20 世纪 40 年代晚期，美国麻省理工学院教授佛睿斯特（Forrester）对将计算机科学和反馈控制理论应用于社会经济系统的研究产生了巨大的兴趣。1956 年他在麻省理工学院斯隆管理学院创建了系统动力学研究组，该研究组至今仍然被很多人认为是计算机仿真领域和广义系统思考领域的世界中心。在其 1961 年出版的《工业动力学》著作中，佛睿斯特首次展示了从整体出发的系统思考方法是如何为组织问题带来解决之光的。佛睿斯特的分析涉及很多商业和管理系统，其中包括库存控制、物流和决策制定系统等。这种由佛睿斯特首创的技术被称之为系统动力学。

20 世纪 90 年代，随着彼得·圣吉（Peter.M.Senge）《第五项修炼》出版，系统思考和系统动力学的研究方法日益成为组织和战略管理问题研究的新焦点。随后斯特曼（John Sterman）和舍伍德（Dennis Sherwood）分别在《商业动力学》和《系统思考》两本书中对系统思考和系统动力学建模及应用进行了详尽而严格的描述，进一步推进了这一研究方法的普及。自 20 世纪 80 年代初引入国内以来，王其藩、陶在朴、吴锡军、贾仁安等中国学者也在这一领域展开了大量的应用研究工作。

关于系统动力学的内涵，Roberts 在《系统动力学的管理应用》一书中提出系统动力学的两个重要思想：一是组织行为源于组织结构，这里的组织结构包括与生产过程有关的物理结构，更重要的是包括那些决定着组织决策的政策和惯例；二是分析组织时应主要依据各种潜在的"流"，即人员、资金、物质资料、设备和信息流等，而不应把重点放在相互割裂的独立功能上（Roberts，1978）。Forrester（1991）则更深刻地指出"一些刚接触的学者认为系统动力学只是一种可以用来处理情景模拟的软件包；还有些人则把它当成一门建模的学问，但我认为不仅如此，它更是一种看待世界的方式"。

系统动力学强调以闭环的观点方法来认识和解决问题，强调系统的结构、行为的产生机制、控制的表述和因果的制约，因而较适合于处理复杂系统。近年来，人们逐步认识到系统动力学方法在企业战略管理中的重要地位，并将这一方法称为"战略与策略实验室"。事实上，随着很多系统动力学模型，如供应链管理、库存管理、人力资源管理、财务管理、市场营销管理、知识管理模型等相继被开发出来，系统动力学方法正日益发展成为一种利用计算机实验来研究战略与策略问题的普遍工具和方法。

5.1.2 系统动力学分析方法的主要特征

5.1.2.1 整体观是系统论的核心和精髓

人们在处理现实世界中复杂问题的时候,常常会陷入两种困境: 一是"隧道式"思维导致其对一个问题的补救只是简单地将问题从一个地方转移到另一个地方；二是组织"近视"导致其对"现在"问题的补救只会导致"未来"更大的需要补救的问题。克服这两种困境的唯一的方法是要彻底打破旧的心智模式，拓宽视野，用整体的观点观察周围的事物。

系统论的核心和精髓是整体观。古希腊伟大的哲学家亚里士多德用"整体大于部分之和"来说明系统的整体性。一般系统论的创立者贝塔朗菲强调：任何系统中的要素都不是孤立存在的，它们在系统中处于一定的位置,起着特定的作用；要素之间通过相互关联，构成了一个不可分割的整体；要素是整体中的要素，将其从系统整体中割离出来，它就失去要素的作用。

用整体观来观察和研究问题，一是要始终把研究对象看作一个有机整体，在决定用什么要素（子系统）构成整体、各要素（子系统）之间的关系如何安排等诸多问题的时候，始终以是否有利于系统整体功能的发挥为判断依据。二是要注重联系。系统论认为，系统与外部环境之间、系统内部各元素之间及系统和要素之间都是彼此相互联系和相互制约的，这种内在的关联性称为系统结构。系统功能是系统在一定环境下所能发挥的作用，系统结构是系统内部各个要素的组织形式，彼得·圣吉（1990）将其定义为"随着时间的推移，影响行为的一些关键性的相互关系，这些关系不是存在于人与人之间的相互关系，而是存在于关键性的变数之间"。系统的结构决定系统的功能，不同的系统结构可以导致不同的系统功能。

5.1.2.2 系统动力学分析方法的主要特征

基于系统理论的系统动力学分析方法具有以下特点：

1. 强调"结构影响行为"

系统论告诉我们，即使是非常不同的要素，置身于相同系统之中，也倾向于产生相似的结果。因而只看到个别的事件、个别的疏失或是个别的个性是无法处理现实世界中复杂而重要的问题的，必须深入了解影响我们的行动，洞悉这些个别行动背后的结构。

从系统动力视角来看，管理中很多问题的解决不能采用"就事论事"或"头痛医头，脚痛医脚"的方式，必须深入学习如何从专注于一个个个别、孤立的事件到看到事件之间的相互联系与作用模式及发展趋势，再到看清影响、推动模式与趋势发生的潜在结构。如此才能找到"小而有效的"高杠杆解，实现"四两拨千斤""治标又治本"的功效。

2. 从线性思考走向环形思考

系统论认为：没有哪个系统是绝对的、封闭的和静止的，任何系统都具有开放性和动态性，它总是存在于特定的环境之中，受着环境影响，不断与外界进行能量、物质、信息的交换。

在传统的思维中，人们习惯于从静态的视角思考问题，认为因与果之间是线性作用的，即"因"产生"果"。但是在系统动力视角中，任何一个系统都被视为动态系统，在动态系统中，反馈环路的存在使得人们认识到：因与果并不是绝对的，因与果之间有可能是环型互动的，即"因"产生"果"，此"果"又成为他"果"之"因"。甚至成为"因"之"因"。但是正如圣吉所说：动态系统是非常微妙的，只有当我们扩大时空范围深入思考时，才有可能辨识它整体运作的微妙特性。如果不能洞悉它的微妙法则，那么置身其中处理问题时，往往不断受其愚弄而不自知。

3. 从局限于本位到关照全局，"见树又见林"

在一个动态复杂系统中，任何单一要素的细微变化，都可能对其他要素和系统整体产生这样或者那样及不同程度的影响。在《第五项修炼》中圣吉用生动的语言描述了一个由于系统中每个人都从自己的本位出发,局限思考和行动而导致错误决策的啤酒游戏。在这一故事中,每一位参与决策的主管都清楚地看到公司的问题,但是没有一个人看见自己部门的政策如何与其他部门的政策互动。按照这种思考问题的方式,他们将会像"盲人摸象"这一古老寓言中的盲人一样,永远不会知道一只大象的全貌。由此可见,要想解决系统中存在的问题必须树立全局意识,真正做到"见树又见林"。

4. 是从机械还原论到整体生成论

自 17 世纪以来,由笛卡尔倡导的"机械还原论"和亚当·斯密提出(Adam Smith)的"劳动分工"理论已经发展成为自然科学和管理学界主流的思想范式。这种思维方式强调分工产生效率,认为应该将事物分割开来进行分析和研究。这种通过剖析目标对象的某些特殊部分从而达到对其进行详细研究的方法取得了很大的成功,以至于这一思想对科学和组织产生了根深蒂固的影响,在此影响下组织被层层分解:企业分解为一个个部门,部门细分为一个个岗位,岗位进一步分解为一个个工序……然而确实存在着很多这种方法不能发挥作用的场合:随着分工越来越细,组织不再是一个有机的整体,"各司其职""各自为战"的现象比比皆是,企业整体的绩效越来越差,生动应验了组织学习之父克里斯·阿基里斯(Chris Argyris)的话:团队中每个人的智商都在 120 以上,但是团队整体所表现出来的智商却只有 62。

生命的系统有其完整性。正如圣吉所说,把一头人象切成两半,并不会得到两头小象。组织也是一样。要了解组织中管理问题的症结,必须先了解产生这些问题的系统整体,因为系统整体具备它们任何组成部分所不具备的特性,比如"自组织"现象①和"涌现"现象②。因此,只有跳出"还原论"范式,以整体生成的系统观,视世界为不可分割的整体,才能化解人类和组织面临的重重困境。

5.1.3 系统动力学的描述语言

经过 60 多年的发展,系统动力学不仅具备了完整的知识体系,建构了完善的思考框架,而且拥有标准的描述语言和工具。系统动力学的语言描述主要通过

---

① 自组织现象最明显的属性之一就是高度的有序,自组织系统能够保持这种高度有序状态的原因在于能力流——一股将给定系统与周围环境联系的企业的能力流的存在。

② 涌现是用以描述复杂系统层级结构间整体宏观动态现象的一个概念,是一个从简单子系统的相互作用中产生出高度复杂的聚集行为的过程。

"不断增强的反馈"①"反复调节的反馈"②和"时间的延滞"三种基本元件表达，本书首先对这三种元件及其组成部分做简单的介绍。

5.1.3.1 反馈（动环）

传统上我们只习惯看到事物之间的线性关系，但是真实世界中因与果之间有可能是环型互动的，这是我们的思考支离破碎的主要原因。

从系统动力的视角看待世界需要一种相互关联的语言，即一种以环状相连的语言——反馈。反馈是一个广泛的概念，根据圣吉的界定，是指任何影响力的反复回流，是一种循环不息的"动环"。从系统动力学视角来看，任何一个影响因素都既是因也是果，没有什么事情只受到一个方向的影响。

关于反馈（动环）在系统中的作用，有人在理解管理系统时，曾经指出：反馈的意义在于控制、限制或者约束。这样的理解显然过于片面，事实上，反馈也可以起到扩大或者增强的效果。在自组织系统中，反馈的存在还使组织具有自修正功能，即当外部环境出现变化的时候，组织会通过反馈启动自修正程序，直到系统进入另一种相对平衡的状态。

反馈（动环）有两种不同的类型："不断增强的反馈"（reinforcing feedback）与"反复调节的反馈"（balancing feedback）。

5.1.3.2 不断增强的反馈

增强（或扩大）的反馈过程是成长的引擎，但是其影响既可以是正面的（良性循环），例如良好的产品口碑可以增强消费者使用的满足感，满意的消费者告诉其他的人又进一步推进了良好的口碑；也可以是负面的（恶性循环），例如发生金融恐慌的时候，恐慌的人们纷纷去银行排队提现，导致银行资金存量下降，这进一步加重了人们恐慌的心理，直到金融崩溃。有时候一个增强的反馈过程可能有两种完全相反的行为方式，具体表现为恶性循环还是良性循环取决于环路的触发方式。

5.1.3.3 不断调节的反馈

一个反复调节的系统是一个寻求稳定的系统，这样系统倾向于自我修正，以维持某些目标。调节的反馈不胜枚举：当我们需要食物的时候调节的反馈提醒我们吃东西，目标是适度的饮食；组织雇佣员工也是一个调节的反馈，目标是预定

---

① 彼得·圣吉（Peter. M. Senge）在《第五项修炼——学习型组织的艺术与实务》里把一条闭合的正反馈环称为"增强环路"，以表示动态系统的"雪球效应"。

② 彼得·圣吉（Peter. M. Senge）在《第五项修炼——学习型组织的艺术与实务》里把一条闭合的负反馈环称为"调节环路"。

的员工数或者成长率。

5.1.3.4 时间滞延

时间滞延是指行动与结果之间的时间差距，是构成系统语言的第三个基本元件。它通常是在一个变量对另一变量的影响，需要经过一段时间才看得出来的情形下发生的。实际上所有反馈过程都存在某种形式的时间滞延，只不过现实中常常很难被察觉或充分了解。时间滞延的后果主要是使得企图改善的行动矫枉过正，超过了预定的目标。但只要能够看清它们并善加运用，就可以最大限度地降低其负面影响，甚至也能够产生正面的效果。

5.1.4 成长上限基模

系统动力学中最重要、最有用的洞察力是能看出一再重复发生的结构形态。"系统基模"就是圣吉博士指导人们学习如何看见个人与组织生活中"复杂背后引发变化的结构"的关键所在。其意义在于揭示复杂现象管理背后的单纯美，帮助我们调整认知、发现各类管理问题的共通性，以使我们在面对困难和挑战时，更能看出结构的运作、看到更多隐藏的杠杆解。现在研究者已经找出大约 12 个系统基模，圣吉在《第五项修炼》中介绍和使用了其中的 9 个。其中"成长上限"基模是最常见的基模。

5.1.4.1 成长上限基模的基本含义

"成长上限"基模的基本含义是增强环路在导致快速成长的同时，不知不觉中触动了另一个抑制成长的调节环路，从而导致成长的减缓、停止，甚至下滑。

5.1.4.2 成长上限基模的系统结构

如图 5-1 所示，"成长上限"基模由一个增强环路和一个调节环路组合而成。阅读任何成长上限的模型时，要以成长的增强环路为起点。首先一系列促进成长的因素推动了一个成长或改善的增强环路，然而运作一段时间之后，增强环路碰上一个抑制成长的调节环路，导致改善的速率而慢下来甚至终于停止。

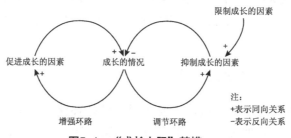

图5-1 "成长上限"基模

5.1.4.3 成长上限基模的管理方针

不要尝试去推动成长，而要除掉限制成长的因素。这是因为在这一基模中，杠杆解都在调节环路，而不是增强环路。因此突破成长上限的思路主要在于辨认和改变限制因素。换句话说，解决的办法在于不要去推动增强环路，而应该致力于去除或者消减抑制和限制成长的因素。

5.1.4.4 "成长上限"基模的启示

"成长上限"基模带给我们的深刻启示在于：当由增强环路和调节环路互动影响所构成的系统结构达到成长上限的时候，为了继续成长，多数人会在刚性的作用下更加努力地推进增强环路，殊不知增强环路越强、调节环路的反作用也越强，因而结果很可能是白费力气，甚至南辕北辙。其实解决的办法在于不要去推动增强环路，而应该致力于去除或者消减抑制和限制成长的因素。本书尝试运用系统动力学方法揭示上述动力因素克服核心刚性、催生动态能力的内在机理。

5.2 理论基础

5.2.1 从核心能力到动态能力

核心能力与动态能力都是企业能力的重要组成部分，是资源基础理论的发展和延伸，是为了维持企业竞争优势而形成的。核心能力本质上是一种静态能力，在稳定的环境下可以发挥积极作用并推动组织发展，然而企业在利用核心能力取得竞争优势的同时也会由于核心能力的长期积累而产生一种难以适应变化的核心刚性。核心刚性是当企业的核心能力与内外环境不相适应时，核心能力所表现出来的很难改变的路径依赖特征，是核心能力转化为企业持续竞争优势的主要阻碍力量。动态能力理论是对核心能力理论的延伸和发展，它以增强企业对环境变化的反应能力为目的，聚焦于核心刚性的克服，被认为是动态环境下企业持续竞争优势的来源。

5.2.2 成长上限模型与动态能力

系统思考理论的语言描述主要通过"增强环路""调节环路"和"时间延滞"三种基本元件表达。其中"增强环路"和"调节环路"是反馈的两种不同类型。"增强环路"是成长的引擎,通常表述为一条闭合的正反馈环,"调节环路"倾向于自我修正、以维持某些目标,通常表述为一条闭合的负反馈环。

"系统基模"即系统的基本模型,是系统动力学研究者指导人们学习如何看见个人与组织生活中"复杂背后引发变化的结构"关键所在。20 世纪 80 年代初 LA 的总裁 Carles Kiefer 建议使用更简单的方法来表达系统动力概念,1985 年美国创新协会启用了"系统基模"这一概念。Jennifer Kemeny、Michael Goodman 和 Peter Senge 一起将最常见的行为归纳为系统基模图,Senge 在 1990 年出版的《第五项修炼》一书中,对这些基模进行了整理和介绍。"成长上限"基模是彼得·圣吉从弗睿斯特(Jay Forrester)和其他系统思考先驱者在六七十年代开发的通用结构移植过来的。是一种最常见的基模,其基本含义是增强环路在导致快速成长的同时,不知不觉中触动了另一个抑制成长的调节环路,从而导致成长的减缓、停止,甚至下滑。

战略管理是现代企业可持续发展的核心。一般来说,企业的战略管理包括战略分析、战略选择、战略实施和战略评价等环节。也有的学者把战略分析与选择视为一个阶段称之为战略制定,把战略实施和评价视为一个阶段称之为战略实施,如著名战略管理学家安德鲁斯(Andrews)在《公司战略概念》一书中提出的包括战略制订与战略实施的两阶段战略管理模式(Andrews,1971)。本书借鉴这一观点把企业的战略管理过程划分为战略规划和战略执行两个阶段。与此对应的战略管理能力分别称为:战略规划能力和战略执行能力。

将系统动力学理论运用于对企业战略管理的研究,我们发现家族企业的战略成长过程本质上就是一个成长上限基模(如图 5-2 所示)。一方面良好的战略规划有利于战略执行,有效的战略执行进而促进了企业成长,企业的成长又进一步促进了更完善的战略规划,"企业成长——→战略规划能力——→战略执行能力——→企业成长"构成了一个成长或改善的增强环路;另一方面,企业成长在促进战略规划能力提高的同时也会导致战略规划刚性的产生,进而形成战略执行的刚性。在环境动态性影响下,战略规划和战略执行的刚性使得企业对环境变化的反应变慢,进而导致市场绩效的下降,而市场绩效的下降限制了企业的进一步成长。因此在动态环境中,企业成长的同时也在不知不觉中触发了抑制成长的调节环路,表述为"企业成长——→战略规划刚性——→战略执行刚性——→对环境变化的反应——→市场绩效——→企业成长"。在调节环路的影响下,运作一段时间之后,改善的速率会逐渐慢下来,甚至终于停止。

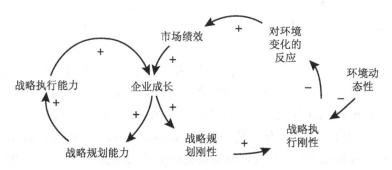

图5-2 家族企业动态能力与企业战略管理的成长上限模型

根据"成长上限"基模的启示：解决的办法在于不要去推动增强环路，而应该致力于去除或者消减抑制和限制成长的因素——调节环路中战略规划刚性和战略执行刚性。克服战略刚性、促进企业持续成长的动力就是企业动态能力。

5.2.3 组织即兴与动态能力

组织即兴是面对高速变化的外界环境，为提高组织的应变能力和临场发挥能力、抓住稍纵即逝的机会而发展起来的一个研究领域。从战略管理的角度看，组织即兴就是立即进行学习与模仿的战略互动行为。在战略决策过程中组织的即兴行动不只限于某一时点事件，而是期间内的连续现象。正是由于组织在技术执行过程中会出现一连串的即兴活动，导致在组织实践过程中经常会发生不间断的变革（Vera & Crossan，2004）。由此可见，组织即兴水平是企业是否具有动态能力的主要推断依据。

组织即兴概念的引入使得我们可以用可考核的具体指标考查企业的组织即兴水平，并据此推断其动态能力。因此为动态能力生成的理论与实践研究提出了一个重要的研究思路。

组织即兴能力由战略期间的快速战略调整能力和运营期间的快速战略执行能力两部分构成，如图 5-3 所示。快速的战略调整能力是战略规划刚性的主要克服机制，快速的战略执行能力是战略执行刚性的主要克服机制，二者一起构成了组织即兴能力，反映着动态能力生成的频率和速度，是破解图 5-2 所示的成长上限模型，促进企业持续成长的关键。

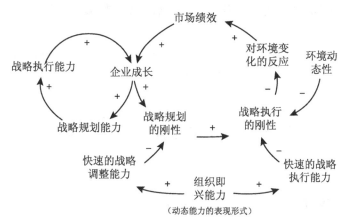

图5-3 组织即兴与成长上限突破

5.2.4 企业家精神与动态能力

企业家是企业创新的主体。他们介于市场与企业组织之间，是信息的集中者和决策的制定者，在企业"整合、建立、重新配置内外部能力来适应快速变动环境"的过程中发挥着无可替代的主导作用。只有他们才能凭借其独特的地位和企业家精神，根据企业内部条件与外部环境的变化不断筛选、组合、重组企业的资源和能力。

但是以波特为代表的传统竞争优势理论主要关注既定的产业结构特征、强调外部环境，忽视了企业自身因素。而基于内生角度的资源能力理论乃至现有的以传统资源能力观为基础的动态能力理论，虽然在一定程度上解释了企业异质性的根源，但对影响企业成长的灵魂人物和企业发展的引擎——企业家，并未给予足够的关注，以致于在很大程度上忽略了企业家在动态配置和整合企业资源与能力过程中的异质性。这一问题突出表现为：在对动态能力生成过程的研究中普遍存在企业家缺位现象。这一状况妨碍了人们对动态能力生成过程认识的深化。

现有研究表明：企业家和企业家精神与组织能力的生成和演进具有内在的关联。例如 Rumelt（1984）认为，企业的企业家精神紧密地与独一无二的、奇异的资源表现及调整相关。Priem & Butler（2001）及 Barney（2001）认为，资源基础模型应通过创新的和企业家的过程理论加以深化。我国学者贺小刚等（2007）指出：核心能力理论出现困境的一个主要原因在于它并没有将介于市场与企业组织之间的企业家纳入研究模型。如果没有将企业家能力加以考虑，则与核心能力有关的两个问题将无法得以解决：第一，如何解决企业在战略调整或战略转移过程中所出现的核心刚性问题? 第二,如何解决核心能力培育过程中资源争夺战与核心能力培育的矛盾问题?

企业家精神是企业家的灵魂,是家族企业的典型特征。基于上述认识,本书将企业家精神纳入对家族企业动态能力生成机理的研究。

5.3 家族企业动态能力生成的理论架构

5.3.1 家族企业动态能力生成的分析框架

5.3.1.1 基本思路

如前所述,本研究将组织即兴水平作为家族企业是否具有动态能力的主要推断依据。组织即兴是一个具有可考查性的指标。现有的测度研究是基于对组织即兴概念内涵的界定提出的,主要集中于设计与执行之间的时间间隔(Miner & Moorman,1998a)、设计与执行刻意而根本的融合(Miner et al.,2001)、创新和创新速度(Vera & Crossan,2005)、利用现有资材(Cunha et al.,1999)等方面,虽然强调其内涵的准确性,却忽略了易考核性。从战略管理的实践来看,组织即兴能力表现为快速战略调整能力和快速战略执行能力两个方面。快速战略调整能力和快速战略执行能力本身的易考查性,使得我们可以用可考核的具体指标考查家族企业的组织即兴水平,并据此推断其动态能力,因此为家族企业动态能力生成的理论与实践研究提出了一个重要的研究思路。

Moorman & Miner(1998b)的研究表明,组织记忆[①]可以提高组织即兴的速度、新奇性和有效性,即产生有价值的即兴。其中过程性记忆能够增加组织即兴的有效性和速度,降低新奇性;陈述性记忆能够增加组织即兴的有效性和新奇性,降低速度。过程性记忆主要表现为企业的主导逻辑。主导逻辑是存在于管理者头脑中的强势逻辑,是公司据以认识、评估环境的工具,在相当一段时期内在决策过程中起主导作用。

与主导逻辑密切相关的是企业家精神。企业家精神包括个体、组织和社会三个不同层面的内涵。其中个体层面企业家精神的本质是经营者认知,它决定着经营者对待事物的基本态度。组织层面的企业家精神是个体层面企业家精神的组织

---

① Moorman 和 Miner(1998b)将组织记忆分为过程性记忆和陈述性记忆两种,认为过程性记忆是关于事情如何被完成的记忆,通常包括技能或惯例;陈述性记忆是对事实、事件或命题的记忆。

化，表现为组织层面的价值理念和战略导向。从与主导逻辑的关系来看，企业家精神具有双重构面：一方面，由于认知形成过程的路径依赖性，企业家精神很容易被组织固化而形成主导逻辑；另一方面，由于其创新性本质的存在，企业家精神又具有反组织固化，即改变主导逻辑的特征。

组织即兴也具有双重构面：创新和创新速度。从企业家精神与组织即兴的关系来看，由于认知引导行动，企业家精神中的"形成主导逻辑"构面可以促进组织即兴中的"创新速度"构面。而组织即兴中的"创新速度"构面又可以通过惯例化机制进而转化为企业的动态能力。惯例化是实现从组织即兴到动态能力转变的必不可少的重要环节，但是惯例的形成也会导致企业能力面临成长上限。成长上限的出现会激发企业家精神中的"改变主导逻辑"构面，从而促进组织即兴中的"创新"构面，而组织即兴中的"创新"构面又促使企业不断地改变惯例，从而促进成长上限的突破，实现企业进一步成长。

5.3.1.2 理论模型

基于上述分析，我们从系统演进的视角提出一个由"企业家精神—组织即兴—动态能力"构成的家族企业动态能力生成的分析框架（如图5-4）。

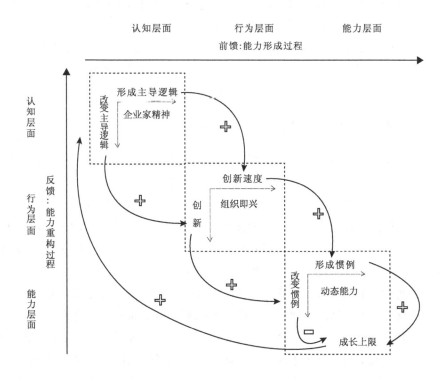

图5-4　家族企业动态能力生成的分析框架

这一框架的内在逻辑表述为：

1. 家族企业动态能力的生成是一个有反馈的循环推进的过程。该过程涉及三个关键变量——企业家精神、组织即兴和动态能力之间复杂的系统结构和系统动力机制。

2. 认知、行为、能力三种不同层面的互动关系将上述三个关键变量连结起来，构成了家族企业能力形成和重构的前馈和反馈过程。

3. "认知→行动"之间的时间间隔或互动频率反映出组织系统的即兴水平，前馈与反馈的时间间隔或互动频率反映出组织系统的动态能力水平，前者是后者的表现形式，也是后者形成的关键。

4. 上述三种不同层面的互动关系表述为：认知影响行动，行动影响能力，能力水平反过来又会影响下一阶段的认知。

由此可见，作为"厂商整合、建立和再配置内部与外部能力来适应快速变动环境的能力"，家族企业动态能力的生成是一个有反馈的循环推进的过程，该过程涉及企业"认知层面→行为层面→能力层面"三个层面的循环转化，包括前馈和反馈两个环节。其中前馈过程即能力形成的过程，其基本路径为：从企业家精神到组织即兴，再经能力形成成长上限；反馈过程即能力重构的过程，其基本路径是：从成长上限到对企业家精神的激发，再经组织即兴到能力的重构。上述过程连续有序地发生于认知、行为和能力三个不同的层面，构成了"企业家精神—组织即兴—动态能力"之间非线性的联结关系，而它们之间具有循环推进关系的复杂因果关系链条则构成了家族企业动态能力生成的基本路径。

5.3.2 家族动态能力生成的系统动力机制

从系统动力学的视角看待世界需要一种相互关联的语言，即一种以环状相连的语言——反馈。反馈有两种不同的类型：增强环路和调节环路。"增强环路"是成长的引擎，通常表述为一条闭合的正反馈环，"调节环路"倾向于自我修正、以维持某些目标，通常表述为一条闭合的负反馈环。在自组织系统中，反馈的存在使组织具有了自修正功能，即当外部环境出现变化的时候，组织会通过反馈启动自修正程序，直到系统进入另一种相对平衡的状态。

从战略管理的角度看，家族企业的组织即兴能力由战略期间的快速战略调整能力和运营期间的快速战略执行能力两部分构成。本书通过多案例研究方法（见第9章）对比分析了三个案例企业（鲁冠球家族的万向集团、史玉柱家族的巨人集团和李如成家族的雅戈尔集团）战略调整能力与战略执行能力的形成过程与形成路径，进而运用系统动力学分析方法，构建了家族企业动态能力生成的系统动力机制模型，如图 5-5 所示。

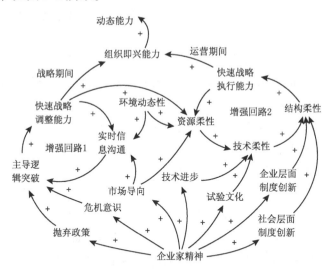

图5-5　企业家精神与家族动态能力生成的系统动力机制

从战略期间分析，环境的动态性增强了对实时信息沟通的需要，实时信息沟通可以促进主导逻辑突破，不断突破主导逻辑意味着战略调整能力增强，战略调整能力的增强进一步促进实时信息沟通。由此形成了一个由"实时信息沟通——▸主导逻辑突破——▸战略调整能力——▸实时信息沟通"构成的具有增强环路特征的因果关系链条。

从运营期间分析，环境的动态性增强了对资源柔性的需要，资源柔性促进技术柔性，技术柔性促进结构柔性，结构柔性有利于形成快速战略执行能力，快速战略执行能力进一步促进了资源柔性。由此形成了一个由"资源柔性——▸技术柔性——▸结构柔性——▸快速战略执行能力——▸资源柔性"构成的具有增强环路特征的因果关系链条。

对案例企业的分析（见第 9 章）发现：家族企业组织即兴能力的形成过程实际上是由上述两个紧密相关的增强环路构成的。一方面，快速战略调整能力和快速战略执行能力一起构成了组织即兴能力；另一方面，由于战略调整的结果会直接或间接地影响资源柔性、技术柔性和结构柔性的状态，因此战略调整系统实际上也对战略执行系统具有重要的影响。

5.3.3 "高杠杆解"与良性循环的激活机制

增强环路有两种行为方式：要么是恶性循环，要么是良性循环。具体表现为恶性循环还是良性循环取决于环路的触发方式。

对案例企业的分析（见第 9 章）发现：上述两个增强环路中各变量都存在相应的动力机制：危机意识和"抛弃政策[①]"有利于促进主导逻辑突破；市场导向有利于促进资源柔性和实时信息沟通；组织内部的试验文化和组织外部的技术进步有利于增强企业的技术柔性；企业层面和社会层面的制度创新有利于促进组织结构的柔性化。而这些动力机制归根结底都源于企业家精神。由此可见，企业家精神是上述系统要素的激活机制，也是图 5-5 系统结构中的"高杠杆解"。

"高杠杆解"是彼得·圣吉在《第五项修炼》一书中提出的一个概念，其意义在于可以利用杠杆作用，以小而专注的行动产生重大而持久的改善。寻找"高杠杆解"的思路（邱绍良，2009）：一是寻找"主环路"及连接最多的核心结点，这是因为系统中有一项基本原则，谁在系统中占据的位置最重要、拥有的关系最多，谁的影响力就最大。二是通过系统动力学建模及在此基础进行敏感性分析来使得"高杠杆解"变得清晰，这是因为通过敏感性分析可以确定模型中某些特定变量对系统中其他要素的影响，进而从影响力的不同找出"高杠杆解"的踪影。三是可以参考系统基模来寻找"高杠杆解"，这是因为系统基模是系统动力学研究者对我们在工作、学习中经常看到的一些一度重复发生的结构形态及其运作规律的描述和总结，可以为我们准确快速地找到"高杠杆解"提供重要的指导。在图 5-5 所示的系统结构中，企业家精神是连接最多的核心结点，即这一系统中的"高杠杆解"。

5.4　过程悖论与动态能力控制

5.4.1　过程悖论提出

企业家精神为动态能力的生成提供动力的观点已经得到不少研究者的认同。例如 Zahra 等人（2006）认为，企业家精神及基于企业家精神的企业家活动对企业资源、技能配置和学习模式都有影响，而这两个方面对于动态能力的培育具有决定作用。

[①]　选自《德鲁克管理思想全书》第 74 页。德鲁克（Drucker）提出："在动荡的年代里，抛弃政策尤其重要。在一个企业一帆风顺的时候，需要一个系统的抛弃政策"。意思是说，现有大企业在创新上的最大障碍，可能就是不愿抛弃过去。只有有计划和有系统地淘汰陈旧、正在死亡的事物，才能解放新工作上所需的各种资源，特别是最稀缺的资源——能干的人员，更好地创造未来。

但是只考虑动态能力生成的动力机制有可能导致企业走向另外一个极端，即过于频繁的战略变革也可能导致成本的上升，使企业最终因无力承担高昂的调整费用而失败。这一现象的出现使企业的战略变革很容易陷入两难困境：要么变革不足难以适应环境变化，要么变革过度导致成本上升，有人称之为过程悖论（王翔，2006）。所以研究家族动态能力的生成机理不仅需要考虑动力来源，还要研究控制机理。

5.4.2 过程悖论的原因

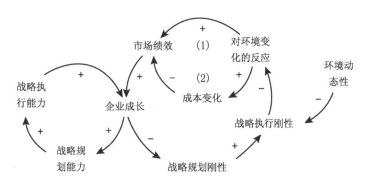

图5-6 过程悖论的系统动力学解因

对案例企业的分析（见第9章）发现：产生过程悖论原因是由于家族企业在努力通过克服战略刚性促进进一步成长的过程中，除了存在着图5-6所示的调节环路（1）："企业成长——→战略规划刚性——→战略执行刚性——→对环境变化的反应——→市场绩效——→企业成长"外，还潜藏着一条增强环路（2），表述为："企业成长——→战略规划的刚性——→战略执行的刚性——→对环境变化的反应——→成本变化——→市场绩效——→企业成长"[①]。

5.4.3 过程悖论的经济学分析

管理大师德鲁克对创新点的探讨为这一问题的解决提供了思路。在德鲁克看来：企业的每一次重大创新活动都是一个生命周期过程，其整个成长历程则是由无数次创新周期连结而成的。要保持持续的企业成长，就需要持续的创新。创新点应该选择在企业最辉煌的时刻，即每一个成长周期的最高点。而一旦确定了时

---

① 在系统动力学的因果反馈图中，环路的性质取决于环路中负向链接的个数，包含了奇数个负向链接的环路为调节环路，包含了偶数个负向链接的环路为增强环路。本环路包含了两个负向链接，因此为增强环路。

机，就应该采取"抛弃政策"，毅然决然地抛弃和更新业务。从经济学角度分析，这是因为在到达成长周期最高点之前，核心能力创造的边际价值是大于边际成本的，即这时经营上的"边际搜寻"有利于实现利润最大化，核心刚性是可取的。一旦越过了成长周期的最高点，则边际价值小于边际成本，"边际搜寻"导致利润下降，核心刚性显现负面影响，如图5-7所示。

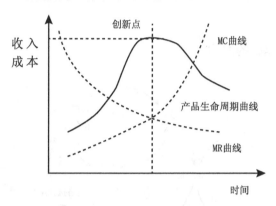

图5-7　基于德鲁克创新观的创新点的选择

由此可见，将创新点确定为每一个成长周期的最高点是在不破坏利润最大化原则的基础上发展家族企业动态能力的唯一选择，因为唯有该点才能保证图5-6增强环路（2）中出现成本上升为零、对市场绩效的负面影响为零，进而对企业成长的影响为零的情况，或者说唯有在该点才能彻底破解增强环路（2）对企业动态能力发展带来的负面影响。

5.4.4 现有认识的局限性

但是上述对创新点的分析只是一种理论上的探讨，因为德鲁克所说的创新点是指企业推出创新行动的实际时点。从实践的角度看，家族企业创新活动的推出不是一个具体的时点问题，而是一个包含着"发现创新需求"→"组织科研开发"→"研发成功"→"科研成果的市场化"等一系列复杂环节的不确定过程。因此，如何确定创新活动的提前期实际上是一个很难解决的一个问题。这也是实践中过程悖论难以有效破解的主要原因。

对案例企业的分析（见第9章）发现：实时信息评估机制是企业准确识别战略调整时点，及时破解过程悖论的关键。

| 6 |

家族企业动态能力生成的内在机理

本章在前述分析框架的基础上，深入探讨家族动态能力生成的内在机理。

6.1 核心刚性及相关概念

动态能力理论是为了解决核心能力发展中的核心刚性问题而提出和发展起来的，动态能力的生成过程同时也是核心刚性的克服过程，因此研究动态能力的生成机理需要深刻认识核心刚性的内涵。

6.1.1 核心刚性的提出

自 Prahalad & Hamel（1990）提出"核心能力"这一概念以来，核心能力理论便成为产业界与学术界关注的焦点。然而，这一理论却不能解释以下事实：企业财富排行榜每隔一段时间，就会发生很大变化。许多历史上非常辉煌的企业却很快从明星变成流星，一个个先后中途夭折，从雷曼兄弟、北电网络、郎讯、安然、世通、到德隆、三九、三鹿……核心能力的概念曾经在这些企业内部得到过强化，他们历史上都曾经盛极一时，然而在无情的市场变代面前，企业辛苦构建起来的核心能力"大厦"却在旦夕间轰然倒塌。为什么这些曾经令人难以想象的巨人企业却是如此不堪一击呢？单纯从企业生命周期和产业兴衰的角度很难对这一现象给出令人信服的解释，关键问题在于核心能力并不是企业经营的万能"钥匙"，需要更深入地探讨核心能力衰败甚至丧失的根本原因。

1992 年美国学者多萝西・伦纳德・巴顿（Leonard Barton, D.）提出了核心刚性的概念，揭示了企业核心能力发展中存在的一个"悖论"，即由于核心能力具有相对稳定的特征，企业在利用核心能力取得竞争优势时也会由于核心能力的长期积累而产生一种难以适应变化的核心刚性。

6.1.2 核心刚性的含义

什么核心刚性？Barton（2000）从知识的角度将其界定为"目标的过于强调"，并且指出核心能力刚性具有四个特征：一是对以往经验的盲目迷信；二是企业内部限制创新；三是限制未来进行创新性的试验；四是从企业外部吸收的新知识被滤除。青木昌彦（2000）则认为，核心刚性的实质在于对企业内部风俗、习惯或惯例的过分遵循。这些风俗、习惯或惯例（包括领导者与普通员工的行为），是企业内部最难改变的，束缚着员工的心智模式和整个组织的行为模式。阻碍了企业核心能力的更新与重建，使企业不能适应外界环境的变化而衰退甚至失败。

我国学者刘海建等（2003）归纳了企业核心刚性的特征：一是主要表现为隐性知识形式，即核心能力刚性以隐性形式为主，主要表现为企业内部的组织惯例。二是各因素间相互关联。这一特征说明要克服核心刚性必须从企业各个方面的内在联系着手，增加了难度。三是自身具有自我强化性质。即核心能力刚性是内生的，是在企业核心能力形成的基础上不断自我强化的结果，企业家以往的决策习惯、企业的文化与价值观、组织结构、战略都对核心能力刚性具有强化作用。陈晓东与陈传明（2005）也在论文中指出：核心能力刚性是企业在培育核心能力的长期实践中，以特定方式、沿特定轨迹逐步积累起来的，具有极强的稳定性，而且一旦形成，便具有自我强化机制。邹国庆与徐庆仑（2005）从核心能力构成维度的双重潜在性出发，指出核心能力同时也可能是核心刚性，进而以技术、文化、制度、管理为构成维度分析了核心能力的刚性特征。殷华方（2006）从核心能力的来源出发，认为核心能力刚性存在着战略调整刚性、管理程序和惯例刚性、组织结构刚性、企业文化刚性四个维度。

核心刚性本质是一种路径依赖现象（刘海建等，2003），其影响因素是多方面的。Barton（2000）认为，核心刚性包括四个相互关联的维度：物理系统、管理系统、技术/知识、文化或价值观。我国学者陈传明（2002）认为，核心刚性受企业家行为、企业文化、组织结构等具有明显路径依赖特征因素的影响。陈松涛和陈传明（2004）从企业的资产子系统、技术子系统、组织子系统、人力资源子系统、战略子系统五个方面深入分析了企业核心能力刚性的表现，并在此基础上设计了核心能力刚性的评价指标体系。陈传明等将组织刚性的影响因素归纳为：纵向权力分配、横向权力分配、文化、激励、制度和规则、人力资源。

基于上述分析，核心刚性是指当企业的核心能力与内外环境不相适应时，核心能力所表现出来的很难改变的路径依赖特征，是核心能力转化为企业持续竞争优势的主要阻碍力量。核心刚性在企业中有多种表现形式，包括主导逻辑、资源刚性、技术刚性、结构刚性、文化刚性等。

6.1.3 刚性、惯性与惰性辨析

除了刚性之外，也有一些学者从不同的角度提出了类似的观点，目前用得较多的术语包括惰性和惯性。例如，Hannan & Freeman（1977）在论文中使用了"结构惯性"的概念，并将其定义为组织保持现存结构状态不变的特性，认为组织对环境变化的回应速度跟不上环境变化就是因为这种无法任意改变的维持旧有形态的结构惯性在组织结构中的存在。Hodgkinson（1997）提出了组织的"认知惰性"的问题，指出创业者一旦借助于某一战略取得成功，就可能对曾使企业在市场上取得竞争优势的思维模式产生依赖，从而对市场环境中发生的、尚未变得明显和普遍的变化失去敏感，进而失去适应变化的能力。Sull（1999）进一步使用了"行动惯性"的概念描述组织面对周围环境的巨大变化时仍按照已确立的行为方式行事的倾向。

由于刚性、惯性和惰性都突出强调了"不易改变"这一本质特征，因而三者具有很大的共性。这也是导致现有研究中对刚性、惯性和惰性三个概念多未加以严格区分、互换使用的主要原因。然而事实上，刚性、惯性和惰性三个概念虽然意义相近，但仔细分析还是存在相当大的差异的。

从字面意思分析，"刚性"和"惯性"是从物理学中引申而来的一个概念。其中"刚性"是指物理学中材料的一种力学性能，描述在外界环境不变的条件下，物体不易被改变的程度；"惯性"则更注重事物的物理运动属性，强调其在不受到外力作用时的一种客观结果（即保持自身原有的运动状态或静止状态），以及在受到外力作用后发生改变的必然性和客观规律（白景坤 2007）。惰性是从化学中引申而来的一个概念，它注重事物的化学属性，强调事物对外力作用的敏感性，其侧重点是指外力的作用不能引起事物的本质属性发生改变。组织惰性主要指既定的组织形式因习惯于原有的运作方式而对组织为适应变化了的环境而进行的变革的排斥[①]。

从影响程度来看，"刚性→惯性→惰性"具有逐层深化的关系。其中刚性是惯性形成的基础，惯性又是惰性的前提。因为刚性是指在外界环境不变的条件下，物体保持不变的特性，这一特性的存在，导致组织在不受外力作用的情况下产生

---

① 这种排斥是由"组织"这一事物的固有特点——人的思维和行为的不易改变性决定的。

沿着既定方向运动的一般趋势。惯性作用的发挥有利于组织在既定环境下有效达到目标所期望的结果，但惯性在带来高效率和成功的同时，也导致组织成员原有的组织运作方式产生了依赖心理、对变革产生排斥，从而使组织越来越不能适应环境的变化。

6.2 战略期间分析：快速战略调整能力的形成

6.2.1 快速战略调整能力的概念内涵

调整一词的字面意思是指改变原有的情况，使其适应客观环境和要求，发挥更大的作用。战略调整是调整一词在企业战略管理中的应用，意指企业根据内外部情况的变化，及时调整先前制定的经营策略，以动态适应客观环境的变化和要求，不断赢得竞争优势。根据改变程度的大小一般包括两层含义：一是在原有战略框架内的局部性、细微性调整，二是打破原有模式尤其是改变原有战略目标所进行的全局性、根本性调整。

面对日益动荡的外部环境，家族企业战略调整时机的选择和对待战略调整的态度发生了巨大的变化：以前企业的战略调整多发生在企业出现危机或遇到困难之时，是为了解决企业一时之困而被逼无奈采取的行动；现在的战略调整多出现在企业对未来局势做出一种科学的判断或预测之时，更多的是为了实现企业与战略之间的动态匹配、利用目前的机会创造持续的竞争优势而采取的主动应对。主动的、动态性、持续性的战略调整是家族企业组织即兴能力（动态能力）的重要表现形式。

现有文献中一些概念与战略调整非常相近，包括战略变革、战略转换、战略转移、战略更新等。这些概念虽然语言表述不同，但是都是企业为应对内外部环境中的变化而对以前的经营策略进行的改变，都是从一种战略状态或模式向另一种战略状态或模式转移的过程，因而没有本质的区别，本书将它们统称为战略调整。

广义上讲，家族企业战略调整的内容涉及战略和组织两个方面。战略方面主要是指战略思想和战略方案的改变，具体包括愿景、定位、项目和产品等细微或根本性的变化。组织方面主要是指战略运营或战略执行过程的改变，具体包括资源、技术和结构等方面的相应调整。本书主要从狭义上探讨家族企业快速战略调整能力的形成过程，即重点分析其战略思想和战略方案的转变。

基于上述分析，本书认为家族企业快速战略调整能力是指企业根据内外部环境的变化，及时调整和改变先前制定的企业战略的能力。它以及时性、有效性为主要特征，是企业时刻把握市场脉搏，动态调整经营策略，在竞争中立于不败之地的关键，也是家族企业组织即兴能力（动态能力）的重要表现形式。

6.2.2 快速战略调整能力的形成过程

一些研究者分析了战略调整的影响因素，如刘海建（2005）将战略调整的影响因素概括为企业最初的战略、组织与治理结构、外界环境和企业的绩效等几个方面。但是这些研究本质上仍然是一种静态研究，不能反映企业组织在处理与外界环境的关系时的持续方式。本书关注的中心在于家族企业的战略调整是如何发生的，研究的重点是管理者在战略调整中所起的作用。

从这一视角来看，家族企业快速战略调整能力的形成过程是一个由"实时信息沟通——▶主导逻辑突破——▶战略调整能力——▶实时信息沟通"构成的具有增强环路特征因果关系链条。在这一系统环路中，实时信息沟通是逻辑分析的起点，主导逻辑突破是快速战略调整能力的核心，也是系统运行的关键。

6.2.2.1 实时信息沟通：逻辑分析的起点

由于信息沟通在人类行为活动中具有重要作用，有关信息沟通的研究很早就引起了社会学家、心理学家、经济学家和管理学家的关注。他们从不同的研究视角对沟通做出了解释：例如社会学家桑德拉·黑贝尔斯（Saundra. Hybels）将其定义为分享信息、思想和情感的任何过程；基蒂·洛克（Kitty O. Locker）认为沟通是同周围环境进行信息交换的一个多元化过程。社会心理学卡茨（Danil Katz）和卡恩（Robert Kahn）认为，信息沟通就是交流信息情况和传达意图，是一个社会系统或组织的重要组成部分。赫伯特·西蒙（Herbent Simon）从经济学的角度指出信息沟通是指一个组织成员向另一个组织成员传递决策前提的过程。从管理学的角度的其解释主要有：哈罗德·孔茨（Harold Koontz）将其理解为信息从发送者转移到接收者那里，并使后者理解该项信息的含义；斯蒂夫·罗宾斯（Stever Robbins）把它看作是意义的传递和理解。

尽管人们对什么是信息沟通还没有一个统一的认识，但现代社会中人们越来越认识到有效信息沟通的必要性。社会系统学派代表人巴纳德（Chester Irving Barnard）认为，在任何一种彻底的组织理论中沟通都占有中心的地位，卡茨和卡恩认为沟通是组织的本质。

实时的信息沟通是企业管理层准确把握外部环境的变化，及时完成主导逻辑转变的前提和基础。对于家族企业的战略调整能力而言，实时的信息沟通至少在两个方面起着重要作用：从企业与外部环境的关系来看，信息沟通可提供充分而确实的材料，是正确决策的前提和基础；从企业内部的角度来看，信息沟通是组织成员统一思想和行动的工具。由此可见，信息沟通的作用在于使家族企业组织内的每一个成员都能够做到在适当的时候，将适当的信息，用适当的方法，传给适当的人，从而形成一个健全的、迅速的、有效的信息传递系统，以有利于组织目标的实现。

6.2.2.2 主导逻辑突破：战略调整的核心

主导逻辑是由先验图式（Schemas）理论发展而来的。图式（Schemas）概念最初是由康德（Kant）提出的，在其认识学说中占有重要的地位。康德（Kant）把图式看作是"潜藏在人类心灵深处的"一种技术，一种技巧，属于先验的范畴。当代学习理论奠基人、瑞士认识和心理学家皮亚杰（Jean Piaget）发展了这一概念，并将其作为认知发展理论的核心概念。在皮亚杰认知发展理论中，图式是包括动作结构和运算结构在内的、从经验到概念的中介，是主体内部的一种动态的、可变的认知结构；是一个有组织、可重复的行为模式或心理结构；一个人的全部图式组成一个人的认知结构。

Prahalad & Bettis 将先验图式概念引入战略理论提出了主导逻辑的概念，用以解释公司多元化与绩效之间的关系。他们认为主导逻辑是管理人员将他们的企业经营进行概念化的方法，以及企业主要资源的分配决策；是公司对某种产业总的看法（世界观）及公司在该产业中为达到公司目标而进行决策的管理工具的集合（Prahalad & Bettis，1986）。后来，二人又在 1995 年的论文中进一步扩展和论述了主导逻辑，指出：第一，主导逻辑就是一个信息过滤器，决定着什么样的信息被排除在公司决策之外，什么样的信息被过滤出来用于公司的战略及经营之中；第二，主导逻辑属于决定战略成败的基因层次的、最深层的、最根本的要素；第三，对过去的记忆往往会阻碍新的学习过程，所以在进行新的战略学习之前，必须遗忘旧的主导逻辑（Bettis & Prahalad，1995）。我国学者王毅（2001）指出，主导逻辑是企业高层管理者共有的一种认知模式。项保华等（2002）将主导逻辑视为公司据以认识、评估环境的工具。李乾文（2006）认为主导逻辑是企业组织级的变量，它反映了为组织成员所共享的模式、思想，或者更一般的认知结构。陈立新与张玉利（2008）认为，管理者从对现有业务的管理经验中提炼了一套共享的业务理念和管理知识，即所谓的"主导逻辑"。

主导逻辑本质上是一种认知刚性，其形成的原因主要包括以下几个方面：

第一，企业家有限理性。企业家是主导逻辑的主体，然而人们越来越认识到作为个体的企业家具有明显的有限理性特征。美国管理学家赫伯特·西蒙

（Herbert A.Simon）在研究企业决策行为时提出了"有限理性人"理论和"满意"决策原则。西蒙（1989）认为，传统经济学的"经济理性人"假设是不成立的；企业家认识的有限理性特征使其在进行决策时，既无法搜集到所有的可能方案，也无法实现最优化决策，或者即使能够找到最优方案，也必须付出太大的代价。基于对人的有限理性的认识，美国学者詹姆斯·马奇（James G. March）在《决策是如何产生的》一书中指出，决策者在搜寻新的方案时，通常倾向于在原有方案的"附近"进行"边际搜寻"，形成认知刚性。

第二，路径依赖。企业家作为市场机会的发现者和企业战略决策的制定者，在很大程度上决定着企业的兴衰存亡。在企业成长的历程中，一开始，企业家会不断探寻各种方法和途径，然而由于路径依赖效应的存在，一旦某种核心能力形成并占主导地位，就会产生强烈的动机把这种方法固定下来。以后每当面对新环境时，组织就会很自然地固守过去成功的一套东西，即倾向于选择与核心能力相关的、过去熟悉的经验、技巧和方法，而不愿再去探索创新。久而久之就产生了认知刚性。

第三，风险厌恶性。2002年诺贝尔经济学奖获得者卡尼曼（Daniel.Kahneman）把心理学方法运用于现代经济学研究提出了"行为经济学预期理论"。卡尼曼预期理论的核心理念是揭示了人们的"损失厌恶"性，认为人们对于自身福利水平的减少比增加更加敏感（即人们更为重视失去的东西而不是得到的东西）。根据这一思想：对企业而言，开发新的核心能力需要重新配置资源，并且意味着未来收益的损失或不确定及之前核心能力投资可能变成沉没成本。因此出于风险和损失厌恶的动机，企业家将偏好于选择和培育自己更为熟悉、收益较有保障的原有核心能力，即形成认知刚性。这是导致作为认知刚性的主导逻辑形成的第三个原因。

此外，还有研究者从对决策者行为动机的分析着手，认为为了维护个人的信誉，也为了形成对之前决策的承诺，决策者通常会对企业原有核心能力继续追加投资，形成认知刚性。

综上所述，主导逻辑具有显著的刚性特征。主导逻辑刚性的存在使得其对家族企业造成双重影响：其主要的积极作用在于为解决企业核心业务领域的一般问题提供了可行的办法。储存在组织记忆中的主导逻辑一旦形成，就为企业核心业务的开展提供了稳定持续的支撑。企业的行为不再是相机选择，而是沿着某个特定的方向行进，即遇到问题的时候，它会自动地从其记忆中取回原来的方法与当前问题匹配并加以解决。然而，在产生效率的同时，主导逻辑的负面影响更不容忽视，主要表现为：它会阻碍组织的创造性思维、对新的知识和信息的选择和吸收，进而通过文化系统、结构系统、技术系统及战略系统等使企业难以感知、识别和利用潜在的有利机会，导致组织对不确定性环境变化的反应能力下降，最终由于核心能力僵化而使得企业的成长受限甚至走向衰落。

要使家族企业克服主导逻辑刚性的负面影响，需要两方面的动力因素：一是通过有效的信息沟通机制，使管理者准确把握环境中的机会和挑战，增强外部压力；二是通过培育企业家精神，提升管理层突破主导逻辑的能力和愿望，增强内部动力。

6.2.2.3 战略调整：主导逻辑突破的结果

然而由于路径依赖作用的存在，实践中家族企业的战略往往也具有很强的"刚性"特征，我们称之为"战略刚性"。这里提出的"战略刚性"是指家族企业的现行战略对后续战略选择存在的影响作用。由于"刚性"这一概念本身具有不易改变的特征，家族企业顺着现有战略进行战略决策必然不能突破内外环境因素的限制，实现有效的后续战略变革。

战略调整是企业经营发展过程中对过去选择的、目前正在实施的战略方向或线路的改变，是家族企业与动态变动的外部竞争态势、技术和社会环境保持一致性的重要手段。是主导逻辑改变的结果。

6.3 运营期间分析：快速战略执行能力的形成

6.3.1 快速战略执行能力的概念内涵

随着管理实践的发展，战略执行被越来越多的管理者所关注。战略执行是一个受许多相互关联的内外部因素影响的、动态的、反复的、复杂的过程。学者们尝试从多种不同的角度对这一概念做出界定，有的强调高管的地位（Schaap，2006），有的强调外部环境（Lehner，2004；Harrington，2006）。一般认为战略执行是通过有效组织和精心管理，将战略目标付诸实践的过程。在动态多变的环境下，快速有效的战略执行能力是家族企业组织即兴（动态能力）的重要表现形式。

6.3.2 快速战略执行能力的形成过程

杨丽和孙国辉（2009）通过对60篇文献的回顾，将战略执行的研究分为两种类型：第一类强调了单个因素对战略执行的重要性，第二类强调了多个因素如何相互影响构成战略执行的"宏图"。其中影响战略执行的单个因素有九个，主要包括：软性因素或人本因素（包括执行者、沟通、执行策略、共识及承诺），硬性或制度性因素（包括组织结构、管理系统），以及兼具软性和硬性因素特征的混合因素（战略制定、不同组织层面及战略层次间的关系）。影响战略执行的多重因素的研究基本以两种不同的方式展开：一是简单地将各因素分类；二是在一个框架或模型中统筹了多重因素，不仅对执行变量进行了归类，还按时间关系或变量之间的因果关系进行建构。

上述文献研究表明，现有研究中多数属于静态研究，不能反映企业的战略执行过程是如何发生的，本书关注的中心是家族企业的战略执行能力是如何形成的，研究的重点是管理者在战略执行中所起的作用。

从这一视角来看，家族企业快速战略执行能力的形成过程是一个由"资源柔性——→技术柔性——→结构柔性——→战略执行能力——→资源柔性"构成的具有增强环路特征因果关系链条。在这一系统环路中，资源柔性受环境动态性和战略调整的影响，是逻辑分析的起点，也是快速执行能力的来源；技术柔性是快速执行能力的核心；结构柔性是技术向价值转化的关键。

6.3.2.1 资源柔性：快速执行能力的来源

虽然企业"资源"和"能力"之间存在密切的互动关系，但是资源不同于能力，二者是两个不同层面的概念。

根据企业资源能力理论，企业是资源和能力的集合体，其中资源是企业的物质基础和运作条件基础，是企业能力的载体，也是企业获得可持续竞争优势的前提。促进企业能力的成长，首先必须获得优质资源。资源在数量和质量方面的不足将直接影响能力形成和演进。以下具体分析和区分一下资源和能力的内涵。

资源观的提出者 Wernerfelt（1984）从资源形态的角度出发将其定义为"企业现在但非永久拥有的有形和无形的资产"。Amit & Schoemake（1991）从存量和流量的角度出发，认为资源是"企业拥有或控制的可利用因素的存量"，并且指出并非所有资源都可以成为企业竞争优势的源泉。而在资源能力理论的另一个代表人物 Barney（1991）的框架里，资源是指：企业控制的能够构建和实施战略以提高效率和效力的所有资产、能力、组织过程、企业属性、信息和知识等，包括物质性资源、人力资源和组织资源。知识观是自传统资源观理论衍生而来的一个新兴学派。该理论认为，企业是具有异质性的知识的集合体，其竞争优势源于对知识的创造、存储和应用（Kogut & Zander，1992；Spender & Grant，1996；Conner &prahalad，1999）。在所有类型的资源中，知识是最具战略价值的核心资源，在企业形成核心能力和获取企业竞争优势的过程中具有重要地位。

而根据知识观代表人物之一 Grant（1991）的观点，企业能力是指企业获取和利用其资源用于执行任务和经营以获得竞争力的能力。我国学者王核成（2001）将企业能力定义为"协调资源并将其发挥作用的技能"，主要体现于企业范围内个人之间相互作用、相互配合和做出决策的方式上，主要包括创新能力、整合能力、学习能力、经营能力等。张钢（2001）认为，企业能力是指以整合的方式，通过组织活动过程来配置资源以实现预期目标的活动。李忠辉（2002）认为，企业能力是指企业生存过程中积累起来的"经验、知识和技能"。

由此可见，能力是在对资源进行整合、协调、运作的过程中产生的，资源本身并不能产生竞争优势，只有运作资源的能力才能为企业带来竞争优势。优势资源是企业获取竞争优势的必要而非充分条件。这也是造成现实中一些企业虽然拥有丰裕的资金、充足的人才、一流的技术和设备，却业绩不佳的主要原因。

基于上述研究基础，本书认为，资源柔性是家族企业快速运营能力形成的基础，并借鉴刘光岭（2004）的研究成果，认为企业资源禀赋具有三层涵义：一是指任何企业在创立和营运过程中具备的一般自然资源、人力资源和资本资源，主要包括货币资本、土地、厂房、机器设备、原材料、劳动力、管理和技术等，这是形成企业运营能力的基础条件。二是指企业在创立和运营过程中，在"有缺陷"和"不完全"的要素市场中获取的、具有一定差别优势的资源条件。这类资源在特定行业和特定时期，可以形成企业的特殊竞争能力及竞争优势。但从长期来看，随着市场开放性和统一性的提高，则会逐渐淡化，蜕变为形成企业快速运营能力和竞争优势的一般资源条件。三是指企业在长期生产经营过程中形成的难以模仿和难以替代的独特的资源条件。主要指企业文化、潜在知识、组织程序及专利技术、管理经验等一些无形资产。这类资源由于具有稀缺性、独特性、持久性、专用性、不可模仿性、不可交易性、无形性、难以替代性等特征，往往成为形成企业快速运营能力和竞争优势的直接基础。

6.3.2.2 技术柔性：快速执行能力的核心

家族企业成长的历程中面临着各种各样的市场机会，技术能力是决定其能否抓住这些市场机会、获得竞争优势的必要条件，是家族企业快速运营能力形成的核心。

核心能力的提出者普拉哈拉德和哈默于在《公司的核心能力》一文中将核心能力定义为"企业组织中的累积性常识，特别是关于协调不同生产技能和有机结构多种技术流的学识"（Prahalad & Hamel，1990）。哈默还做了一个形象的比喻：将多元化公司比作一棵大树，其中树干和主枝是核心产品，较细的枝条是业务单元，位于末端的树叶、花朵和果实是最终产品，而提供养分、维系生命、稳固树身的树根则是企业的核心（技术）能力。这一比喻意味着企业的运营是存在于技术能力这一平台之上的。

在家族企业所有类型的资源中，知识是最具战略价值的核心资源。而技术与资源（尤其是知识资源）具有天然的紧密联系：一方面，资源尤其是知识资源是技术产生和发展的基础；另一方面，在一定程度上技术是以知识资源作为其表现形式的。因此，在本书的分析框架中，家族企业快速运营能力的形成涉及企业的资源柔性、技术柔性、结构柔性等因素和环节。在这些影响因素中，技术是企业快速运营能力的核心，而资源既是快速运营能力的来源也是技术能力的基础。

家族企业的技术是按一定的路径深入开发和积淀而成的，其发展过程具有很强的路径依赖性。在相对稳定的环境下，由于正反馈机制的存在，家族企业技术的积累和提升可以以"一环紧扣一环"的形式、沿着"自我强化"的良性循环轨迹不断发展和强化，最终形成了一定的技术范式，技术范式的形成有利于创造用户价值和降低产品成本，从而为企业带来竞争优势。然而在动态环境下，新企业的出现可能带来技术范式的跳跃式发展。一种新技术范式的出现将对已有的技术和能力形成威胁。由于对家族企业而言创建新技术可能意味着要放弃原有创造利润的市场与客户，放弃原有的曾经非常先进的设备，放弃原有的曾经非常有效的知识与技能，放弃现有的已经形成的固定资产的价值（邹国庆和徐庆仑，2005），所以家族企业在原有资产上进行投资而形成的沉淀成本将严重阻碍企业的技术更新。

柯达公司的兴衰为我们提供了一个经典的案例。1964 年，始创于 1880 年的美国伊士曼柯达公司成功研制出一种操作简便、易于携带的"立即自动相机"，取名"柯达（Kodak）"。柯达相机的上市为公司带来了巨大的成功。1966 年该公司在美国《财富》杂志发布的全球企业排行榜中位居第 34 位，纯利润居第 10 位，当时位于感光界第二的爱克发公司销量仅及它的 1/6。1990 和 1996 年在品牌顾问公司排名的全球十大品牌中位居第 4 位，是感光界当之无愧的霸主。然而现有市场的技术机会在为企业带来核心能力的同时也强化了限制企业成长的核心刚性。当数字影像技术悄然来临的时候，柯达并没有意识到这一切对它意味着什么。结果可想而知，当拍照从"胶卷时代"大踏步进入"数字时代"，昔日影像王国的辉煌随着胶卷的失宠，一夜间灰飞烟灭，柯达也不得不无可奈何地从胶卷王国的位置上退下[①]。

---

① 参考了：融资通网/国外经典例，http://www.rztong.com.cn/newshtml/2008527/ns18742.shtml.
2008-5-27.

增强家族企业的技术柔性需要来自于企业内部和外部的动力机制，以不断突破这些障碍。

6.3.2.3 结构柔性：技术向价值转化的关键

从系统论的角度来看，家族企业是一个系统。这一系统本身既是比它自身更大的社会经济系统的子系统，也是比它更小的企业内部子系统的母系统。家族企业系统的良性运作建立在其内部各个子系统之间良好协作的基础上。而企业内部各个有机组成要素相互作用的联系方式或形式就是家族企业的组织结构。

运营能力是家族企业能力的一个特定组合系统，其中技术能力固然重要，但是技术本身并不是生产力，拥有技术只是使家族企业具备了提高生产力的潜力，要将这种潜在的生产力转化为现实的生产力需要借助于组织结构这一媒介。组织结构属于制度层面，组织结构的改善是促使技术向价值转化的关键。二者具有紧密的协同互动关系。Barton（1988）通过研究发现，企业的技术过程与组织变革过程之间存在着交互作用。我国学者郭斌（1998）和刘潇华（2003）也在研究中论证了技术因素和组织因素之间具有较强的交互作用。

对家族企业而言，一方面，技术本身是没有价值，技术的价值体现于组织的发展中，只有扎根组织之中，支撑组织成长，技术才能转化为价值。也就是说，技术的价值大小和重要与否主要取决于组织与管理流程，相同的技术在不同的组织中可以体现出不同价值。更深入地说，技术的作用主要在于为组织提高效率和效益提供了潜在的可能性，组织与管理流程的作用在于使企业采用适当的方式和方法具体地实现其效率和效益。也就是说技术能力只有通过适当的组织与管理流程才能转化为家族企业的竞争优势，最终实现其价值。

另一方面，家族企业的成长需要其内部的战略、组织结构、人员、文化和业务流程等各个子系统之间的协调一致，这种一致性有利于企业保持高效率的运作。但是在家族企业的发展历程中，伴随着企业的成长和成熟，企业内部工作变得日益复杂，继续保持一致性所需要的结构、流程和系统也随之变得复杂。这些结构与系统交织和缠结在一起，使得企业为适应环境而进行的调整变得更为复杂和困难，称为结构刚性。动态环境下，组织结构刚性的存在很容易导致家族企业运营能力下降。增强结构柔性意味着需要不断打破结构刚性，需要来自于企业内部和外部的动力机制。

6.3.2.4 战略执行：运营过程的效率体现

战略执行能力是家族企业运行过程中运营效率的主要体现。资源柔性、技术柔性和结构柔性共同促进了家族企业战略的快速有效执行，而快速战略执行能力的形成又进一步推动了下一轮运营过程中资源柔性的提高。

综上所述，在家族企业的运营过程中形成了一个由"资源柔性———➤技术柔性———➤结构柔性———➤战略执行能力———➤资源柔性"构成的具有增强环路特征因果关系链条。

6.4 企业家精神激活系统要素的内在机理

自熊彼特在其著名的创新理论中提出"创新的主动力来自于企业家精神，企业家精神的本质就是创新"的思想以来，对企业家精神内涵与维度的研究呈现出不断扩大的趋势，先后把风险性、先动性、自主性、进取性、合作性、学习性等都纳入其范畴，导致对这一概念至今尚未形成统一的界定。目前对于企业家精神的研究分布于企业家个体、组织和社会三个不同的层面（时鹏程和许磊，2006）。个体层面的企业家精神是企业家个体在经营管理企业的特殊环境中形成的，体现其职业特点的价值观念、思维方式和心理状态。组织层面的企业家精神是个体层面企业家精神在组织中的扩散，是一种弥漫于公司上下的价值取向和战略导向。社会层面的企业家精神是企业家精神在社会层面的传播和扩散，是在长期的个体、组织与社会互动中形成的，社会成员共有的综合性精神品质和意志。本书从以上三个层面深入探讨企业家精神对系统要素的激活机理。

6.4.1 企业家精神与实时信息沟通

随着企业的成长，规模的扩大和组织结构的复杂化使得信息沟通变得越来越困难。要适应动态环境的变化，家族企业首先需要构建完善的实时信息沟通机制，因此实时的信息沟通是战略期间快速战略调整能力形成的起点。

组织的信息沟通机制包括两部分：组织与环境之间的信息沟通及组织内部的信息沟通。一方面，"即时获取信息"为快速战略调整提供了前提条件。为使企业能够根据环境变化快速进行战略调整，家族企业必须能够及时地察觉正在发生甚至正在酝酿的环境变化，这就需要设计和建立有效的信息搜寻机制，以便即时获取有效信息。另一方面，流畅的信息沟通则为家族企业避免组织成员信息感知的不连续或是偏差、协调组织内部的应变反应、提高应对效率提供了一个整合机制。

市场导向是企业为应对动荡激烈的竞争环境形成的一种发展趋势。目前这一概念有两种界定的视角：一是行为视角，Kohli & Jaworski（1990）认为市场导向是三种活动的集合：组织范围内与现有和将来消费者需要相关的市场情报的产生；这种情报在部门间的传播与扩散；以及组织层面上对市场情报的反应。二是文化视角，如 Narver & Slater（1990）将其定义为一种能最有效地诱发创造顾客价值所必需行动的组织文化。市场导向的行为导向层面使得它的确立有利于企业信息搜寻机制和信息沟通机制的建立和完善，因而有利于家族企业实现实时信息沟通，克服企业信息沟通的困难。市场导向是企业家精神内涵的重要构成部分，个体和组织层面企业家精神的增强有利于市场导向在家族企业上下的形成。

综上所述，企业家精神激活实时信息沟通机制的内在机理如图 6-1 所示。

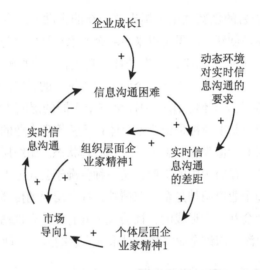

图6-1　企业家精神激活实时信息沟通机制的内在机理

6.4.2 企业家精神与主导逻辑突破

战略调整的本质是主导逻辑的突破。主导逻辑是管理者从对现有业务的管理经验中提炼出的一套共享的业务理念和管理知识（陈立新和张玉利，2008），是存在于管理者头脑中的强势逻辑。在家族企业的运营中，企业在前一阶段的成长或成功经验很容易通过惯例化程序转化为主导逻辑。储存在组织记忆中的主导逻辑一旦形成，企业便会在遇到问题的时候，自动地从其记忆中取回原来的方法与当前问题匹配并加以解决。静态环境下，这为家族企业核心业务的开展提供了稳定持续的支撑。动态环境下，则会导致组织对不确定性环境变化的反应能力下降。要适应动态环境对主导逻辑动态化的要求，家族企业需要树立危机意识和形成抛弃政策。

在管理实践中，危机意识被认为是企业家战略思考力的起源，抛弃政策则被视为使企业避免"昨天的成功导致明天的失败"的不二法门。著名管理大师德鲁克在辞世前最后一次访谈中指出：企业最常掉进的陷阱，就是无法系统化地抛弃掉不合时宜的、过时的做法，特别是所有那些看起来充满睿智，但却没有用的"伟大创新"。最成功的企业组织（企业或非营利组织）都会有一套系统化的"抛弃程序"。危机意识和抛弃政策是企业家精神的重要内涵，个体层面的企业家精神增强有利于提高家族企业管理层的危机意识并促进抛弃政策的实施，进而有利于企业根据环境的变化不断突破主导逻辑，形成快速的战略调整能力。

综上所述，企业家精神激活主导逻辑突破机制的内在机理如图6-2所示。

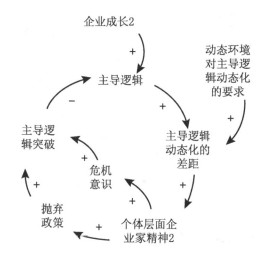

图6-2　企业家精神激活主导逻辑突破的内在机理

6.4.3 企业家精神与资源柔性

这里的资源是指快速战略执行所需的支持性资源，包括物资资源、认知资源、情感资源和社交资源。资源是战略执行的基础。由于资源的形成和发展具有路径依赖特征，随着家族企业的成长其资源刚性日益显露。资源的刚性会限制组织成员将创新的战略思想转化成实践，相反，柔性的资源则大大减少了组织成员行动上的约束，因而有利于家族企业增强战略的快速执行能力。因此，资源柔性是战略运营期间快速战略执行能力形成的起点。

要适应动态环境的变化，家族企业需要增强资源柔性。资源柔性主要由资源适用范围、资源转换用途的可能性和资源转换用途所需的时间所决定（陶厚永等，

2009）。市场导向的文化面使得它的确立有利于资源柔性的形成。而市场导向是企业家精神的重要内涵，个体和组织层面企业家精神的增强有利于在家族企业上下形成强烈的市场导向，进而形成快速战略执行能力的触发机制。

综上所述，企业家精神激活资源柔性的内在机理如图6-3所示。

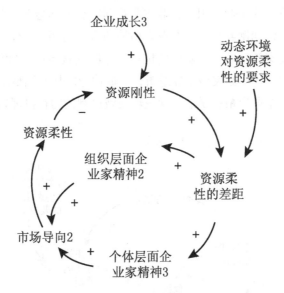

图6-3　企业家精神激活资源柔性的内在机理

6.4.4 企业家精神与技术柔性

家族企业技术的形成通常是以"一环紧扣一环"的形式、沿着"自我强化"的良性循环轨迹不断发展和强化的，称为技术刚性。技术的刚性会限制组织成员将创新的战略思想转化成实践，相反，柔性的技术则有利于快速的执行。

家族企业技术刚性的形成主要有两方面的原因：一是随着企业的成长，组织内部越来越缺少技术创新的意愿和能力；二是现有市场中存在的技术机会为企业提供了现实的获利空间，也缓解了生存的压力和技术开发的紧迫性。要适应动态环境的变化，增强技术柔性，需要破除来自企业内外两方面的阻力。

企业家精神是解决这一问题的根本动力来源。一方面，提高个体和组织层面的企业家精神，有利于在家族企业内部形成允许试错的试验文化，鼓励组织成员勇于尝试并通过实践来提高技术创新能力，增强技术柔性的内动力。另一方面，增强社会层面的企业家精神，有利于推动社会层面的技术进步，从而增强技术刚性的诱致力。

综上所述，企业家精神激活技术柔性的内在机理如图6-4所示。

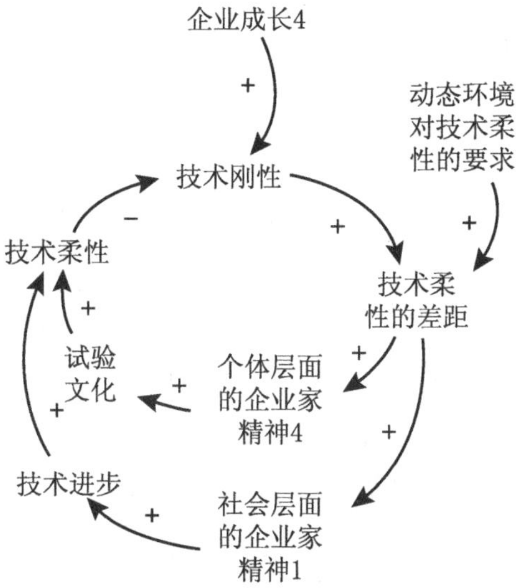

图6-4 企业家精神激活技术柔性的内在机理

6.4.5 企业家精神与结构柔性

美国著名管理学教授斯蒂芬·罗宾斯（Stephen P. Robbins）将组织结构定义为"对工作任务如何进行分工、分组和协调合作"。百度白科给出的定义是：组织结构是表明组织各部分排列顺序、空间位置、聚散状态、联系方式以及各要素之间相互关系的一种模式，是整个管理系统的"框架"。组织结构是企业运行的基本平台，它属于企业的制度层面，本质上是关于企业内部各构成部分或各部分之间如何协调运行的正式制度。

家族企业的成长需要其内部的战略、组织结构、人员、文化和业务流程等各个子系统之间的协调一致，这种一致性有利于企业保持高效率的运作。但是在家族企业的发展历程中，伴随着企业的成长和成熟，企业内部工作变得日益复杂，继续保持一致性所需的结构、流程和系统也随之变得复杂。这些结构与系统交织和缠结在一起，使得企业为适应环境而进行的结构调整变得非常复杂和困难，称为结构刚性。

动态环境下，刚性的组织结构很容易对创新战略思想的实践转化形成限制，进而导致执行能力下降，而柔性结构则有利于增强战略的快速执行能力。因此，家族企业要适应动态环境的变化需要增强结构柔性，根本的解决方法是增强企业家精神。通过增强个体和组织层面的企业家精神，促进企业层面的制度创新，从而增强结构柔性的内动力。通过增强社会层面的企业家精神，推动社会层面的制度创新，从而增强结构柔性的外驱力。

综上所述，企业家精神激活结构柔性的内在机理如图 6-5 所示。

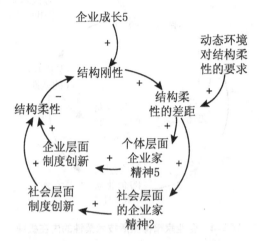

图6-5　企业家精神激活结构柔性的内在机理

| 7 |

基于企业家精神培育的动态能力策略：
来源、扩散与传承

目前在"三期叠加"的影响下，中国经济正经历自改革开放以来最持久深入的增长放缓，进入新常态。与此同时，经过 30 多年的高速发展，中国家族企业正处于从第一代创业者和第二代继任者交接传承的关键时期。在上述双重因素的影响下，转型升级已成为我国家族企业发展的必由之路。

从动态资源基础观角度来看，家族企业转型升级的实现需要企业动态能力的支撑，本研究已通过实证研究方法（见第 8 章）证实了这一观点。另外本书的研究框架认为，企业家精神是家族企业动态能力生成的主要动力机制（这一观点已在第 9 章通过案例研究方法得到检验）。那么如何持续构建这一动力机制，促进家族企业动态能力生成，进而推动家族企业转型升级的实现呢？本章从系统协同的视角对企业家精神的来源、扩散和传承机制进行深入的分析和探讨。

7.1 企业家精神的来源

从系统的角度来看，企业家作为经济社会中的个体要素不是孤立存在的，其创新精神的强弱受到内外部两方面因素的影响：内部影响因素主要是指企业家本人的禀赋和经验；外部影响因素包括企业家本人所面对的直接环境和间接环境两部分，其中直接环境主要是指企业家嵌入的社会关系网络，间接外部环境主要是指企业家嵌入的社会制度和社会文化。如图 7-1 所示，本书从三个方面深入探讨个体层面企业家精神的来源。

内部影响因素　　　直接外部环境　　　间接外部环境

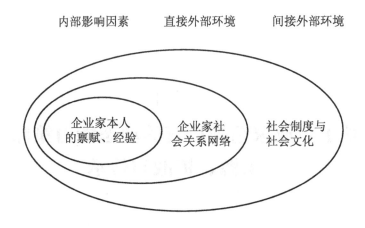

图7-1　个体层面企业家精神的影响因素

7.1.1 企业家本人的禀赋和经验

管理学与经济学的一个重大区别在于，经济学家为了研究的方便简单地把人视为千篇一律的"经济人"，而管理学则基于权变的思想，提出了多元的人性假设：包括"经济人""社会人""自我实现人""复杂人"等。这标志着管理学对人性的认识经历了一个逐渐复杂化和丰富化的过程。

人具有多样性。人格理论是运用心理学方法研究人的多样性的一个重要领域。心理学中有关人格的理论很多，不同理论的出发点和基本假设各不相同，解释的现象也不尽相同，人格特质理论就是其中之一。人格特质是指一个人的反应方式及与他人交往时所表现的持久稳定的行为特点，如害羞、进取、畏缩、忠诚、顺从、懒惰等（叶卫华，2004）。不同的人格特质会影响人对待事物的态度（价值观）。

心理学上，对人格特质的来源有三种不同认识：以卡特尔和H.J.艾森克为代表的特质论者认为，人格特质主要由遗传因素而非环境因素决定；精神分析学创始人弗洛伊德（Freud）承认生物因素的重要性，但更强调成人的人格主要是由早期童年经验决定的；以罗杰斯和马斯洛为代表的人本主义心理学家则认为人格具有发展性，他们强调后天学习对人格的塑造作用，认为人格主要取决于个体所经历的经验，人整个一生的经验对决定其人格都具有重要意义。

这些思想和研究成果为我们理解和认识个体层面企业家精神的来源提供了重要的思路。以创新精神为核心的企业家精神作为企业家本人的价值观念，必然受其个体人格特质的影响。而创新性人格特质首先来源于个人的禀赋及其独特的成长经历和经验。此外，由于后天学习对企业家创新性人格特征具有重要的发展和塑造作用，而企业家学习和经验的积累主要是通过企业家面对的两种环境：直接外部环境（即企业家关系网络）和间接外部环境（即社会制度和文化环境）来完成的，因此企业家关系网络和社会制度与文化环境也是企业家个体创新精神的重要来源。

7.1.2 企业家社会关系网络

社会关系网络是创新主体获取信息、资源、社会支持以便识别与利用机会的社会结构（Aldrich & Zimmer, 1986）。目前对这一问题的研究主要分布于三个层面：以个体为研究主体的微观层面；以组织为研究主体的中观层面；以社区为研究主体的宏观层次。

"嵌入性"是网络理论研究中的一个核心概念。人类学家 Polanyi（1944）在《伟大的转折》一书中首次提出这一概念，认为经济行动属于社会活动的一部分，个人的经济动机嵌入在社会关系中。美国新经济社会学学者 Granovetter《经济行动与社会结构：嵌入性问题》一文的发表，标志着嵌入性理论的正式提出。Granovetter（1985）将嵌入性定义为：具体的个人间的联系及催生信任、防范社会不法行为的结构（或网络），认为具体的社会成员（个人或厂商）及其行为是嵌入他们所处的当前的社会（人际）关系和网络之中的，受到行为者之间社会关系的约束和影响。Granovetter 还提出了"关系性嵌入"和"结构性嵌入"的概念，用以说明经济活动在社会结构中的嵌入性。其中"关系性嵌入"是指经济行动者嵌入于个人关系之中；"结构性嵌入"是指许多行动者嵌入于其中的更为广阔的社会关系网络。此后，Zukin & DiMaggio（1990）进一步扩展了嵌入性的概念，从企业所处的社会情境出发将嵌入性划分为：认知的、文化的、结构的和政治的四种类型，以将其（个人或厂商）行为纳入更广泛的文化和制度框架中。Hagedoom（2006）则从嵌入性的层次出发，将网络嵌入性分为三类：环境嵌入性、组织间嵌入性与双向嵌入性。

认知的嵌入性体现的是认知与认知的结构性规则之间的双向建构关系（马强和远德玉，2004）。个体层面的企业家精神是企业家个体所拥有的认知和价值观念。由于企业家地位和作用的特殊性，一方面企业家的认知和价值观要受到其社会关系网络中各种隐性知识或者常规、惯例等的指引和制约；另一方面其认知结果又得以不断地形成隐性知识，反馈到常规和惯例中，不断对其进行强化、改造和重构。

7.1.3 社会制度与文化

在现代经济和管理理论中，企业家承担着创新的职能，是企业运营、经济社会发展中具有不可替代的核心要素。企业家不是孤立存在的，企业家的行为不但嵌入于特定的社会关系网络之中，而且还深深地嵌入于特定的社会制度与文化中，受社会制度与文化的影响。

借用百度百科的界定，社会制度是为了满足人类基本的社会需要，在各个社会中具有普遍性、在相当一个历史时期里具有稳定性的社会规范体系。社会制度通过两条路径影响个体层面的企业家精神。一是通过行为导向和社会整合功能，直接影响企业家的思想和行为模式。二是通过传递与创造文化的功能，间接影响企业家的思想和行为模式。

文化嵌入性是 Zukin & DiMaggio（1990）提出的一个重要的嵌入性类型，意指经济现象受到社会文化环境的影响。文化是分层次的，美国麻省理工学院教授艾德·施恩（Edgar Schein）提出了一个三层次的企业文化模型，如图 7-2 所示。

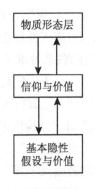

物质形态层	指外显的文化产品，能够看得见、听得见、摸得着，但不易被理解
信仰与价值	人工制品背后的组织的"信仰与价值"，包括组织战略、目标和哲学
基本隐性假设与价值	组织文化的核心，是指存在于人们头脑深处，很难被观察到的假设、价值、信仰、规范等

图7-2 施恩（Schein）的三层次文化模型

社会文化包括民族文化和区域文化传统。张佑林（2005）在博士论文中将区域文化划分为精神、价值观、知识等不同的层面。本书借鉴这一思想，认为社会文化也存在着精神、价值观、知识三个不同的层面。

首先，社会文化的精神层是社会文化的核心层面，是一种至高的、抽象的人类精神活动。它集中体现为某一特定区域的社会群体对于信仰的执着追求、崇尚和忠诚，为个体层面的企业家精神提供了不竭的动力。

其次，社会文化的价值观是一种社会成员共同的人生态度和观念，它鼓励、推动或者限制、阻碍企业家个体的理念和行为，反过来这种理念和行为又增强或者削弱这种价值观。社会文化价值观对企业家精神的影响主要是通过心理积淀的途径实现的，即观念文化系统中比较稳定和最具根本性的文化因素，经过长期的传承和积淀高度内化，形成一种心理定势和实践定规，从而深刻地影响着企业家的创新意识。

最后，社会文化的知识层是一系列隐性的知识、常规和惯例。由于隐性知识的非编码性特征，社会文化知识层对企业家精神的影响，并不是通过传统的教育培训方式形成的，长期濡染熏陶的自然机制才是这一过程中的主导机制。

综上所述，在现代社会，社会文化通过其长期积习而成的观念，对生活在该区域内的人们产生潜移默化的影响，从而塑造出具有创新精神的企业家个体。而这些具有创新精神的企业家个体也不断地强化、改造和重构当地的文化传统。

7.2　企业家精神扩散机理

7.2.1　概念的提出

扩散现象原本是一个物理名词，用来描述气体分子的内迁移现象，是大量气体分子做无规则热运动时，分子之间发生相互碰撞的结果。由于不同空间区域的分子密度分布不均匀，分子发生碰撞的情况也不同。这种碰撞迫使密度大的区域的分子向密度小的区域转移，最后达到均匀的密度分布。

本书引入这一概念用于描述个体层面的企业家精神不断地向组织层面、社会层面溢出和迁移的过程。将个体层面的企业家精神视为"企业家精神的分子"，则企业家精神的扩散机理可以描述为企业家精神分子碰撞的结果。但是企业家精神分子的碰撞不同于物理分子的碰撞运动。在物理学中由于熵的产生，分子碰撞会导致撞体总动量的不断减少，因而扩散过程实际上是一种负反馈机制。然而由于企业家精神隐性知识属性和外部性经济特征的存在，企业家精神分子的碰撞过程实质上是一种隐性知识的传递过程，且在传递的过程中并不会导致原拥有方相关知识的减少。也就是说，企业家精神的扩散过程是一种典型的正反馈机制，企业家精神分子在碰撞过程中总动量不但不会减少，反而会产生一个增量，使三个层面的企业家精神在分子碰撞过程中不断增强。这个增量包括两部分，一部分来源于转移过程中知识的复制，另一部分来源于转移过程中新知识的产生（周会斌和刘冰，2007）。

从扩散机理来看，企业家精神的扩散主要是以企业家的内外部关系网络（包括正式的和非正式的关系网络）为路径，通过一系列企业家活动来实现的，这些活动表现为企业家之间的接触、交流与合作等，本质上是一种基于企业家社会资本的学习机制。企业家精神的溢出性特征是其能够在组织和社会层面不断扩散的重要基础。

7.2.2 企业家精神扩散的本质

7.2.2.1 概念辨析：外部性、外部经济性与溢出效应

外部性是一种常见的经济现象，是指一个经济主体的行为或活动对另一个经济主体（与该行为或活动无直接关系的他人或社会）的福利产生影响，这种影响并没有通过货币形式表现或市场机制反映出来。

外部性概念最早是由新古典经济学派的创始人阿尔弗雷德·马歇尔（Alfred Marshall）提出来的。在 1890 年出版的《经济学原理》一书中，马歇尔将经济中出现的生产规模扩大区分为两种类型，第一类生产的扩大依赖于产业的普遍发展，称为"外部经济"；第二类生产的扩大来源于单个企业自身资源组织和管理的效率，称为"内部经济"。马歇尔虽然提出了外部经济的概念，但他并没有对外部性做出具体的定义。

在此基础上，1912 年马歇尔的学生庇古（Arthur Pigou）在《财富与福利》[①]一书中，提出了"内部不经济"和"外部不经济"的概念，并且应用边际分析方法，从福利经济学的角度系统研究了外部性问题，最终形成了外部性理论。以庇古为代表的新古典经济学提出的"外部不经济"问题的解决之道被称为"庇古税"，其主要观点是主张由政府通过税收等手段使"外在成本内在化"，通过补贴使"溢出效应"最小化，以达到资源的最佳配置，从而实现帕累托最优。

此后，奈特、埃利斯、费尔纳等经济学家先后提出了与庇古不同的观点，认为"外部不经济"与产权有关，即产生"外部不经济"的主要原因是对稀缺性资源缺乏产权界定。如果将稀缺资源界定为私人所有，那么"外部不经济"自然会得以克服。

20 世纪 50 年代后，经济学对"外部性"概念的表述逐渐趋于宽泛，一些学者甚至将"外部性"视为"市场失灵"现象的代名词。1962 年布坎南和斯塔布尔宾尝试用一个函数关系式表达对"外部性"的认识，他们将"外部性"可以表达为：

$$UA=UA（X_1, X_2, X_3, \cdots X_n, Y_1）$$

在这一表达式中，UA 表示 A 的个人效用，这一效用的大小取决于一系列的活动（X_1, X_2, X_n），这些活动都是在 A 自身控制范围内的；Y_i 是由假定的另外

---

① 1920 年出版时改名为《福利经济学》。

一个社会成员 B 所控制的行为。

1960 年科斯在他的经典论文《社会成本问题》中对庇古提出的解决外部性问题的思路提出了批评，并以此为基础提出了解决外部性问题的产权方案。科斯认为，在交易费用为零的条件下，庇古的外部性问题解决方案是完全错误的。因为政府的调节机制本身也是需要成本的，在财产权明晰且交易费用为零时，无须政府干预，依靠市场机制就可以找到最合理的办法，并使资源达到帕累托最优状态。

1970 年，华人经济学家张五常在《合约结构与非专有资源理论》一文指出，传统的"外部性"概念是模糊不清的，应该用"合约理论"代替"外部性"理论。

目前，对外部性概念的界定中接受度较高的主要有：新古典综合学派代表人萨谬尔森（Paul A.Samuelson）认为，外部性是指企业或个人向市场之外的其他人所强加的成本或利益（萨谬尔森和诺德豪斯，1998）。美国的当代著名经济学家曼昆（N. Gregory Mankiw）认为，当一个人从事一种影响旁观者福利的活动，而他本人对这种影响既不付报酬又得不到报酬时就产生了外部性（格里高利·曼昆，2005）。

根据外部性表现形式的不同，对外部性可以从不同的角度进行分类。最常见的分类方法是依据外部性的影响效果将其分为外部经济（又称正外部经济效应或正外部性）和外部不经济（又称负外部经济效应或负外部性）。其中外部经济是指一些人的生产或消费使另一些人受益而又无法向后者收费的现象；外部不经济是指一些人的生产或消费使另一些人受损而前者无法补偿后者的现象。例如，私人花园的美景给路人带来了美的享受，但是路人却不必为此付费，因此私人花园对路人就产生了外部经济效果。隔壁邻居家晚上开音乐会影响了某甲的睡眠，因此隔壁邻居就给某甲带来了外部不经济效果。

外部性和溢出效应是两个含义相近但又有区别的概念。从联系来看，二者一定程度上是可以互为解释的。Arrow（1962）用外部性解释了溢出效应对经济增长的作用，认为新投资具有溢出效应，不仅进行投资的厂商可以通过积累生产经验提高生产率，其他厂商也可以通过学习提高生产率。美国经济学家格里米斯（2000）用溢出效应解释外部性的含义，将外部性定义为"产品的私人消费或生产的社会溢出或成本"。从区别来看，溢出效应通常划分为经济溢出效应和技术溢出效应，是指一个组织在进行某项活动时，不仅会产生活动所预期的效果，而且会对组织之外的人或社会产生影响。根据这一界定，溢出效应主要是指外部性中的外部经济性或正外部性。

综上所述，目前理论界对外部性概念内涵的界定主要强调经济主体个体成本与社会成本、个体收益与社会收益之间的不对等性，其核心要素主要有两个：行为主体对他人或社会的外部影响、行为主体并没有对外部的损失做出相应补偿或从外部得到相应的报酬。溢出效应主要是指外部性中的外部经济性。从庇古和科斯等学者对外部性问题解决方案的讨论中，可以看到：尽管他们的思想各自都有一定的合理性，但是从系统的角度来看，市场调节机制和政策调节机制都存在着不足和缺陷，解决经济活动中的外部性需要产权制度和政府干预的共同作用。

7.2.2.2 企业家精神的外部经济性与扩散本质

企业家精神是在一定的社会人文环境和经济制度规范下，由企业家这一特殊群体在企业经营活动中形成的，一种以创新精神为核心、以风险承担精神为支撑的综合性精神品质和意志，是一种心理特征和企业家人格特质的体现。我国经济学家樊纲将其内涵定义为"冒险 + 理性"。但是由于企业家个体身份的特殊性，这种心理特征可以通过企业家行为对其他经济主体产生一定的影响。根据上述对企业家精神内涵的界定，这种影响无疑是积极的，由此可见企业家精神具有外部经济性特征。

本书将企业家精神的外部经济性特征定义为"企业家活动对其他经济主体带来的额外收益"。它不仅表现在组织层面，影响企业内部成员的认知状态，促进组织内部企业家精神形成；而且还表现在区域乃至整个社会层面，影响区域乃至整个社会人们的认知状态，促进区域乃至整个社会企业家精神形成。我国学者魏江等将发生于企业集群形成初期的，由于当地文化催化、利润刺激、明星创业者示范和传帮带作用等导致的，当地越来越多的人加入到同一个行当中、在一定区域范围内形成蓬勃创业气氛的现象归结为企业家精神溢出（魏江等，2004），这里的"企业家精神溢出"与本书提出的"企业家精神的外部经济性"概念是相通的。

作为一种以创新为核心的价值观念，企业家精神是可以传播和扩散的。企业家精神传播和扩散的过程就是从某个创新性价值观分布密集的文化形态中"外溢"到相对稀缺的文化形态中。企业家精神在不同层面扩散的结果就是形成以创新性为主要特征的组织文化、区域文化乃至社会文化。这一传播和扩散过程本质上是一个学习的过程。从知识观的角度看，由于企业家精神作为一种价值观念存在于拥有这种知识的个体中，具有隐形性知识[①]的特征，所以企业家精神扩散更多地是以隐性知识的形式在组织、区域乃至社会等不同层面潜移默化地进行着，即是一个由来自不同单位、不同层面个体通过各种不同的学习途径和学习机制不断获取企业家精神这一隐性知识的过程。

---

① 指只可意会、难以用文字或语言记载或表达的知识。

基于上述分析，企业家精神具有外部经济性的一般特征：一方面，企业家精神在导致本人生产效率和收入水平提高的同时也会通过"潜移默化"的作用影响周围的人，导致企业乃至社会生产率的提高。即企业家精神不仅有利于企业家自身，而且企业或者社会上其他人或者其他组织也会从中得到好处。另一方面，由于无法识别受到利益的具体个人（或组织），所以拥有企业家精神的企业家不能向他们索取劳务报酬，即传递不通过价格机制，行为主体并不能因此获得额外报酬。

综上所述，企业家精神的溢出对企业成长乃至整个社会经济的发展具有有利影响，但是企业家精神本身所具有的隐性知识特征，导致实践中企业家精神扩散的困难。企业家精神能否溢出或溢出程度的大小与企业和社会层面激励与约束机制的健全与完善程度有关，因此要确保企业家精神溢出效应的实现，需要一系列有效的激励和约束机制提供动力和保障。

7.2.3 企业家精神扩散的分析框架

7.2.3.1 理论基础

"学习"原本是一种个体心理活动，百度百科中定义为"学习者因经验而引起的行为、努力和心理倾向的比较持久的变化"。将学习思想引入企业最早可以追溯到工业化时代的早期。早在 20 世纪初，以泰罗（Taylor）和法约尔（Fayol）为代表的管理学先驱就开始注重收集、记录、整理、分析及推广企业在长期实践中总结和积累起来的人量经验、知识、技能和诀窍，并使之不断地科学化和系统化。20 世纪 30 年代早期，一些学者通过对"干中学"现象的研究分析，开始认识到学习行为是改进组织绩效的一个重要影响因素。1936 年，莱特（wright）总结飞机制造经验指出，员工在重复某种工作中产生学习效应，并且提出了学习曲线规律，用以描述产品生产过程中存在的单位成本随着经验积累而下降的现象。这一重要研究成果的出现促使经济管理领域开始关注学习现象。

1953 年在《经济合作管理：一个组织的诞生》一文中，西蒙（Simon）将政府组织受外界影响进而调整组织结构的过程视为一种组织学习过程，成为理论界探讨组织学习现象的开端。1958 年在《组织》一书中马奇（March）和西蒙（Simon）进一步研究了组织学习现象，提出组织学习是组织对外部环境的适应。对组织学习现象概念的正式界定出现于 1963 年，理查德·希尔特（Richard Cyert）和詹姆斯·马奇（James March）在《企业行为学》一书中将首次组织学习定义为一种根据实际绩效调整收益目标的短期适应行为。1965 年，美国《管理科学季刊》刊出的第一篇标题中包含组织学习概念的论文《组织学习：一个理论的发现》，确立了组织学习理论的标准学术概念。1978年阿吉里斯（Argyris）和舍恩（Schön）在其具有开创性意义的著作《组织的学习：行为透视理论》一书中，将组织学习定义为：在组织的实际表现与预期结果出现差距时，组织对此差距进行主动的侦察与矫正的过程；并且引入组织图式、组织意象、双环学习等一系列概念，提出了一套比较理论化、系统化的组织学习理论。由于其在组织学习研究方面的开创性贡献阿吉里斯（Argyris）本人后来被称为"组织学习之父"。此后组织学习的概念和理论逐渐受到学术界和企业界的重视。1990年彼得·圣吉（Perter Senge）在《第五项修炼——学习型组织的艺术与实务》一书提出了学习型组织的概念，再次开创了学习研究的新纪元，从此组织学习和学习型组织理论成为当代管理理论研究的一个热点。

关于组织学习理论目前已形成诸多研究视角和观点[①]，但是尚未形成统一的研究框架。本书对组织学习理论中与本书相关的观点进行了归纳，以下所列的各点得到了多数研究者认同：

1. 组织学习源于组织与所处环境间的互动与适应。

2. "组织学习"的概念是从"个体学习"引申借鉴而来的，但组织学习绝不是个体学习的简单加合，个体学习与组织学习之间相互影响、相互制约，存在着复杂的互动作用。

3. 个体与组织之间的交互行为、组织与外部环境之间的相互作用、组织文化的构建等是组织学习的重要特征等。

4. 在学习型组织中，学习的层次应包括：个人学习、团队学习、组织学习和组织间学习。其中组织间学习是指组织中的个体、团队和整个组织层在与其他组织的比较过程中，获得和应用新知识、新行为的过程。各层次之间相互重叠、相互促进，其中任何一个层次做得不好都会影响到整个组织的学习效果。

5. 组织学习包括单环学习、双环学习（Argyris & Schön，2001）。单环学习是一个线性过程。它主要发生在发现错误和立即纠正错误的过程中，有利于对日常程序的改良，但不能改变思维和组织活动的性质。Argyris & Schön认为单环学习是一种较低层次的学习，适合于惯例性、重复性、日常性问题的解决。他们提出了双环学习的概念，认为双环学习是一种有反馈的学习，即遇到问题时不是仅仅寻求直接的解决办法，而是注重深入分析导致错误或成功的原因、系统性解决问题。双环学习是一种较高层次的学习，它通过积极回应改变人们的

---

① 比较有代表性的学派有经济学派、发展学派、管理学派、过程学派（Bell, Whitwell and Lukas, 2002）主要研究视角包括：决策和适应视角、系统理论视角、认知视角、文化视角、行动学习视角（Pawlowsky, 2001）。

思维和工作方式，有利于形成学习和理解的良性循环，更适合于组织的变革和创新。

基于上述认识，本书认为：

1. 企业家精神从个体到组织和社会层面的扩散过程本质上是一个有反馈的隐性知识的学习过程，扩散效果或学习效应的大小与个体和所处环境间的互动适应程度有关，涉及的互动关系包括个体与组织之间的交互行为、组织与外部环境之间的相互作用、组织和区域文化的培育等，涉及的学习层次主要有：个人学习、团队学习、组织学习和组织间学习。

2. 企业家精神的扩散本质上是一个由不同单位、不同层面个体通过各种不同的途径和方式不断获取企业家精神这一隐性知识的学习过程。由于隐性知识本身很难直接在个体或组织中传播和扩散，因此隐性知识显性化——即通过特殊方式将企业家精神加以编码性，便成为实现其传播与扩散的唯一有效途径。

由于企业家精神外部经济性特征的存在，使得掌握这一隐形知识的主体——企业家缺少对自身隐性知识加以编码性、使其显性化、以促进其传播与扩散的内在动力。因此要实现企业家精神的扩散，就需要构建有效的激励机制予以推动。其中，内部激励的核心是信任，即通过信任机制消除隐性知识显性化的内部心理障碍，有效的外部激励包括市场激励机制、制度激励机制和文化激励机制等。

根据社会网络理论和社会资本理论的观点，社会资本的本质是信任，企业的社会资本源于企业的社会关系网络。由此可以推断企业家精神这一隐性知识的传播与扩散过程可以通过企业家的内外部关系网络（包括正式的和非正式的关系网络）得以实现。

7.2.3.2 分析框架

我们由此构建了如图 7-3 所示的分析框架。本框架的内在逻辑是：

1. 在企业家精神从个体层面向组织层面扩散的过程中，扩散机制主要是团队学习和组织学习；扩散的路径主要是企业家内部关系网络（包括正式的和非正式的关系网络）。

2. 在企业家精神从组织层面向社会层面扩散的过程中，扩散机制主要是组织间学习；扩散的路径主要是企业家外部关系网络（包括正式的和非正式的关系网络）。

3. 来自于企业内部关系网络的内部社会资本和来自于企业外部关系网络的外部社会资本本质上是一种信任机制，它为隐性知识显性化消除了内部心理障碍，因而构成了企业家精神扩散的保障机制。

4. 最后，组织层面的企业家精神（主要表现为创新性组织文化和组织制度）

和社会层面的企业家精神（主要表现为创新性社会文化、社会制度和市场机制）对个体层面企业家精神的反作用构成了个体层面企业家精神的主要支持机制，进而也使得整个扩散过程由简单的线性路径演化为正反馈关系的环路。

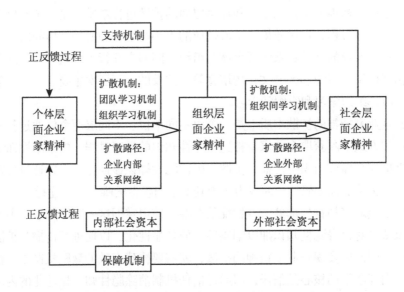

图7-3　基于组织学习理论的企业家精神扩散分析框架

7.2.4 基于社会关系网络的企业家精神扩散路径分析

7.2.4.1 社会网络理论

网络是广泛应用于物理学、地理学、政治学及计算机学科等多种研究领域的一个概念。社会网络的概念是20世纪30年代末英国著名人类学家布朗（R.Brown）在探讨文化如何规定了有界群体（如部落、乡村等）内部成员的行为时提出来的。1954年，巴恩斯（Barnes）在对挪威某渔村社会结构的研究中发现传统的正式社会结构角色（如社会阶层、职业、地位）理论无法解释整体渔村的实际运作状况，于是开始尝试运用基于非正式关系基础（如亲属、朋友、邻居关系等）形成的关系网络来解释渔村内成员的互动行为。1957年英国学者伯特（Bott）在《家庭与社会网络》一书中提出了与家庭联系同性质的社会网络联系，这一研究被认为是社会网络理论研究的典范。20世纪60年代后期，社会网络概念开始广泛地被各领域学者接受，并逐渐被运用于社会科学的研究中。

社会网络是主体获取信息、资源、社会支持以便识别与利用机会的社会结构（Aldrich & Zimmer，1986）。20世纪80年代以后，一些经济学家发现社会网络理论不仅可以用于理解和分析社会现象，而且对于一些企业现象同样具有强大的解释力，他们将网络结构分析方法应用于经济领域，逐步形成了企业网络研究的主要理论和观点。1985年，新经济社会学创立者格兰诺维特（Granovetter）从"嵌入性"视角研究了经济行为和社会结构。Granovetter（1985）认为，社会结构的核心是人们生活的社会网络，经济行为嵌入于社会结构之中，嵌入的网络机制是信任，即人们的经济行为嵌入于社会网络的信任结构之中。著名的制度经济学家威廉姆森（Williamson，1985）则在《资本主义的经济制度：企业、市场关系缔约》一书中明确指出，支撑企业之间长期交易的因素是合作机制中的"质押"因素，双方共同提供"质押"是使当事人套牢网络结构的基础。进入90年代以后，社会网络理论在学术界得到极大的关注，成为企业研究的一个热点领域。

社会网络理论的理论构架是建立在对新古典经济理论批判的基础上的，它从系统结构的角度出发，集中考察了个体间的关系及其对于经济行为的影响，有助于人们从整体和联系的观点深入理解经济现象的本来面目。经过长时间的发展和完善，社会网络理论已经形成了相对成熟的理论体系。目前比较有代表性的观点主要有六种（李正彪，2004）。

1. 以哈里森·怀特（Harrison White）为代表的市场网络观

其主要思想是认为社会网是经济交易发生的基础，市场即社会网，市场秩序是生产经营者网络内部相互交往，产生的暗示、信任和规则的反映（White，1981）。

2. 弱关系力量假设和"嵌入性"理论

1973年格兰诺维特（Granovetter）在《美国社会学杂志》上发表了《弱关系的力量》一文，首次提出了关系力量的概念。他从互动频率、感情力量、亲密程度、互惠交换四个维度来测量关系的强弱，并且断言：由于弱关系是在社会经济特征不同的个体之间发展起来的，分布范围较广，它比强关系更能充当跨越其社会界限去获得信息和其他资源的桥梁。在1985年的《经济行动和社会结构：嵌入性问题》一文中，Granovetter进一步指出：经济领域最基本的行为是交换，交换行为得以发生的基础是交易双方一定程度的相互信任，信任嵌入于社会网络之中，人们的经济行为也嵌入于社会网络的信任结构之中（Granovetter，1985）。

3. 以林南（Nan Lin）为代表的社会资源理论

美籍华裔社会学家林南发展和修正了格兰诺维特（Granovetter）的"弱关系力量假设"，并在此基础上提出了社会资源理论。社会资源理论的主要贡献在于：它突破了传统的只有通过占有才能运用资源的地位结构观，认为资源也嵌入于社会网络之中，通过关系网络可以摄取资源。

4. 社会资本理论

社会资本是由法国社会学家皮埃尔·布尔迪厄（Pierre Bourdieu）最早提出的一个概念，美国社会学家科尔曼（James Coleman）将其理论化。Coleman 对社会资本概念进行了系统研究，认为社会资本包括社会团体、社会网络和网络摄取三个方面，是个人所拥有的表现为社会结构资源的资本财产；他还将社会资本和人力资本概念联系起来，指出社会资本是积累人力资本的条件（Coleman，1988）。

5. 结构洞理论

1992 年伯特（Ronald Burt）提出了结构洞理论，Burt（1992）认为：个人或组织社会资源、社会资本的多寡与关系强弱没有必然的联系，而与其关系优势的大小有关。关系优势的大小取决于其主体占有结构洞的多少，占用结构洞多的竞争者，其关系优势就大。结构洞是指个人或组织在社会网络中表现出来的一种关系，与其对应的另外一种关系是"无洞"结构。"无洞"结构只有在小群体中才会存在，是指从整个网络来看任何主体与其他每一主体都发生联系，不存在关系间断现象。"结构洞"是指社会网络中的某个或某些个体与有些个体发生直接联系，与其他个体不发生直接联系，从网络整体来看好像网络结构中出现了洞穴。结构洞理论的贡献在于它为市场经济中的竞争行为提出了新的解释，即在经济组织中，竞争优势不仅是资源优势，而且是关系优势。

6. 强关系力量假设

强关系力量假设是我国学者边燕杰等人对格拉诺维特的弱关系力量假设及林南的社会资源理论提出的挑战。边燕杰（1998）认为在中国计划经济的工作分配体制下，强关系而非弱关系可以充当没有联系的个人之间的网络桥梁。其贡献在于分析了中国的工作分配制度，区分了求职过程中通过网络流动的是信息还是影响。

7.2.4.2 社会网络与企业家精神扩散路径

企业的网络联系实际上是其内部各种关系的交互结构及其与外部环境的互动模式，本书将其分为企业内部关系网络和企业外部关系网络，其中企业内部关系网络主要是指企业内部人与人之间、部门与部门之间的联系，企业外部关系网络主要指企业与其他机构之间的联系。社会网络理论的另一代表人物鲍威尔（Powell）在比较了市场、科层组织、网络组织三种协调经济活动形式之后认为：在知识学习方面，对于秘诀、技术能力、特定的产品样式和风格、创新和实验精神来说，网络是最好的获取途径（Powell，1990）。

社会网络的主要优势和功能是有利于获取资源。20 世纪 90 年代以来，随着知识观理论的兴起，人们逐渐认识到知识资源在企业实现差异化、增强创业能力及提升企业绩效等方面的关键作用，知识资源被越来越多的学者视为企业竞争优势的根源。显然，企业不能局限于自主研究这一单一的知识获取途径，需要通过与外部合作（如与大学、研究机构、政府、顾客甚至竞争对手进行合作）获取更广泛的知识，企业网络在这一过程中应运而生。企业网络关系的构建和发展有利于企业以较低的成本获得信息、知识和各种资源，有利于企业间知识的流动和共享。因此网络日益成为企业知识，尤其是隐性知识在企业内部和企业之间传播和扩散的主要途径。获取网络资源，促进企业学习已经成为现代企业发展社会网络的主要目的。

自从英国哲学家波兰尼（polanyi，1958）将知识划分为显性知识和隐性知识以来，隐性知识的交流和转移就成了理论和实践中一个引人关注的难题。Polanyi将显性知识界定为能够被人类以一定编码系统完整表述的知识，可编码性使显性知识很容易在组织内和组织间实现转移，但同时也导致其容易被模仿而难以成为企业竞争优势的来源。隐性知识是指难以言述的默会性知识，默会性特点使其难以通过编码的形式传播和扩散，只有通过共同的接触经历才能获得。企业家精神是以隐性知识的方式存在的，默会性特征使得其在个人、组织和社会三个不同层面的扩散只能通过企业内外部关系网络、经过管理层交往、技术研发合作、贸易合作等共同的接触经历才能实现。由此可见，企业社会网络的存在为企业家精神的扩散搭建了一个知识流动的平台，这一平台的构建为企业家精神这一隐性知识"从人到人""从人到组织"及"从组织到社会"的传播和扩散奠定了基础。沿着企业社会网络关系这一路径，个体、组织和社会三个层面都提高了学习的能力和效率，最终确保了企业家精神得以不断地传播和扩散。

7.2.5 企业家精神扩散的保障机制

在本书的研究框架中，来自于企业社会关系网络的社会资本本质上是一种信任机制，其主要功能在于有助于消除隐性知识显性化过程中的内部心理障碍，进而有利于企业家精神的传播和扩散，因而被视为创新精神扩散过程中的保障机制。

社会资本理论是社会网络理论的一个重要构成部分，也是近20年来社会科学理论中发展最为迅速的研究领域之一。最早将"社会资本"这一概念引入社会学领域的是法国社会学家布尔迪厄（Pierre Bourdieu）。在发表于1980年的《社会资本随笔》一文中他首次提出了社会资本的概念。布尔迪厄将社会资本界定为：实际或潜在资源的集合，这些资源与其对某些持久性网络的占有有关，这一关系网络是大家熟悉的、得到公认的、体制化的网络，集体的每一个成员都拥有这些资源（Bourdieu，1980）。布尔迪厄用"场域"的概念描述"社会关系网络"，认为场域（即各种要素形成的关系网）是个动态变化的过程，变化的动力就是社会资本（Bourdieu，1985）。社会资本以关系网络的形式存在的。在1984年出版的《区隔：趣味判断的社会批判》一书中，布尔迪厄按照存在形式将社会资本的研究划分为三个层面：微观层面的社会资本、中观层面次的社会资本、宏观层面的社会资本。其中微观层面以个体为研究主体，认为社会资本是存在于个体之间的社会关系网络，表现为人与人之间信任、互惠的预期，或共同的信仰和价值观。该层次的研究采取个体嵌入视角，主要关注个体通过其所嵌入的网络调配资源的潜在能力。中观层面以组织为研究主体，认为社会资本是存在于组织或团体间的社会关系网络，表现为得到组织或团体成员普遍认可的文化、价值观、规则和行为规范。该层次的研究采取结构视角，主要关注网络的结构化问题。宏观层面以社区为研究主体，认为社会资本是存在于整个民族（或国家、地区）之中的社会关系网络，表现为广泛的信任、价值观和行为规范。该层次的研究采取嵌入式结构视角，主要关注特定的社会资本网络对宏观政治经济及更大的文化或规范体系的嵌入。

　　继布尔迪厄之后，美国社会学家科尔曼（Coleman）对社会资本做了较系统的分析。Coleman从社会结构功能的角度认为，社会资本是"人们在一个集体和组织中为了共同的目的而在一起工作的能力，是在结构和功能两个方面具有共同特征的实体[①]。这些实体构成了社会结构的许多方面，促进了结构中行为主体（包括个人和企业）的某些行动"（Coleman，1988）。Coleman还界定了社会资本的五种存在形式：社会关系内部的信息网络、义务与期望、价值观和信任、规范、多功能组织的创建。波特斯（Portes）从能力的角度研究了社会资本。他视社会资本为"个人通过其成员身份在网络或更宽泛的社会结构中获取稀缺资源的能力"（托马斯·福特·布朗，2000），并基于Granovetter的嵌入观理论[②]提出了"理性嵌入"和"可强制推行的信任"的概念。Portes还认为理性嵌入建立在双方互惠的预期基础上。但是，当行动的双方成为更大网络的一部分时，信任会随着相互期待而增加，更大的社区会强制推行各种约束因素，即产生"可强制推行的信任"。普特南（Robert D.Putnam，1993）将社会资本界定为"社会资本是指社会组织的特征，诸如信任、规范及网络，它们能够通过促进合作行为来提高社会的

----

　　① 科尔曼认为社会资本不是一个单一体，而是有许多种类，彼此间有两个共同之处：它们都包括社会结构的某些方面，而且有利于处于同一结构中个人的某些行为；和其他形式的资本一样，社会资本也是生产性的，使某些目的的实现成为可能，而在缺少它的时候，这些目的不会实现。

　　② Granovetter认为经济行为嵌入社会网络，嵌入的机制是信任，并且将嵌入性划分为关系嵌入和结构嵌入。

效率"，他从政治的角度对社会资本进行了研究，并且指出社会资本是通过人们之间的"互惠"行动产生，其建立需要一个长期的过程。此外，美籍华裔学者林南（Nan Lin）认为，社会资本是来源于社会网络或其他社会结构中的一种能够促进社会行为者之间合作的生产性的资源，网络、信任、规范等是社会资本的核心构成要素。日本学者福山（Fukuyama）把社会资本视为一种有助于两个或更多个体之间相互合作、可用事例说明的非正式规范。

综合上述学者的观点可知：资源获取是个体和组织发展社会资本的目标，信任是社会资本的本质内容，社会关系网络是社会资本产生和存在的基础。为了使作为隐性知识形态存在的企业家精神能够迅速在组织成员中传播扩散、形成共识，必须考虑组织成员参与和分享的学习意愿。这就需要首先形成一种鼓励自发性融入的氛围。信任正是促使组织成员自发性地融入组织学习过程中的融合剂，它能够有效激发员工参与学习和改善活动的意愿，鼓励他们将工作中的学习经验与组织分享，并积极应用于自己的实践。因此，企业需要不断地培育和发展个体和组织层面的社会资本，以推进和完善组织内外部的信任机制，使个体和组织都能够敞开"心怀"去分享和接纳更多的新观点和新视角，最终促使组织和社会层面的企业家精神蔚然成风。由此，基于社会资本的信任机制构成了企业家精神扩散过程中的保障机制。

7.2.6 企业家精神扩散过程中的支持机制

企业家精神的传播和扩散，还需要一个有利的环境支持系统。傅家骥和洪后其（1990）将这一支持系统的要素归纳为六个方面：一是拉引因素，主要是指存在大量成功企业家典范的经济环境及鼓励和支持创新的文化环境。二是教育，教育是培养企业家精神的重要手段，良好的国民教育体系是企业家精神成长的重要保证。三是推力因素，指的是一种促使老企业不断革新技术和开拓市场、新企业不断涌现的激烈竞争的压力环境。四是外部机会，企业家精神的成长需要有相应的市场机会和技术机会的支持。五是外部支持，指外部机构对企业家提供的服务和支持。包括风险资本支持、咨询服务和指导及个别指导和扶持。六是信息，完善的信息系统（尤其是经济技术信息系统）与其他支持因素结合起来才能为企业家精神的成长创造一个较理想的环境。

在本书的框架中，组织层面的企业家精神和社会层面的企业家精神提供了企业家生长的有利环境，即构成了个体精神的支持系统，如图7-4所示。其中组织层面的企业家精神对个体层面企业家精神的支持机制主要表现为创新性组织文化和组织制度，本书称之为内环境支持机制；社会层面的企业家精神对个体层面企业家精神的支持机制主要表现为创新性社会文化、社会制度,本书称之为外环境支持机制。

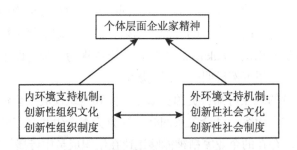

图7-4 企业家精神扩散过程中的支持机制

首先,文化是一个群体(可以是国家,也可以是民族、企业、家庭)在一定时期内形成的思想、理念、行为、风俗、习惯、代表人物,以及由这个群体整体意识所辐射出来的一切活动,主要包括民族文化和企业文化。促进文化认同是一个文化交融和沟通的过程,也是一个促使组织员工和社会成员从观念上接受企业家精神,从而完成个体层面企业家精神传播与扩散的过程。

其次,制度作为人类相互交往的规则抑制着可能出现的、机会主义的和怪僻的个人行为,使人们的行为更可预见,并由此促进着劳动分工和财富创造(史漫飞、柯武刚,2003)。

制度一词有广义和狭义两种不同的理解,广义的制度是指在一定条件下形成的政治、经济、文化等方面的体系。狭义的制度是指一个系统或单位制定的要求下属全体成员共同遵守的办事规程或行动准则。从狭义上讲,作为一种共同遵守的办事规程或行动准则。制度的范畴应该包括企业和社会两个层面。就企业层面看,影响企业家精神成长的制度主要表现为企业治理结构及产权安排等方面的创新;就社会层面看,则主要表现为财产保护、知识产权保护、金融体制、法律等方面的制度安排。这些制度的完善有利于形成一种鼓励和保护创新的机制,从而促进企业家精神的成长。

最后,制度与文化之间是一种辩证统一的关系(许和隆,2006)。从狭义制度的角度看,文化是制度的内涵,制度是文化的外显。一方面文化孕育制度并影响着制度的制定与实施;另一方面制度是文化的表现形式。由此可见,不同层面(包括企业层面和社会层面)的文化和制度在互动过程中共同构成了企业家精神成长的支持机制。

考察当代各国经济发展的实践,外部环境支持机制对激发企业家精神所起的巨大支撑作用可见一斑。20 世纪 80 年代，美国大量创新型企业的诞生很大程度上可视为这一时期美国政府一系列制度创新的直接后果：通过放开政府对高校科研成果所有权促进了高校创新成果的迅速商业化，导致由学校实验室诞生的教授与学生共创的企业成为美国商业崛起的重要根基；通过允许养老金进入风险投资领域，促进了风险投资业的发展，大大改善了创业企业的融资条件；通过将资本所得税从 49% 削减到 20% 及撤消了对电信、公共事业等垄断领域的管制等措施为创业企业提供了宝贵的机会和生存空间。20 世纪 90 年代末，为有效应对亚洲金融危机，韩国政府出台了一系列鼓励大学生创业的刺激性政策，从而导致游戏、动漫等创意产业及信息、生物工程、纳米技术等尖端科技产业在韩国的兴起。浙江省是我国最富有企业家精神的区域之一，张佑林（2005）在深入分析江浙区域经济发展中的文化因素时指出：从历史文化看，中原文化长期受儒家思想影响，重义轻利，愈靠近中原文化，愈不容易产生企业家。而浙江属于越文化而非中原文化，且远离中原，受战争破坏少，商品经济发育有连续性，所以更容易导致企业家精神。

在企业发展的初期，由于企业规模小，个体层面企业家精神和领导力可以弥补组织制度、组织文化与组织能力方面的不足。随着企业的不断成长壮大，当企业规模超过企业家个体的掌控能力后，制度和文化建设的不足便往往成为企业进一步发展的瓶颈，能否及时建立起有效的内外部环境支持机制意味着能否为企业持续成长提供不竭的动力源泉。以内环境支持机制的建设为例。一方面，我国大多数企业创业初期很注重市场机遇的把握和产品业务的开拓，却忽略了对企业文化理念的探寻、积累与塑造。企业发展到一定规模之后，创新性文化理念的缺失自然演化为企业进一步成长壮大的瓶颈，企业变得越来越目光短浅、固步自封、惧怕风险。另一方面，目前在我国民营企业中，"家业一体"的业主制和合伙制占据了近 80% 的比重，企业内部制度创新的缺失为企业的进一步发展埋下了隐患。"家业一体"的组织体制不但很容易滋生根深蒂固的家长制作风和集权文化，从而导致职业经理人创新动力和创新空间不足、不利于团队创新。由于企业产权与企业家个人产权没有明确的界限、内部治理不规范，一旦企业做大，权益分配矛盾便日益显现，给企业发展带来沉重危机甚至灭顶之灾。2010 年中国大陆最大的家电零售连锁企业——国美电器因股权与控制权之争深陷业绩下滑的漩涡，其前三季度净利仅为苏宁一半。2011 年，中国直营店店数最多、规模最大的中式快餐连锁企业——真功夫餐饮管理有限公司，由于创始人蔡达标的去家族化股改和离婚事件引发家族战争，公司上市计划遭受重创。

7.3 企业家精神的动态传承

企业家精神的动态传承问题是企业家精神培育过程中另一个不容回避的重要问题。本节将在深入分析企业家精神内涵的动态演变性特征的基础上，重点探讨其传承机理。对传承机理的分析是沿时间维度展开的，主要涉及个体层面企业家精神的代际传承问题。

7.3.1 企业家精神内涵的动态演变

7.3.1.1 生命周期理论与企业家精神的动态演变

世界上任何事物都是有生命周期的。作为企业核心人物存在的企业家也有其生命周期。1991 年汉布瑞克（Hambrick）和福克托玛（Fukutomi）基于对总裁任职期间领导能力变化规律的研究，提出了一个五阶段的总裁生命周期假说，即将总裁的生命周期划分为五个阶段：受命上任期、探索改革期、形成风格期、全面强化期、僵化阻碍期。为了避免企业家生命周期规律导致的企业家认知模式固化阻碍企业发展，需要建立有效的企业家更替机制。

不但作为自然人存在的企业家有其生命周期，企业也不例外。"企业的生命周期"是指一个企业从诞生到成长、壮大直至衰退甚至死亡的全过程。企业生命周期理论就是研究企业成长、消亡阶段性和循环的理论。自从 1959 年马森·海尔瑞（Mason Haire）首次提出可以用生物学中的"生命周期"观点看待企业，并且开创性地将企业的生命周期划分为初创期、发展期、成熟期、转型期（再生和衰退）四个阶段以来，企业生命周期理论取得了一系列研究成果。比较有代表性的观点有：葛雷纳（Greiner, 1985）根据组织在规模和年龄两方面的不同表现将企业的生命周期划分为创立期、指导期、分权期、协调期和合作期五个阶段。伊查克·爱迪思（Adizes, 1989）根据灵活性和可控性两个指标把企业的生命周期划分为孕育期、婴儿期、学步期、青春期、盛年期、稳定期、贵族期、官僚初期、官僚后期及死亡期共十个阶段等。陈佳贵（1995）结合企业的可持续发展性将其界定为孕育期、求生存期、高速发展期、成熟期、衰退期、蜕变期六个阶段。在2002 年出版的《领袖的生命周期：使领袖与进化中的组织相适应》一书中安德鲁·沃德（Ward Andrew）提出了处在不同生命周期阶段的企业需要有不同强度的创新精神和不同的企业家角色与之相适应的观点，认为与企业的创建期、增长期、成熟期、转折期、下降期相对应，企业家应当完成从创建者到加速者、维持者、转变者及终结者五种角色的转变。如果企业家自身不能适应新的角色，应当通过企业家更替机制完成这种转换。

上述观点深刻地揭示了企业家精神内涵的动态演变性特征。企业家精神的延续不是一个简单的静态继承过程，而是一个不断变化和丰富化的动态传承过程。表现为：在企业生命周期的每一个阶段，承担相应角色的企业家都应当具有企业家精神。但是在不同的发展阶段企业家精神具有不同的内涵。一般来说，在创建阶段企业家精神更多地表现为冒险加理性；在增长阶段更多地表现为大胆开拓市场、改良技术、拓宽融资渠道等创新精神和创新意识；在成熟阶段，企业家需要在保持原有的组织精神和组织使命的同时，不断地进行组织变革，以提高对未来的预见性和组织的灵活性，使日趋官僚化的企业不断焕发出新的生机与活力；在转折阶段，企业家又担负起引领方向、复兴企业的重任。完全丧失了企业家精神最终将趋于消亡。

企业家精神动态演变的趋势主要体现在两个方面：一是随着企业生命周期的转换，企业家精神的内涵呈现出从单一性创新向系统性创新演化的趋势。即有一个从初创阶段简单赚取利润差到增长阶段获取风险收益，再到成熟阶段致力于破坏性创新，最后到转折阶段向开拓创新市场、创造新需求的系统性创新活动演变的过程。二是随着企业规模的成长，企业家精神不再局限于个体层面，逐渐从个体层面向具有可识别、可学习和传播性特征的团体层面和组织层面演化。

7.3.1.2 社会发展与企业家精神的动态演变

从系统的角度来看，企业和企业家从来都不是孤立存在的，它存在于一定的环境之中，必然与其外部环境有着密切的关系。也就是说，企业家精神是随着外部社会环境的发展而不断演进的。姜奇平（2004）通过比较分析指出，工业时代的企业家精神和新经济时代的企业家精神不同：工业时代的企业家以原子式的世界观看待世界，把节点看得比网络更重要，把竞争看得比合作更重要，与此对应的企业家精神以技术创新为手段、力图将大规模生产形成的秩序定形化，本质是以物为本的机械精神；新经济中的企业家以网络式的世界观看待世界，把网络看得比节点更加重要，把合作看得比竞争更重要，与此对应的企业家精神崇尚变革和不断打破既有秩序，本质是以人为本的生命精神。

7.3.2 企业家精神的动态传承机制

近年来，企业的传承问题尤其是家族企业的传承问题日益引起理论界和实业界的关注。一些学者对传承的要素进行了系统的研究。窦军生（2008）通过对大量媒体报道资料的结构化分析和对面临传承问题的家族企业调查数据的统计分析，将家族企业代际传承中企业家个体层面需要传承的要素识别为：企业家默会知识、企业家关系网络、企业家精神三大类。彭晶晶（2009）通过对晋商东掌制度的深入剖析指出：正是企业家精神代际传承的失败引发了东掌制度的危机。中山大学岭南学院教授储小平（2011）将家族企业传承的要素概括为：企业家能力和精神的传承，企业家权威的传承，企业家在企业内部与外部的人脉资本的传承，企业家经营管理经验、知识、技巧的传承，企业长期形成的企业文化的传承等；并且指出，在各种要素的传承中，最难传承的可能是企业家能力和精神。由此可见，企业家精神的传承是企业传承的关键。

企业家精神能否有效传承，不仅关系到企业自身能否持续成长，而且直接影响到整个国民经济的健康发展。然而由于其自身具有的隐性知识特征，企业家精神的传承问题在全球范围内都是一个难题。本书基于文献研究和对企业实践的分析，将家族企业企业家精神的传承机制归纳为：企业家选任机制、企业家培育机制和企业家激励机制。

7.3.2.1 企业家选任机制

企业家是企业家精神的主体。因为企业家精神有天赋的成分，很难通过后天的学习和训练完全获得（储小平，2011），为了促进企业家精神的传承，企业首先需要建立有效的企业家筛选与淘汰机制，以确保真正富有企业家精神和企业家潜质的人得以选任。

通用电气的成长历程深刻表明，完善的企业家选任机制对企业家精神传承的重要作用，也带给我们诸多启示。通用电气公司是现今世界上综合提供先进技术和服务的最大的跨国公司之一，也是美国纽约道·琼斯工业指数自创业以来唯一一家至今仍榜上有名的企业。在过去的一个多世纪里，通用电气的管理理念和管理行为一直是其他公司效仿的对象。通用电气的成功很大程度上应归功于其完善的企业家选任机制。早在成立之初，通用电气就以制度化的形式将继任者选拔工作确立为管理层最核心的工作职责之一。公司明确规定：每位管理者在未找到合适的继任者之前不能提升到新的岗位，并且在实践中确立了以内部培养为主的、科学的继任者选任制度。在120多年的发展历程中，通用电气历经的近10位最高领导人在选择自己的继任者问题上都是殚精竭虑。以通用电气杰出的领导人杰克·韦尔奇的选任过程为例。韦尔奇的前任CEO琼斯花了很多年时间，才从一群能力极高、日后几乎个个都成为大公司领导人的候选人中把杰克·韦尔奇挑选出来。据记载，1974年在韦尔奇成为通用电气公司CEO之前7年，琼斯就采取了继任者选任程序中的第一个步骤：批准了一份名为《CEO 传承指引》的文件。之后，他和公司高层经理人力小组密切合作，花了两年时间逐步淘汰，将初选名单中的 96 个可能人选减至 12 人，再减为包括韦尔奇在内的 6 个首要人选。为了准确地测验和观察这 6 个人，琼斯任命每个人都担任"部门经理"，直接接受 CEO 办公室领导。在随后的三年中，他逐步缩小范围，让这些候选人经历各种严格的挑战、访谈、论文竞赛和评估，直至韦尔奇胜出。而琼斯的上一任董事长弗雷德·博克也正是通过类似的方式选出了琼斯。

目前，我国大部分家族企业尚未形成完善的企业家选拔机制。如大部分家族企业的接班人选任只限定在家族内部进行。然而企业家精神是无法通过基因来遗传的，这就导致当前我国的家族企业在企业家精神传承方面存在难以化解的先天缺陷。要促进企业家精神的传承，必须借鉴发达国家的先进经验，彻底改变传统、落后的企业家任用机制，构建和完善科学合理的企业家筛选、聘用和考核方法，确保真正能够将富有企业家精神和企业家意识的人才安排到企业家岗位上。

7.3.2.2 企业家培育机制

隐性知识特征的存在虽然一定程度上导致企业家精神传承困难，但是只要形成了适当的培育和学习机制，仍然是可以通过后天的努力改善和提高的。通用电气成立之初就采用了集体领导的方式。这种方式确保了领导团队能够有效地、系统地发掘出团队成员各种各样的见解和建议，极大地激发了企业家精神的成长。更为重要的是，100 多年来通用电气总能够选出一些愿意分享权力和利益的领导者，而当这些领导者退休时他们会退出公司的董事会并彻底离开公司，以使继任者免受任何干扰，以自己的风格和方式管理企业。正是这些有效培育的机制，确保了通用电气公司企业家精神始终得以延续。

目前，我国家族企业大多数缺少有效的企业家培育机制。企业家精神的培育是一个心智模式改善和提高的过程，为了确保这一过程的实现：

第一，要真正认识到培养企业家精神的重要性。企业家是企业的灵魂，只有富有企业家精神的企业领导人才能不断促进企业创新活动的产生。因此企业应该充分认识其重要性，真正把企业家精神的培育列入议事日程。

第二，作为一种隐性知识，企业家精神很难通过教育培训机制实现其传承，其主要的传承途径应该是通过直接接触在实践中学习和提高。事实上，通用电气公司前 CEO 琼斯任命每一个候选接班人担任"部门经理"，让其经历各种严格挑战的做法不仅是出于慎重选拔接班人的考虑，更是对企业未来接班人进行企业家精神培育的一种有效方式。

第三，企业家精神的培育并非是只凭个人意愿和努力就可以达到的，它还受制于文化和制度。因此，要尽快建立和完善有利于企业家精神传承的文化和制度，以形成有利于企业家精神培育的稳定组织机制。

第四，企业家精神的培养是一个漫长的过程，必须要循序渐进地进行。在这一过程中需要采取有效的途径，不断克服来自于组织、群体和个人的抵制或阻力，为企业家精神的传承创造必要条件。比如完善企业领导人更替机制，当现有经营者思维僵化而影响企业时，及时更换不合格的经营者，以使企业保持创新活力。

7.3.2.3 企业家激励机制

作为一种价值观念和经营者认知，企业家精神能否在代际之间有效传承还取决于传承界面上两代领导人完成传承的主观意愿的强弱。因此，家族企业家精神的传承也是相应的激励机制作用的结果。

从企业内部看，相应的激励机制主要包括明晰的产权关系、完善的企业家薪酬体系及经营者责任保险制度等。

首先是明晰的产权制度。产权制度的基本功能是为人们提供一个追求长期利益的稳定预期和重复博弈的规则（薛有志和王世龙，2008）。"产权明晰"实际上包含了两层含义：一是明确的财产归属关系，二是不同权利主体之间明确的权、责、利关系，在现代公司制中突出体现为完善的法人治理结构。明晰的产权之所以能够产生激励作用是因为它构成了一种根本的利益保障机制，使得企业家可以清楚地了解自己奋斗的目标，从而产生创新的激情和动力。

其次是企业家薪酬激励。薪酬激励是企业家激励机制的基础，具体是指在明确了企业家拥有对企业自主创新丰厚利润的支配权和分配权后，根据经营绩效给予其合理报酬的制度安排（李维安和王辉，2003）。完善的企业家薪酬激励机制主要包括：年薪制、企业家参与一部分剩余索取权及引入经营者责任保险制度等。企业家的工作是一种风险很大的创造性劳动。高风险应该得到高回报，因此科学的薪酬设计应该实行企业家年薪制，合理提高其收入水平，这是对企业家精神的一种短期激励。企业家是一种稀缺的人力资本。承认企业家的人力资本价值，就应该允许其参与企业的一部分剩余索取权，这是从产权层面对企业家精神的一种长期激励。

最后，鉴于企业家创新活动的高风险性，通过引入经营者责任保险制度对其创新活动中由于非主观因素导致的失败进行适当的补偿，实际上是在企业中形成一种允许犯错的创新激励机制。通过这一机制可以增强企业家经济承担的能力和风险意识，从而有利于企业家精神的形成和传承。

从企业外部看，相应的激励机制主要包括职业经理人市场、产品市场和资本市场的建立和完善。

首先，职业经理人市场的形成和完善为家族企业企业家精神的产生和传承既施加了压力也提供了动力。通过这一市场的完善，使高素质、富有企业家精神的职业经理人不断被选任到企业家岗位上来，从而推动了企业家精神的形成和传承。

其次，经理人市场本质上是一种声誉机制。由于企业家人力资本是无形的，具有难以度量的特征，所以其价值只能通过经营业绩间接地体现。而产品市场、和资本市场正是形成企业家声誉、体现其人力资本价值的场所。通过产品市场和资本市场的竞争，企业家人力资本的价值得以体现并被传递，逐渐形成了企业家的声誉，成为其在经理人市场上竞争的基础。因此，声誉是企业家人力资本价值的度量尺度，而对声誉的追求便成为企业家在产品市场和资本市场上不断创新的行为动力。

综上所述，职业经理人市场、产品市场和资本市场的不断构建与完善共同构成了企业家精神传承的外部激励机制。

| 8 |

企业家精神、动态能力、
转型升级绩效关系的实证检验

本章基于对浙江省家族企业的调研数据，对第二章提出的基本框架和研究假设进行实证检验。

8.1 研究设计

8.1.1 数据收集

本研究以浙江省的家族企业作为调研数据的来源。浙江是中国家族发展最早、最成熟的省份之一。改革开放以来，通过积极吸引外资，大力发展加工贸易，浙江省家族企业获得了突飞猛进的发展。这些家族企业对推动浙江乃至中国经济的发展，解决就业问题做出了巨大的贡献。进入 21 世纪之后，面对处于产业链高端的国际知名企业和生产成本更低国家企业带来的双重压力，浙江又成为国内最早启动转型升级战略的省份之一。近年来，浙江省在贯彻落实中央"调整经济结构，促进转型升级"的大政方针，积极利用结构调整的倒逼压力，推进中小企业转型升级方面取得了较好的成效。因此，基于浙江企业的调研数据研究中国企业的转型升级问题具有较好的代表性。

在构念测度上，由于家族企业的动态能力很难用公开的、定量的资料测量出来，因此本书采用问卷调查这一流行做法来搜集资料。在问卷设计上采用 Likert7 级量表对家族企业动态能力进行度量，即用 7 个问题选项表示被试者认可程度，其在问卷中的表述依次为：1 非常不同意；2 比较不同意；3 有点不同意；4 一般；

5 有点同意；6 比较同意；7 非常同意。

根据 Churchill 等（1979）对量表开发和问卷设计、建议，本研究的问卷设计经历了以下阶段：大量阅读相关文献，在此基础上结合企业实地调研的结果，形成初稿；与课题组成员及国内外该领域专家交流讨论并修订问卷；与企业高级管理人员沟通，并根据其建议再次修订问卷，确保措辞通俗易懂；进行预测试，并根据测试结果进一步调整语言表达方式，形成终稿。

由于调研内容涉及企业的战略管理层面，调研问卷要求由企业的中高层管理人员作答，因此数据收集的难度较大。为保证调研的顺利进行及提高问卷的回收率，我们在查阅浙江省民营企业名录的同时充分考虑了可以利用的社会关系资源：首先在校园中招募学生调研员，经过面谈筛选了营销专业和国际商务专业 8 名浙江籍高年级在校生并对他们进行集中培训；然后结合企业名录、课题组成员和学生的社会资源确定被调研企业名单和分工；最后分配学生利用暑假时间采用实地走访的形式完成了问卷的发放与回收。此次共发放问卷 400 份，回收 251 份，有效问卷 225 份，回收率 62.8%，有效回收率 56.3%。

8.1.2 分析方法

结构方程模型（SEM）是社会科学中，分析和解释不能直接测量的变量之间因果关系的一种常用方法，也是本研究的主要分析方法。首先用 SPSS21.0 软件做描述性统计分析及检验测度题项的合理性；然后利用结构方程分析软件 Amos21.0 进行验证性因子分析，并对模型拟合的结果进行分析；进而继续模型修改。

关于结构方程所要求的样本量，学术界尚未达成一致。Gerbing & Anderson（1988）认为样本至少要有 150 个。Hair 等（1998）建议合适的样本数量应介于 100 和 400 之间。而 Gorsuch（1983）则认为，样本量的大小应达到测量问项的五倍以上，最好达到 10：1。本研究共设计了 7 个变量、26 个问项，综上所述，225 个样本量完全可以满足本书的研究需要。

在模型拟合度评估方面，Amos 是以卡方统计量（X^2）来进行检验的，一般卡方值 P > 0.05，即意味着模型具有良好的拟合度。但是由于卡方统计量很容易受样本大小的影响，因此除了卡方统计量之外，通常还需要考虑其他拟合度指标。本研究采用绝对拟合度指标和增值拟合度指标从两个方面对模型的拟合度进行了评估。其中采用的绝对拟合度指标包括：X^2/df，即卡方除以自由度，小于 3 表示模型可以接受，越接近 0 表示该模型拟合度越好；GFI，即拟合优度指数，越接近 1 表示该模型拟合度越好；RMSEA，即近似误差均方根，越接近 0 表示该模型拟合度越好。采用的增值拟合度指标包括：NFI（标准拟合指数）、IFI（增量拟合指数）、TLI（塔克刘易斯指数）、CFI（比较拟合指数）等。增值拟合度指标越接近1表示该模型拟合度越好。

8.1.3 样本特征

我们还对样本企业的企业年龄、员工人数、行业属性、所处生命周期阶段等控制变量进行了分组，如表8-1所示。

表8-1　样本分布情况（N=225）

		频数	比例（%）			频数	比例（%）
企业年龄	5年以下	61	27.1	生命周期阶段	初创期	26	11.6
	5～10年	69	30.7		成长期	91	40.4
	10～20年	73	32.4		成熟期	87	38.7
	20年以上	22	9.8		衰退期	21	9.3
员工人数	20人以上	25	11.1	产业属性	传统产业	182	80.9
	20～300人	140	62.2				
	200～1000人	51	22.7		高新技术产业	43	19.1
	1000人以上	9	4				

8.2　企业家精神与家族企业动态能力关系的实证检验

8.2.1 变量测度及研究假设的提出

8.2.1.1 企业家精神的测度

这里自变量是企业家精神。本书根据已有的研究成果和对浙江家族企业的调研情况，将家族企业企业家精神的构成维度界定为：危机意识、市场导向、创新精神。

目前学界对危机意识并未提出规范的概念界定和维度划分。本书将危机意识视为在企业危机和风险尚未发生之前，管理者对环境和局势保持一定的警觉并随时做出反应的意识。胡象明和陈晓正（2010）将危机意识具体划分为危机认知意识和危机防范意识两个方面，其中危机认知意识是指企业对自身及组织环境不确定性的评估及由此产生的一种危机感，危机防范意识是指企业针对可能到来的危机未雨绸缪、积极应对的一种理性态度。本书借鉴这一观点，以"对企业生存危机的预估、对企业生存危机的辨别能力"（以下简称危机的预估和危机的辨别）两个题项来测度企业的危机认知意识。鉴于危机防范意识往往源于企业对危机处理知识的学习和掌握，本书以"是否具有丰富、全面的危机管理知识"（以下简称危机的管理）作为题项来测度企业的危机防范意识。

早期对市场导向的研究主要集中于概念性的探讨，强调企业对于市场营销观念的执行、对于顾客的关注及市场营销部门对整个组织的战略重要性。20世纪90年代，Narver & Slater 及 Kohli & Jaworski 分别从组织文化和行为角度给出了市场导向的操作化定义并开发出了相关的量表。Narver & Slater（1990）的量表称为MKTOR量表，该量表尝试从顾客导向、竞争导向和跨部门协调三个方面对市场导向进行测度。Kohli & Jaworski（1990）的量表称为MARKO量表，该量表的测度内容主要包括：市场情报的产生、市场情报在组织中的传播、组织对市场情报的反应三个方面。目前，MKTOR量表和MARKOR量表是测评市场导向最为流行的量表。本研究属于企业战略管理领域，对市场导向的测度应侧重于顾客、竞争和协调。所以本书借鉴并简化了MKTOR量表，用"顾客导向、竞争导向、跨部门协调"三个题项来测度企业的市场导向。

创新精神是企业家精神的核心。根据焦锋和雍克勤（2015）的观点，创新精神是"一种勇于抛弃旧思想旧事物、创立新思想新事物的精神"。本书借鉴蒋春燕和赵曙明（2006）对企业创新精神测度的思路，在企业调研的基础上，以"引进全新一代的产品、拓展全新的产品范围、开发全新的市场、进入全新的技术领域"四个题项测度企业的创新精神。

8.2.1.2 动态能力的测度及假设的提出

这里的因变量是家族企业的动态能力。本研究借鉴 Eisenhardt & Martin（2002）的观点，视动态能力为一系列特定的、可识别的过程，尝试从战略管理实践的角度构建家族企业动态能力的测量维度。这种划分有助于使抽象的概念具体化，从而有助于深入分析动态能力的产生机理和路径。

从战略管理实践的角度来看，对家族企业动态能力的研究可以具体化两个不同的阶段，即企业的战略期间和运营期间。战略期间的动态能力主要表现为对战略的快速调整能力（即企业根据内外部环境的变化，及时调整和改变先前制定的企业战略的能力），可以通过两个具体的维度来测量——实时信息获取和主导逻辑突破。实时信息获取是指企业能够即时获取有效的外部信息的能力，本质上是一种信息搜寻机制。它是企业快速响应外部环境变化的基础。在以 Andrews、Porter 等为代表的传统战略管理理论中，通常把外部环境划分为宏观环境、行业环境、竞争对手三个层面，因此本书就以"宏观信息获取、行业信息获取、竞争对手信息获取"三个题项测度企业的时实信息获取能力。企业家精神中的危机意识有利于企业信息搜寻机制的建立和完善。因此，提出如下假设：

假设1：危机意识对实时信息获取有正向影响

主导逻辑是存在于管理者头脑中的强势逻辑，陈立新和张玉利（2008）在文献研究的基础上指出它本质上是一种认知刚性。根据 North（1990）及 Teece 等（1997）的观点，主导逻辑是对企业前一阶段成长或成功经验的惯例化和程序化，它有利于企业成功模式和成长经验的复制和固化，在稳定的环境中，对企业的发展是一种有利因素。但是一旦形成主导逻辑，企业便习惯于采用惯例化方法解决问题，从而形成路径依赖。在动态环境中，路径依赖会降低企业的环境适应能力，导致生存危机。主导逻辑突破是指企业在整合内外信息的基础上摆脱路径依赖、实现对现有战略的调整和改变。本书基于文献梳理以"对外部信息的整合程度、信息整合机制的完善程度、现战略对外部环境的适应程度、据环境变化调整战略的频率、新战略对以往战略的沿袭程度"五个题项来测度企业的主导逻辑突破能力。企业家精神中的市场导向有利于企业根据环境变化突破主导逻辑、实现快速战略调整。因此，提出如下假设：

假设2：市场导向对主导逻辑突破有正向影响

运营期间的动态能力主要表现为对战略的快速执行能力，即通过有效组织和精心管理，将调整后的战略迅速付诸实践的过程。本书参考 Sanchez（1995）和钱亚鹏等（2006）的思想，将其划分为新战略运营的稳定性、新战略运营的效率性两个具体的维度。其中新战略运营的稳定性主要是指新战略开始后企业在生产、质量、利润方面是否能够实现平稳过渡，新战略运营的效率性主要包括新战略开始后企业资源和组织结构的转换效率。进而以"新战略开始后生产的稳定性、质量的稳定性、利润的稳定性"三个题项来测度企业新战略运营的稳定性；以"新战略的资金保障、物资保障、技术保障、人力资源保障、组织结构保障"五个题项来测度企业新战略运营的效率性。企业家精神中的危机意识和创新精神有利于新战略开始后企业在生产、质量、利润方面实现平稳过渡。因此，提出如下假设：

假设3：危机意识对新战略执行的稳定性有正向影响

假设4：创新精神对新战略执行的稳定性有正向影响

资源是战略执行的基础。由于资源的形成和发展具有路径依赖特征，随着企业的成长资源刚性日益显露。当企业试图把调整后的战略付诸实施的时候，新战略思想的贯彻和实施需要柔性的资源做支撑。此时资源的刚性会为新战略执行的主要制约因素。企业家精神中的市场导向和创新精神有利于克服资源的刚性，从而增强新战略执行的稳定性和效率性。因此，提出如下假设：

假设5：市场导向对新战略执行的效率性有正向影响

假设6：创新精神对新战略执行的效率性有正向影响。

8.2.1.3 假设检验的基本框架

综上所述，提出企业家精神与动态能力关系的假设检验框架，如图8-1所示。

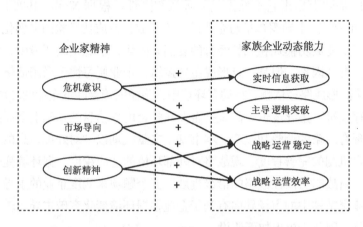

图8-1 企业家精神与动态能力关系的研究框架

8.2.2 变量的信度和效度分析

上述量表均采用7点量表法，各量表的信度和效度分析结果如表8-2所示。表中测量条款"对以往战略沿袭程度" CITC指数（题项—总体相关系数）为0.311，且删除这个测量条款后，相应的 α 系数从0.761上升到0.787，所以将这个测量项目予以删除。表中测量条款"危机的管理"的 CITC指数（题项—总体相关系数）为0.378，且删除这个测量条款后，相应的 α 系数从0.665上升到0.704，所以将这个测量项目予以删除。除此之外，本研究设计的测度量表中，所有其他24个"题项—总体"相关系数均大于0.400，同时所有7个变量的 Cronbach's a 系数均大于0.650，并且其他任何一个测量题项的删除，都将会降低一致性指数。据此判断，本研究设计的测度量表中各题项之间具有较好的内部一致性。

验证性因子分析表明：各标准化因子负荷均大于0.500，且从 t 值上看均在 $p<0.001$ 的水平上通过了显著性检验；各变量的建构系数均大于0.700，平均方差 AVE 均在0.500以上，可见验证性因子模型具有良好的效度和信度。因变量动态能力验证性因子分析的拟合指数为：$X^2/df=1.778$，RMSEA=0.077，GFI=0.890，NFI=0.912，IFI=0.960，CFI=0.959；自变量企业家精神验证性因子分析的拟合指数

为：X²/df=1.870，RMSEA=0.076，GFI=0.901，NFI=0.892，IFI=0.914，CFI=0.913。可见整体因子模型拟合良好。

表8-2　各变量的信度和效度分析结果（N=225）

变量	测量题项	初始的CITC	最后的CITC	因子负荷	删除该题项后Cronbach's α系数	α系数	建构系数	平均方差提取
危机意识	危机的预估	0.514	0.549	0.797	0.516	初始=0.665 最终=0.704	0.7127	0.689
	危机的辨别	0.555	0.549	0.689	0.480			
	危机的管理	0.378	删除	–	0.704			
市场导向	顾客导向	0.664	0.664	0.841	0.768	0.817	0.819	0.599
	竞争导向	0.665	0.665	0.732	0.767			
	跨部门协调	0.702	0.702	0.745	0.730			
创新精神	引进新产品	0.575	0.575	0.662	0.840	0.841	0.846	0.581
	开拓新产品范围	0.693	0.693	0.776	0.792			
	开发新市场	0.692	0.692	0.760	0.791			
	进入新技术领域	0.749	0.749	0.839	0.765			
实时信息获取	宏观信息获取	0.654	0.654	0.614	0.605	0.759	0.817	0.603
	行业信息获取	0.609	0.609	0.851	0.655			
	竞争对手信息获取	0.511	0.511	0.842	0.765			
主导逻辑突破	信息整合机制完善性	0.545	0.580	0.846	0.712	初始=0.761 最终=0.787	0.816	0.529
	信息整合程度	0.585	0.627	0.663	0.697			
	现战略与环境适应程度	0.581	0.572	0.744	0.700			
	根据环境变化战略调整	0.636	0.602	0.639	0.679			
	对以往战略沿袭程度	0.311	删除	——	0.787			
新战略运营的稳定性	新战略开始后生产稳定	0.589	0.589	0.622	0.622	0.738	0.865	0.687
	新战略开始后质量稳定	0.621	0.621	0.951	0.584			
	新战略开始后利润稳定	0.484	0.484	0.877	0.745			
新战略运营的效率性	新战略的资金保障	0.545	0.545	0.699	0.768	0.796	0.851	0.533
	新战略的物资保障	0.605	0.605	0.765	0.750			
	新战略的技术保障	0.551	0.551	0.765	0.766			
	新战略的人力资源保障	0.633	0.633	0.686	0.739			
	新战略的组织结构保障	0.566	0.566	0.733	0.763			

注：所有因子负荷均具有显著性（p<0.001）。初始 α 系数是指根据最初设计的测量条款计算的 α 系数，最终 α 系数是指根据调整后的测量条款计算的 α 系数。

8.2.3 实证结果

8.2.3.1 描述性统计

首先对各变量进行简单的描述性分析，得到所有 7 个变量的均值、标准差和它们的两两相关系数，如表 8-3 所示。

表8-3 各变量的均值、标准差和两两相关系数（N=225）

	均值	标准差	危机意识	市场导向	创新精神	实时信息获取	主导逻辑突破	新战略运营的稳定性	新战略运营的效率性
危机意识	14.493	3.329	1.000						
市场导向	14.370	3.035	0.688	1.000					
创新精神	18.084	5.332	0.511	0.670	1.000				
实时信息获取	14.724	3.271	0.651	0.541	0.329	1.000			
主导逻辑突破	18.520	4.436	0.602	0.623	0.591	0.497	1.000		
新战略运营的稳定性	15.084	3.229	0.497	0.546	0.387	0.504	0.343	1.000	
新战略运营的效率性	23.249	5.227	0.509	0.642	0.639	0.368	0.580	0.636	1.000

8.2.3.2 模型的拟合与修正

使用 AMOS21.0 对上述结构方程模型进行分析，初步拟合结果如表 8-4 所示。

表8-4 企业家精神与动态能力关系初步模型拟合结果（N=225）

路径	路径系数	标准路径系数	标准化误差	临界比率值.
危机意识→实时信息获取	0.625***	0.894***	0.069	9.035
市场导向→主导逻辑突破	0.863***	0.823***	0.088	9.801
创新精神→新战略运营的稳定性	0.127*	0.159*	0.062	2.045
市场导向→新战略运营的效率性	0.408***	0.537***	0.089	4.595
创新精神→新战略运营的效率性	0.258**	0.354**	0.084	3.058
危机意识→新战略运营的稳定性	0.480***	0.707***	0.073	6.541

χ^2 (244) =847.532，p=0.000，χ^2/df=3.473，RMSEA=0.105，GFI=0.738，NFI=0.735，IFI=0.796，TLF=0.767，CFI=0.794

注：*、** 和 *** 分别表示 5%、1% 和 0.1% 置信水平下显著。

从绝对拟合指标来看，$X^2/df=3.473$，大于 3，P=0.000，在拒绝域范围之内；RMSEA=0.105，大于 0.080 的接受值；GFI 等于 0.738，低于 0.900 的理想值。从相对拟合指标来看，NFI，IFI，TLF 与 CFI 均小于 0.900 的理想值。因此，该模型不能配合数据，必须加以修正。

结构方程模型运行的默认状态是将误差项之间视为相互独立的关系，而实践中企业战略管理系统内部各要素间存在广泛的关联性，这可能是导致初步模型拟合度偏低的主要原因。故修正思路为：比较 M.I.（Modification Indices）值，结合战略管理实际，逐步释放限制条件（即在误差项之间建立关联），以提高拟合度。

先后逐一在以下误差项之间建立双向关联并导入数据重新拟合：新战略的物资保障和新战略的人力资源保障，顾客导向和信息整合机制的完善程度，信息整合机制的完善程度和新战略的物资保障，新战略运营的稳定性和新战略运营的效率性，主导逻辑突破和新战略运营的稳定性，实时信息获取和主导逻辑突破，新战略开始后生产的稳定性和引进全新一代的产品，竞争导向和根据环境变化调整战略的频率，新战略开始后质量的稳定性和新战略的人力资源保障。拟合后结果如表 8-5 所示。

表8-5 企业家精神与家族企业动态能力关系修正后模型拟合结果（N=225）

路径	路径系数	标准路径系数	标准化误差	临界比率值
危机意识→实时信息获取	0.615***	0.888***	0.065	9.513
市场导向→主导逻辑突破	0.765***	0.819***	0.081	9.450
创新精神→新战略运营的稳定性	0.182**	0.229**	0.063	2.904
市场导向→新战略运营的效率性	0.343***	0.438***	0.077	4.449
创新精神→新战略运营的效率性	0.347***	0.454***	0.083	4.202
危机意识→新战略运营的稳定性	0.445***	0.647***	0.067	6.645

X^2（235）=548.472，P=0.000，$X^2/df=2.334$，RMSEA=0.079，GFI=0.827，NFI=0.829，IFI=0.892，TLF=0.867，CFI=0.891

注：*、** 和 *** 分别表示 5%、1% 和 0.1% 置信水平下显著。

从表 8-5 可以看出，模型中各路径系数相应的标准化误差（S.E）均为正值，临界比率值（C.R.）均大于 1.960 的参考值，且在 $p<0.001$ 和 $P<0.05$ 的水平上具有统计显著性。

从绝对拟合指标来看，$X^2/df=2.334$，小于 3，在可接受的范围之内；RMSEA

=0.079，小于 0.100 的接收值；GFI 等于 0.827，略小于但接近 0.900 的理想值。从相对拟合指标来看，NFI，IFI，TLF 与 CFI 略小于但均非常接近 0.900 的理想值。考虑到本研究的探索性，可以认为整体因子模型拟合良好。故将修正后的模型作为最终的确定模型。

8.3 动态能力与家族企业转型升级绩效

8.3.1 变量测度及研究假设的提出

8.3.1.1 转型升级绩效的测度

本研究的因变量是家族企业转型升级绩效。关于企业转型升级的概念目前尚未有明确的定义。现有的探讨主要是从企业转型和企业升级两个层面进行表述的。

转型这一词汇在 20 世纪 80 年代才引入经济管理领域。企业转型属于战略转换。Levey & Merry（1986）将其描述为一种彻底的、全面的变革；Bacharach（1996）认为，从某种程度上讲，组织是一个转换系统，它需要通过特定的过程来实现转换，理解组织转换过程，既要考虑组织内的微观政治交换过程，又要触发转换的宏观环境变化。王吉发（2006）认为企业转型包括两种情况：一是由于自身在所处行业竞争能力降低或竞争优势衰退，促使企业通过组织变革，提升其在产业内的能力；二是由于所处行业的衰退，迫使企业不得不主动或者被动地采取产业转移战略，寻求新的经济增长点。吴家曦（2009）将企业转型概括为一种状态向另一种状态的转变，即企业在不同产业之间的转换和不同发展模式之间的转变。

企业升级概念的提出源于 20 世纪 90 年代末。Gereffi（1999）基于全球价值链分析理论提出了企业升级的概念，认为企业升级是一个企业或经济体迈向更具获利能力的资本和技术密集型经济领域的过程。Humphrey & Schmitz（2000）则从价值链的角度阐述了发展中国家的企业或企业群实现升级的四种不同类型的方式，包括过程升级、产品升级、功能升级、部门间的升级。Poon（2004）认为，企业升级就是制造商成功地从生产劳动密集型的低价值产品转向生产更高价值的资本或技术密集型产品这样一种经济角色转移过程。目前基于全球网络视角下的全球价值链分析，已成为目前国内外学者研究企业升级的主要理论依据。

从本质上讲，企业的转型升级就是企业创新能力不断提升的过程。基于对企业转型升级内涵的梳理和分析，结合对企业转型升级实践的调研，本书用以下四个题项测度家族企业的转型升级绩效：（从劳动、资源密集型）向资本、技术密集型转型；（从纯粹的贴牌生产）向自主品牌生产转型；（从专业化）向多元化转型；产业价值链的延伸。

8.3.1.2 动态能力的测度及假设的提出

本研究的自变量是家族企业的动态能力。从战略管理实践的角度来看，对家族企业的动态能力的研究可以具体化至两个不同的阶段，即企业的战略期间和运营期间。战略期间的动态能力主要表现为对战略的快速调整能力（即企业根据内外部环境的变化，及时调整和改变先前制定的企业战略的能力），可以通过两个具体的维度来测量——实时信息获取和主导逻辑突破。实时信息获取是指企业能够即时获取有效的外部信息的能力，本质上是一种信息搜寻机制。它是企业快速响应外部环境变化的基础。在以 Andrews、Porter 等为代表的传统战略管理理论中，通常把外部环境划分为宏观环境、行业环境、竞争对手三个层面。因此本书就以"宏观信息获取、行业信息获取、竞争对手信息获取"三个题项测度企业的实时信息获取能力。并提出假设如下：

假设1：实时信息获取能力对家族企业转型升级绩效具有正向影响

主导逻辑是存在于管理者头脑中的强势逻辑，它本质上是一种认知刚性。企业在前一阶段成长或成功的经验很容易通过惯例化程序转化为主导逻辑。储存在组织记忆中的主导逻辑一旦形成，企业便会在遇到问题的时候，自动地从其记忆中取回原来的方法与当前问题匹配并加以解决，从而形成路径依赖。主导逻辑突破是指企业在整合内外部信息的基础上摆脱路径依赖、实现对现有战略的调整和改变。本书基于文献梳理，以"对外部信息的整合程度、信息整合机制的完善程度、现战略对外部环境的适应程度、据环境变化调整战略的频率、现战略对以往战略的沿袭程度"五个题项来测度企业的主导逻辑突破能力。并提出假设如下：

假设2：主导逻辑突破能力对家族企业转型升级绩效具有正向影响

运营期间的动态能力主要表现为对战略的快速执行能力，即通过有效组织和精心管理，将调整后的战略迅速付诸实践的过程。本书参考 Sanchez（1995）和钱亚鹏等（2006）的思想，将其划分为新战略运营的稳定性、新战略运营的效率性两个具体的维度。其中新战略运营的稳定性主要是指新战略开始后企业在生产、质量、利润方面是否能够实现平稳过渡；新战略运营的效率性主要包括新战略开始后企业资源和组织结构的转换效率。进而以"新战略开始后生产的稳定性、质量的稳定性、利润的稳定性"三个题项来测度企业新战略运营的稳定性；以"新战略的资金保障、物资保障、技术保障、人力资源保障、组织结构保障"五个题项来测度企业新战略运营的效率性。并提出假设如下：

假设 3：新战略运营的稳定性对家族企业转型升级绩效具有正向影响

假设 4：新战略运营的效率性对家族企业转型升级绩效具有正向影响

8.3.1.3 假设检验的基本框架

综上所述，提出动态能力与家族企业转型升级绩效关系的假设检验框架，如图 8-2 所示。

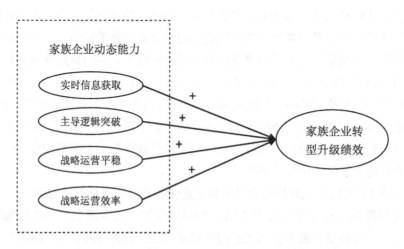

图8-2 动态能力与家族企业转型升级绩效关系的研究框架

8.3.2 变量的信度和效度分析

上述量表均采用 7 点量表法，各量表的信度和效度分析结果如表 8-6。表中测量条款"对以往战略沿袭程度"CITC 指数为 0.311，且删除这个测量条款后，系数从 0.761 上升到 0.787，所以将这个测量项目予以删除。除此之外，各量表的 Cronbach's α 值均超过 0.650，项目的 CITC 值均超过 0.350，可见各题项之间具有较好的内部一致性。

验证性因子分析表明：各标准化因子负荷均大于 0.500，且从 t 值上看均在 p<0.001 的水平上通过了显著性检验；各变量的建构系数均大于 0.800，平均方差 AVE 均 0.500 以上，可见验证性因子模型具有良好的效度和信度。自变量动态能力验证性因子分析的拟合指数为：X2/df=1.778，RMSEA=0.077，GFI=0.890，NFI=0.912，IFI=0.960，CFI=0.959；因变量转型升级绩效验证性因子分析的拟合指数为：X2/df=1.923，RMSEA=0.079，GFI=0.962，NFI=0.901，IFI=0.911，CFI=0.909。可以认为整体因子模型拟合良好。

表8-6 各变量的信度和效度分析结果（N=225）

变量	测量题项	初始的CITC	最后的CITC	因子负荷	Cronbach's Alpha if Item Deleted	Alpha系数	建构系数	AVE
转型升级绩效	向资本、技术密集型转型	0.453	0.453	0.853	0.634	0.688	0.815	0.530
	向自主品牌生产转型	0.367	0.367	0.593	0.684			
	向多元化转型	0.476	0.476	0.624	0.621			
	产业链延伸	0.603	0.603	0.807	0.542			
实时信息获取	宏观信息获取	0.654	0.654	0.614	0.605	0.759	0.817	0.603
	行业信息获取	0.609	0.609	0.851	0.655			
	竞争对手信息获取	0.511	0.511	0.842	0.765			
主导逻辑突破	对外部信息的整合程度	0.545	0.580	0.846	0.712	初始=0.761 最终=0.787	0.816	0.529
	信息整合机制的完善程度	0.585	0.627	0.663	0.697			
	现战略与环境的适应程度	0.581	0.572	0.744	0.700			
	据环境变化调整战略频率	0.636	0.602	0.639	0.679			
	现战略对以往战略沿袭程度	0.311	删除	0.622	0.787			
新战略运营的稳定性	新战略开始后生产稳定	0.589	0.589	0.951	0.622	0.738	0.865	0.687
	新战略开始后质量稳定	0.621	0.621	0.877	0.584			
	新战略开始后利润稳定	0.484	0.484	0.699	0.745			
新战略运营的效率性	新战略的资金保障	0.545	0.545	0.765	0.768	0.796	0.851	0.533
	新战略的物资保障	0.605	0.605	0.765	0.750			
	新战略的技术保障	0.551	0.551	0.686	0.766			
	新战略的人力资源保障	0.633	0.633	0.733	0.739			
	新战略的组织结构保障	0.566	0.566	0.614	0.763			

注：所有因子负荷均具有显著性（$p < 0.001$）。

8.3.3 实证结果

8.3.3.1 描述性统计

首先对各变量进行简单的描述性分析，得到各变量的均值、标准差和两两相关系数，如表8-7。

表8-7 各变量的均值、标准差和两两相关系数（N=225）

	Mean	Std. Deviation	实时信息获取	主导逻辑突破	新战略运营的平稳性	新战略运营的效率性	转型升级绩效
1. 实时信息获取	14.7244	3.27116	1.000				
2. 主导逻辑突破	18.5200	4.43613	0.497	1.000			
3. 新战略运营的平稳性	15.0844	3.22891	0.504	0.343	1.000		
4. 新战略运营的效率性	23.2489	5.22702	0.368	0.580	0.636	1.000	
5. 转型升级绩效	18.2267	4.77318	0.363	0.575	0.349	0.578	1.000

8.3.3.2 模型的拟合与修正

使用 AMOS21.0 对上述结构方程模型进行分析，初步拟合结果如表 8-8。

表8-8 动态能力与转型升级绩效关系初步模型拟合结果（N=225）

路径	路径系数	标准路径系数	标准化误差	临界比率值.
实时信息获取→转型升级绩效	0.603***	0.314***	0.072	8.373
主导逻辑突破→转型升级绩效	0.424***	0.273***	0.064	6.594
新战略运营的稳定性→转型升级绩效	0.502***	0.243***	0.040	12.626
新战略运营的效率性→转型升级绩效	0.571***	0.202***	0.043	13.289

X^2（156）=808.166，p=0.000，X^2/df=5.181，RMSEA=0.137，GFI=0.703，NFI=0.596，IFI=0.646，TLF=0.609，CFI=0.643

注：*、** 和 *** 分别表示5%、1% 和 0.1% 置信水平下显著。

从绝对拟合指标来看，X^2/df=5.181，大于3，p=0.000，在拒绝域范围之内；RMSEA=0.137，大于 0.1 的接收值；GFI 等于 0.703，小于 0.9 的理想值。从相对拟合指标来看，NFI，IFI，TLF 与 CFI 均低于 0.9 的接受值。因此，该模型不能配合数据，必须加以修正。

结构方程模型的默认状态是将误差项之间关系固定为 0 的，而实际上企业战略管理系统内部各要素之间存在广泛的关联性，这可能是造成初步模型拟合度偏低的主要原因。修正的思路是：比较 M.I.（Modification Indices）值，同时结合战略管理实际，释放限制条件，在误差项之间建立关联，以提高拟合度。

我们先后在以下误差项之间建立了双向关联，并导入数据重新拟合：向多元化转型和产业链延伸，新战略的物资保障和新战略的人力资源保障，对外部信息的整合程度和现战略对外部环境适应程度，竞争对手信息获取和新战略的资金保障，新战略开始后利润的稳定性和产业链延伸，信息整合机制的完善程度和对外部信息的整合程度，信息整合机制的完善程度和据环境变化调整战略的频率，新战略的资金保障和新战略的组织结构保障，新战略开始后质量的稳定性和新战略的人力资源保障，行业信息获取和新战略的组织结构保障，信息整合机制的完善程度和新战略的物资保障，结果如表8-9。

表8-9　动态能力与转型升级绩效关系修正后模型拟合结果（N=225）

路径	路径系数	标准路径系数	标准化误差	临界比率值
实时信息获取→转型升级绩效	0.260***	0.171***	0.074	3.528
主导逻辑突破→转型升级绩效	0.456***	0.289***	0.068	6.676
新战略运营的稳定性→转型升级绩效	0.502***	0.291***	0.045	11.052
新战略运营的效率性→转型升级绩效	0.484***	0.191***	0.051	9.446

X^2（145）=329.240, p=0.000, X^2/df=2.271, RMSEA=0.087, GFI=0.874, NFI=0.835, . IFI=0.890, TLF=0.841, CFI=0.887

注：*、** 和 *** 分别表示5%、1% 和 0.1% 置信水平下显著。

从表8-9可以看出，模型中各路径系数相应的标准化误差（S.E）均为正值，临界比率值（C.R.）均大于1.96的参考值，且在p<0.001的水平上具有统计显著性。

从绝对拟合指标来看，X^2/df值为2.271，小于3，在可接受的范围之内；RMSEA=0.087，小于0.1的接收值；GFI等于0.874，略小于但非常接近0.9的理想值。从相对拟合指标来看，NFI，IFI，TLF与CFI略小于但是已经非常接近0.9的理想值。考虑到本研究的探索性，可以认为整体因子模型拟合良好。故将修止后的模型作为最终的确定模型。

8.4　结论

8.4.1　关于企业家精神与动态能力

至此本书的研究假设基本得到了证实：（企业家精神的构成维度）危机意识对（动态能力的构成维度）实时信息沟通和新战略执行的稳定性具有显著的正向影响；（企业家精神的构成维度）市场导向对（动态能力的构成维度）主导逻辑突破和新战略执行的效率性具有显著的正向影响；（企业家精神的构成维度）创新精神对（动态能力的构成维度）新战略执行的稳定性和新战略执行的效率性具有显著的正向影响。各假设验证的具体情况见表8-10。

表8-10　企业家精神与动态能力关系模型的假设检验情况

序号	内容	验证情况
假设1.1	危机意识对实时信息获取具有显著的正向影响	通过
假设1.2	市场导向对主导逻辑突破具有显著的正向影响	通过
假设1.3	危机意识对新战略执行的稳定性具有显著的正向影响	通过
假设1.4	创新精神对新战略执行的稳定性具有显著的正向影响	通过
假设1.5	市场导向对新战略执行的效率性具有显著的正向影响	通过
假设1.6	创新精神对新战略执行的效率性具有显著的正向影响	通过

　　本书的研究结论表明：在企业家精神对家族企业的动态能力显著具有正向影响，因而是转型升级背景下促使我国家族企业发展动态能力，实现转型升级的重要激活机制；基于家族企业动态能力构建的视角深入探讨我国家族企业企业家精神的培育和传承机制，是促使我国家族企业发展动态能力，实现转型升级的一条重要路径。

8.4.2　关于动态能力与家族企业转型升级绩效

　　至此本书的研究假设得到了证实：家族企业动态能力的构成维度，包括实时信息获取、主导逻辑突破、新战略运营的稳定性和新战略运营的效率性均对家族企业转型升级绩效具有显著的正向影响。各假设验证的具体情况如表8-11。

表8-11　动态能力与转型升级绩效关系模型的假设检验情况

序号	内容	验证情况
假设1	实时信息获取对家族企业转型升级绩效具有显著的正向影响	通过
假设2	主导逻辑突破对家族企业转型升级绩效具有显著的正向影响	通过
假设3	新战略运营的平稳性对家族企业转型升级绩效具有显著的正向影响	通过
假设4	新战略运营的效率性对家族企业转型升级绩效具有显著的正向影响	通过

| 9 |
案例研究与分析

　　本章以鲁冠球家族的万向集团、史玉柱家族的巨人集团和李如成家族的雅戈尔集团三个企业的发展历程为例,深入研究其在企业家精神培育、动态能力生成及转型升级等方面的管理实践。通过比较案例分析,一方面对本研究提出的理论框架进行了实证检验,另一方面也进一步深化和完善了本研究提出的企业动态能力生成机理理论。

9.1　研究设计

9.1.1　研究方法的选择

　　案例研究是当代社会科学研究中广泛使用的一种研究方法,它适合回答"怎么样"和"为什么"之类的问题,有利于获得其他研究手段所不能获得的数据、经验知识,并以此为基础来分析不同变量之间的逻辑关系,进而检验和发展已有的理论体系(余菁,2004)。根据实际研究中运用案例数量的不同,案例研究分为单一案例研究和多案例研究。一般认为采用多案例研究能够增强说服力,提高外在效度。本章采用多案例研究方法对本书的理论框架进行实证检验。

9.1.2 目标案例的选取

表9-1　本研究的案例选取标准及理由

序号	选取标准	理由
1	有较长发展历史	长期成长是考察企业动态能力的基础
2	在动态能力方面表现出色	以符合研究主题（动态能力生成机理）的需要
3	在企业家精神方面表现突出	以符合本研究从企业家精神视角研究动态能力生成的需要
4	中国民营经济发达地区——浙江省和广东省的典型家族企业	以体现社会层面企业家精神、制度创新、技术进步等主要变量对动态能力生成的影响
5	制造业企业	①制造业是我国企业转型升级的重点 ②制造业是我国市场化比较充分、外部环境变化较快的行业，有利于体现环境的动态性特征 ③将研究对象限定于制造业，可以避免因业务性质差异太大而产生变异，提高研究的信度。
6	代表性强、社会影响大	以提高本研究的外在效度

　　根据上述选取标准，我们最终选出三家企业进行案例研究，它们是鲁冠球家族的万向集团、史玉柱家族的巨人集团和李如成家族的雅戈尔集团。在分析单位的选择上，本研究采用了嵌入性多分析单位设计，资料收集涉及三个层面，其中企业是主要分析单位，企业家是最小分析单位，企业所处的社会制度背景和技术进步背景也十分重要。

　　表9-2对这三家企业做了简要介绍。

表9-2　案例企业简介

企业名称	万向集团	巨人集团	雅戈尔集团
主要业务领域	汽车零部件、新能源、金融投资	保健品、软件、金融投资	服装业、房地产、金融投资
创业时间	1969年	1991年	1979年
创业地点总部地点	浙江杭州	广东珠海、上海	浙江宁波
创始人	鲁冠球	史玉柱	李如成
家族股权	80%	超过51%	34.65%

（续上表）

行业排名	目前世界上万向节专利最多、规模最大的专业制造企业。主导产品国内市场和国际市场占有率分别为60%和12%左右。在美国制造的汽车中，每3辆就有一辆使用万向制造的零部件。	1. 中国保健品市场中的领军品牌。旗下产品脑白金2000—2007连续8年夺得中国保健品单品销售第一名。黄金搭档2003—2007年，获中国组合维生素类产品销量"五连冠"。 2. 旗下的巨人网络科技有限公司2007年在纽交所成功上市，成为中国首家登陆纽交所的IT概念公司。	1. 在中国纺织工业联合会发布的2013—2014年度全国纺织服装企业竞争力500强中雅戈尔列第三。 2. 雅戈尔品牌衬衫和西装分别于1995年、1999年第一次夺得国内同类产品市场综合占有率第一名，此后一直稳居第一。其中，2015年雅戈尔品牌男衬衫和男西装的国内市场占有率分别为7.4%和8.4%。
发展阶段	三个阶段： 1. 创业阶段 （1969年至20世纪80年代末） 2. 高速增长阶段（20世纪90年代） 3. 战略转型阶段 （进入21世纪至今）	四个阶段： 1. 创业阶段（1991-1996） 2. 受挫阶段（1996-1997） 3. 再创业阶段（1998-2004） 4. 战略转型阶段 （2004年至今至今）	三个阶段 1. 创业阶段 （1979年至20世纪80年代末） 2. 多元化成长阶段 （20世纪90年代至21世纪初） 3. 回归主业阶段 （2011年至今）

9.1.3 资料收集方法和研究的信度与效度

信度与效度是评价案例研究品质的关键。为了提高本研究的信度，我们建立了案例研究数据库，制定了具体详细的案例研究草案，并且严格遵循规范化的步骤进行，以确保研究的每个步骤都具有可重复性。

案例研究的效度检验主要体现在建构效度和外在效度方面。为了提高研究的建构效度，我们尽量采用多元的证据来源、注重证据链的形成。本书采用的二手资料来源包括：（1）从学术文献数据库中搜索到的已有研究文献，包括案例分析和行业分析；（2）关于三家企业及其企业家的媒体报道，包括百度等搜索引擎搜索到的网页新闻和专题报道，以及报纸、杂志、影音的新闻报道等；（3）企业或外界观察家出版的有关该行业、该企业和/或企业领导人的书籍，主要是传记性、纪实性著作；（4）直接从企业获得的材料，包括从公司网站、组织内档案（含企业内部出版、培训资料、工作手册）、年度报告和企业其他文件中获取的信息。一手资料的获得方法有三种：（1）作者到案例企业进行的实地调查，包括现场访谈、现场考察和调查对象是三个中国的案例企业和两个国外企业的中国办事处。（2）与案例企业管理层进行的座谈。（3）通过对三位有案例研究经验的资深学者和三位做过相关采访的资深记者的访谈获取信息等。部分访谈在得到访谈对象认同的情况下进行了录音。此外，为削减作者对资料收集可能具有的倾向性及受访企业代表回答问题的主观性等特征，我们邀请对案例企业知情的企业人士和熟悉案例研究的学者对案例研究报告草案进行了检查和核实。

Yin（1994）认为，案例研究方法在选取案例企业的时候遵从复制法则而非抽样法则。此外，Eisenhardt（1989）认为包括 4 ~ 10 个案例的跨案例研究可以提供一个良好的分析归纳。为了提高研究的外在效度，本研究采用逐项复制的方法选取 5 个企业作为案例研究对象，分别独立地从 5 个案例中得出结论并相互印证。

9.1.4 数据分析与报告撰写

本书的案例分析分为案例内分析和跨案例分析两部分。首先是案例内分析。我们遵循前面提出的概念定义和理论框架，采用内容分析法对整理形成的文献资料加以描述性编码，以获得对单个案例的透彻理解。并在此基础上分别撰写了每个案例的案例背景、发展历程和案例报告。通过描述性编码，我们归纳出每个案例企业在不同发展阶段所具有的组织即兴、战略调整能力、战略执行能力三个层面的企业家精神、实时信息沟通、主导逻辑、资源柔性、技术柔性、结构柔性、危机意识、抛弃政策、市场导向、试验文化、制度创新及企业外部环境中面临的社会层面的制度创新和技术进步状态。在此基础上，进行了深入的跨案例比较研究，以形成对动态能力的生成机理、企业家精神激活系统要素的内在机理及动态能力的控制机理的深入认识。

9.2　案例企业背景及发展历程

9.2.1　万向集团

万向集团公司始创于 1969 年，位于国家级经济开发区——杭州市萧山区经济技术开发区。主业为汽车零部件业，在国内市场和国际市场占有率分别达到 60% 和 10% 左右。目前企业位列汽车零部件业第 1 位，中国汽车行业第 8 位。其创始人鲁冠球带领企业从一个铁匠铺发展成为中国第一个为美国通用汽车公司提供零部件的 OEM，被誉为中国商界常青树。在 2015 胡润百富榜中，鲁冠球及其家族以 650 亿元位列第 10。本书通过对万向集团公司案例资料的收集和整理，将其发展历程划分为：创业、高速增长和战略调整三个阶段，以下对万向集团公司的案例背景和发展历程做简要介绍。

9.2.1.1 成功创业（1969 年至 20 世纪 80 年代末）

1969 年在浙江杭州市萧山区宁围镇，24 岁的鲁冠球带领 6 名农民，集资 4000 元，创办宁围公社农机厂，开始了艰苦的创业。修配厂创建后的 10 年，靠作坊式生产出的犁刀、铁耙、万向节等产品，鲁冠球艰难地完成了最初的原始积累。1979 年，鲁冠球看到《人民日报》的一篇社论《国民经济要发展，交通运输是关键》。他判断中国将大力发展汽车业，决定调整战略，集中力量生产专业化的汽车万向节。第二年，他将工厂改名为萧山万向节厂（1990 年又将公司改名为万向集团，并一直沿用至今）。此后数年，他一直靠低价战略，使"钱潮牌"产品牢牢控制着国内大部分市场，创造了"万向节奇效"。

9.2.1.2 高速增长（20 世纪 90 年代）

1990 年开始，鲁冠球提出"大集团战略、小核算体系、资本式运作、国际化市场"的战略方针，企业进入高速成长阶段。企业用"钱潮牌"万向产品打开了日本、意大利、法国、澳大利亚、中国香港等 18 个国家和地区的市场，每年创汇在 229 万美元以上。同时也成为国内最大的万向节生产基地。1992 年，鲁冠球提出"花钱买不管"，和政府明晰万向产权。1994 年，万向钱潮在深圳上市，成为中国首家上市的乡镇企业，并独资成立了万向美国公司。1997 年获得美国通用汽车公司生产订单，成为国内第一个为美国通用汽车公司提供零部件的 OEM 厂商。2001 年，企业实现营收 86.36 亿元，利润 7.06 亿元，出口创汇 1.78 亿美元。成为中国民营企业的标杆。

9.2.1.3 战略转型（21 世纪至今）

进入 21 世纪以来，汽车零部件行业日趋微利。从万向旗下汽车零部件的核心企业、上市公司万向钱潮的报表中可以看出：刚刚上市的 1994 年，净利润率高达 21.73%；经过 1996 年、2001 年两度跳水之后，最近四五年的净利润率已经下滑至 5% 左右。万向集团敏锐地认识到这一变化，从 1999 年开始就投资电动汽车，2000 年确定了"资本式经营，国际化运作"的经营理念，开始寻找"高效益"领域的多元化尝试。目前万向集团已参、控股 10 余家上市公司，横跨金融、汽车、农业、能源四大产业。同时，从 2012 年收购美国锂电池制造商 A123 公司、2014 年收购美国破产电动汽车企业菲斯科，到 2015 与上汽集团合作成立新能源客车项目，万向离"新能源汽车之梦"也越来越近了。战略转型正在给万向集团带来新的成功：2013 年新财富中国富豪榜，鲁冠球以 235 亿排名第 14 名。2015 胡润百富榜中鲁冠球及其家族以 650 亿元位列第 10，财富比 2014 年增长 65%。

9.2.2 巨人集团

巨人集团是由具有传奇色彩的中国企业家史玉柱创立的企业，其前身是 1991 史玉柱在广东珠海注册成立的珠海巨人新技术公司。1992 在此基础上成立了珠海巨人高科技集团公司，简称巨人集团。1994—1996 年，巨人集团通过成功开发和推广脑黄金，在保健品方面异军突起。然后很快由于房地业务陷入严重的财务危机，企业名存实亡。1999 年史玉柱注册建立生产保健类产品的生物医药企业——上海健特生物科技有限公司。2000 年再度创业，开展"脑白金"业务，再次获得巨大成功。2004 年史玉柱在上海注册成立了上海巨人网络科技有限公司，成功转型网游领域。2007 年上海征途网络科技有限公司正式更名为上海巨人网络科技有限公司，并于 2007 年 11 月 1 日顺利登陆纽约证券交易所，公司总市值达到 42 亿美元，成为在美国发行规模最大的中国民营企业。史玉柱领导下的巨人集团是近年来中国商界最具争议和最具传奇色彩的企业。本书通过对巨人集团案例资料的收集和整理，将其发展历程划分为：创业、受挫、再创业和战略转型四个阶段。

9.2.2.1 成功创业（1991—1996）

1989 年深圳大学软科学硕士史玉柱下海创业。产品是史玉柱自己耗费 9 个月开发的 M-6401 桌面文字处理系统。他用 4000 元承包下天津大学深圳电脑部。随后利用《计算机世界》先打广告后收钱的时间差，用全部 4000 元做了一个 8400 元的广告："M-6401，历史性的突破"。4 个月后，他赚了 100 万元。拿着这笔钱，他以"蓝色巨人"IBM 为目标，创办了珠海巨人新技术公司。1992 年 9 月又成立了珠海巨人高科技集团公司，简称巨人集团。巨人集团凭借巨人汉卡和中文手写电脑取得了初步的成功。之后，随着康柏、惠普、AST、IBM 等国际巨头相继进军中国，巨人集团在计算机行业发展受挫，转而进入保健品和房地产行业。1994 年年初，巨人大厦动工，计划 3 年完工。同期随着脑黄金的成功，巨人集团在保健品方面异军突起。1995 年，史玉柱被《福布斯》列为内地富豪第八位。

9.2.2.2 受挫（1996—1997）

1996 年，巨人大厦资金告急，史玉柱决定将保健品方面的全部资金调往巨人大厦，保健品业务因资金"抽血"过量，再加上管理不善，迅速盛极而衰。1997 年年初，巨人大厦未按期完工，只建至地面三层的巨人大厦停工，巨人集团已名存实亡，但一直未申请破产。

9.2.2.3 再创业（1998—2004）

1997 年的财务危机给史玉柱最后留下一栋烂尾的巨人大厦，外加 2.5 亿巨债。

为了尽快还债，他决定做市场大、刚起步的保健品。1998 年，史玉柱找朋友借了50 万元，开始运作脑白金。1999 年他注册建立生产保健类产品的生物医药企业——上海健特生物科技有限公司。2000 年再度创业，开展"脑白金"业务。依靠成功的广告营销，公司在 2000 年就创造了 13 亿元的销售奇迹，成为保健品状元。根据国家统计局的数据，其旗下产品脑白金 2000—2007 连续 8 年夺得中国保健品单品销售第一名。黄金搭档 2003—2007 年，获中国组合维生素类产品销量"五连冠"。

9.2.2.4 战略转型（2004 年至今）

2004 年之后，随着国内保健品产品越来越多，外国保健品大举登陆中国市场并迅速占领相应市场，以及消费者的消费行为逐渐趋于理智，中国保健品市场的市场竞争日益加剧，经营环境恶化。在发展保健品的同时，史玉柱的企业开始进一步转型进入网游领域。2004 年 11 月，史玉柱的上海征途网络科技有限公司成立，这是一家以网络游戏为发展起点，集研发、运营、销售为一体的综合性互动娱乐企业，后改名为上海巨人网络科技有限公司。2007 年巨人网络科技有限公司在纽交所成功上市，总市值达到 42 亿美元，融资额为 10.45 亿美元，成为中国首家登陆纽证交所的 IT 概念公司，也是在美国发行规模最大的中国民营企业。此后，史玉柱创办的巨人投资公司先后在保健品、银行投资、网游、保健酒等不同领域开辟市场，均取得较好的收益。2009 年福布斯全球富豪排行榜，史玉柱以 15 亿美元居 468 位，在大陆位居 14 位。

9.2.3 雅戈尔集团

雅戈尔集团创立于 1979 年，创始人李如成，公司总部位于浙江省宁波市，其前身是宁波青春服装厂。20 世纪 80 年代企业通过引进外资、技术、管理及借助大企业的一些经营思路和管理方法迅速发展。90 年代通过涉足地产开发和资本投资实现了高速增长。经过 37 年的发展，逐步确立了以品牌服装为主业，涉足地产开发、金融投资领域，多元并进、专业化发展的经营格局。主打产品衬衫和西服持续多年获得国内市场综合占有率第一位。在全国工商联发布的"2015 中国民营企业 500 强榜单"中，以 590 亿的收入获得第 36 位排名。本书通过对雅戈尔集团案例资料的收集和整理，将其发展历程划分为：创业、高速增长和走向成熟三个阶段。

9.2.3.1 成功创业（1979—1990 年）

雅戈尔的前身为一家叫作青春服装厂的队社企业。1981 年，30 岁的李如成，进入这家"原始手工作坊档次"的服装厂，做了一名裁剪工。随后，凭一己之力拯救服装厂于既倒的李如成，就任厂长。1983 年通过与上海开开衬衫厂的横向联营，借助大企业的一些经营思路和管理方法，使企业得到迅速发展，完成了资本与技术的原始积累。1986 年创建了首个自主品牌"北仑港"。1990 年通过与澳门企业合资组建中外合资雅戈尔制衣公司，引进了外资、技术和管理，使经营层的观念获得新的突破。同年，企业以壮士断腕的决心终止了声名正隆"北仑港"品牌，新创"YOUNGOR（雅戈尔）"品牌，为日益成长为国际化企业奠定了基础。

9.2.3.2 高速增长（1991—2010 年）

20 世纪 90 年代是雅戈尔高速增长的阶段。1994 年在衬衫领域已经位列第一雅戈尔又联手意大利企业开始研发和生产西服。一段"火烧西装"的品牌故事（据雅戈尔官网记载，为唤醒员工的质量意识，20 世纪 90 年代一位雅戈尔的一名生产厂长曾当着众工人的面，将一批有色差的西装逐渐剪破、填入炉膛、付之一炬），奠定了雅戈尔西服的品质基础。此后雅戈尔品牌衬衫、西装持续多年获得国内市场综合占有率第一位。1998 年雅戈尔集团股份有限公司在上海证券交易所挂牌上市。主营业务纺织、服装。2001 国际服装城全面竣工，成为国内最大的服装制造业基地。2004 纺织城全面竣工，成为国内重要的高端纺织面料生产基地。2007 以 1.2亿美金完成全国海外最大并购案——并购美国 KELLWOOD 公司旗下核心男装业务，香港的新马集团，步入跨国经营阶段。2009 正式推出汉麻世家品牌，实现了产品化。迄今已经形成了以品牌服装经营为龙头的纺织服装垂直产业链。在中国纺织工业联合会发布的 2012—2013 年度全国纺织服装企业竞争力 500 强榜单中，雅戈尔集团名列第五，全国服装企业竞争力十强名列第一。

从 90 年代开始以服装、纺织类业务起家的雅戈尔也开始逐步在地产和投资领域攻城掠地。1992 雅戈尔集团涉足地产开发领域，1993 涉足资本投资领域。目前服装、地产和投资已成为雅戈尔公司发展的"三驾马车"。在向房地产和投资领域的进军中雅戈尔一度收益颇丰。据统计，2000 年雅戈尔置业在宁波主城区的市场占有率达到了 20% 左右，成为宁波地产界公认的老大，近年来地产行业对企业年均贡献 6 亿元的收益。而投资中信证券则带来了超过 25 倍的投资回报。1999 年，雅戈尔出资 3.2 亿元，成为中信证券的主发起人之一。2006 年起雅戈尔通过减持中信证券的股票，累计套现达 60 亿元。以致于创始人李如成曾经感叹"投资得好，一下子就能赚制造业 30 年的钱"。

9.2.3.3 战略转型（2011 年至今）

地产和投资的成功一度让雅戈尔风光无限。然而好景不长，随着房地产市场宏观调控的持续，雅戈尔地产业务从 2011 年起直线大跌。2013 年雅戈尔与杭州国土资源局解除合同，退掉曾高价夺得的"地王"杭州申花地块，其已缴付的 4.84 亿元合同定金将不予返还。房地产业务"不给力"，金融投资业务也"不争气"。2011 年，雅戈尔参与了 13 家上市公司的增发，金融投资业务的净利润降至 4.87 亿元，同比下降 60.90%；定向增发和 PE 累计投资 29.50 亿元，同比减少 44.78%。

"三驾马车"两失陷，它在某种程度上左右了雅戈尔的整体战略。据曾专注研究雅戈尔发展史的市场观察人士方建勇称，实业在雅戈尔业务的份额已经不断下降至可怜的 25%。压力之下，雅戈尔开始了调整产业结构，进入战略转型阶段。2011 年后其创始人李如成多次表达过：企业必须归核，更加注重服装主业的发展，原来是三条腿同时走路，现在是服装一业为主，另两业为副。公司也在 2011 年年报中称，未来逐步缩减金融投资规模，进一步加大对品牌服装的投入力度。

9.3 家族企业动态能力生成机理的跨案例比较研究

9.3.1 家族企业组织即兴能力的生成机理

本研究以快速战略调整能力和快速战略执行能力两个指标对三个案例企业不同发展阶段的组织即兴能力做出评价，进而分析了两个增强环路运作的水平和运作性质（是良性循环还是恶性循环）及其对组织即兴能力的影响。通过对三个案例企业的综合分析我们发现：这三家企业动态能力的生成具有如下特征：

9.3.1.1 由"实时信息沟通——▶主导逻辑突破——▶战略调整能力——▶实时信息沟通"构成的具有增强环路特征的战略调整能力生成机制

对三家企业不同发展阶段的研究表明：战略调整能力的生成机制可以表述为上述具有增强环路特征的因果关系链条，而且这一增强环路在实践中存在良性循环和恶性循环两种不同的运作方式。这三家企业中有一家企业（万向集团）在各战略阶段总体上都处于良性循环状态，两家企业（雅戈尔集团、巨人集团）在不同的发展阶段表现出不同的运作特征。

在万向集团的案例中，1969 年 7 月农民出身的鲁冠球带领 6 名农民，集资4000 元，创办宁围公社农机修配厂，起初以生产犁刀、轴承、铁耙等产品为主，后来生产万向节。1979 年鲁冠球从《人民日报》一篇题为的《国民经济要发展，交通运输是关键》的社论中，敏锐地捕捉到中国汽车工业的巨大发展机遇，做出了一个影响一生的重大决定：砍掉其他项目，集中精力生产为进口汽车配套的高品质万向节。这一决策开启了万向集团梦想与荣耀的新起点：依靠万向节，以及随后扩展到传动轴、制动器、密封件等系列汽车零部件，万向在众多企业还在观望摸索的时代站稳脚跟，并迅速成为率先打入海外市场的典型，企业进入了"实时信息沟通——▶主导逻辑突破——▶快速战略调整能力——▶实时信息沟通"的良性循环。据 1993 年万向钱潮上市前编制的《招股说明书》披露，在 1992 年或者更早，万向就已经是国内最大的万向节生产基地，占据 60% 以上的市场份额，其中 30% 销往国外。

进入 21 世纪以后，汽车零部件行业日趋微利。万向再一次突破主导逻辑，确定了"资本式经营，国际化运作"的经营理念，开始寻找"高效益"领域的多元化尝试。目前，除了赖以起家的汽车零部件外，万向集团还横跨新能源、金融等十大领域，一个不相关多元化的产业帝国雏形，已渐次清晰。2007 年，万向集团总营收 408 亿，利税 37 亿；其中，万向资源销售收入 225 亿，净利润达 12 亿。可以看出，这一年，并没有被经常提及的万向资源超过汽车零部件，贡献了万向超过一半的营收。另一个可以佐证的例子是：2015 年 12 月鲁冠球接受新闻媒体专访时表示，未来十年，万向将投资 2000 亿元建一座创新聚能城，包括新能源零部件、电池、客车和乘用车。其中核心是电池，2000 亿元中 640 亿元将花在电池上。此外，由万向和阿里巴巴等发起的民营银行"浙江网商银行股份有限公司"已于 2014 年获得国家银监会批准筹建。随着民营银行获批，万向系金融版图日渐完整，目前已经囊括银行、保险、基金、信托、期货、租赁等金融业牌照。鲁冠球被誉为中国商界的"常青树"，作为企业家，时刻保持清醒的头脑，使企业处于"实时信息沟通——▶主导逻辑突破——▶快速战略调整能力——▶实时信息沟通"良性循环的轨道，是其"常青"的主要秘诀。

在巨人集团的案例中，1989 年创始人史玉柱从深圳大学软件科学系（数学系）研究生毕业后，随即下海创业，在深圳研究开发 M6401 桌面中文电脑软件。1991 年巨人高科技集团成立，注册资金 1.19 亿元，并频频受到半数以上中央政治局委员以上级别中央领导的造访，成为中国极具实力的计算机企业。1993 年，随着西方国家向中国出口计算机禁令失效，康柏、惠普、AST、IBM 等国际著名电脑公司开始围剿中国"硅谷"——北京中关村，中国电脑业走入低谷。为了寻找新的支柱产业，巨人集团开始进入保健品和房地产行业，走上了多元化扩张之路。1994 成功开发保健品"脑黄金"，巨人集团在保健品方面异军突起，1995 年被列为《福布斯》中国大陆富豪第 8 位，是当年唯一高科技起家的企业家。之后，在多元化快速扩张的主导逻辑影响下，史玉柱和他的企业彻底忘乎所以，一发不可收拾，先后组织了三大战役：保健品、药品和软件。在组织三大战役的同时，又拓展了新的领域，化妆品领域、服装领域，决定盖一座 70 层高的巨人大厦。但此时市场环境发生了巨大的变化。先是施工打地基时碰上了断裂带，珠海两次发大水将地基全淹，而且在盖巨人大厦时恰好碰上中国加强宏观调控，银根紧缩，地产降温。后是开发保健品又碰上全国整顿保健品市场，保健品也随之降温。加之公司内部财务管理混乱，1996 月下半年公司出现财务危机。1997 年 1 月危机总爆发，巨人集团名存实亡，留下一栋烂尾的巨人大厦，外加 2.5 亿巨债，但没有申请破产。在这一过程中，企业不幸跌入了"实时信息沟通不足——→主导逻辑惯性——→战略调整缓慢——→实时信息沟通不足"的恶性循环。

　　1997 年是史玉柱一生的一个关键节点。重创之后，巨人集团不得不推倒重来。敏锐的市场感知能力再一次起到了关键作用，史玉柱决定做市场大、刚起步的保健品。他找朋友借了 50 万元，开始运作脑白金。这一次他突破了多元化的主导逻辑，专注于脑白金的运作，并实施进行了战略调整，依靠成功的广告营销，在短短几年时间里，到 2000 年，公司创造了 13 亿元的销售奇迹，成为保健品状元。根据国家统计局的数据，2000 年至 2007 年脑白金连续 8 年夺得中国保健品单品销售第一名。之后史玉柱在网游行业中敏锐地捕捉到中小城市和农村市场的巨大发展机会，2004 年 11 月他成立征途公司，通过主导逻辑突破和快速战略调整，使巨人集团迅速在几乎所有中小城市和 1800 个县建起了办事处，并很快建立了绝对市场优势。2007 年 11 月 1 日，史玉柱旗下的巨人网络集团有限公司成功登陆美国纽交所，总市值达到 42 亿美元，融资额为 10.45 亿美元，成为在美国发行规模最大的中国民营企业，史玉柱的身家突破 500 亿元。经历了一系列传奇性的变革之后，巨人集团终于走上了"实时信息沟通——→主导逻辑突破——→快速战略调整能力——→实时信息沟通"良性循环的轨道。

　　在雅戈尔集团的案例中，创业初期李如成敏锐地捕捉到服装行业发展的巨大机遇，并且通过大胆引进外资、技术、管理，借助大企业的经营思路和管理方法，使企业迅速成为中国第一代男装品牌的代表，走上了稳定发展的轨道。1983 年，通过与上海衬衫厂横向联营生产衬衫并创立第一个品牌"北仑港"，1990 年通过与澳门企业合资生产西装并正式推出"雅戈尔"品牌。20 世纪 90 年代后期凭借对市场信息的敏锐感知能力，以服装、纺织类业务起家的雅戈尔大胆突破这一主导逻辑，走上了多元化道路。公开资料显示，早在 1992 年起雅戈尔就在"那个福利分房占主导的年代"预料到了"商品房市场的广阔前景"，从而大举进军房地产，后来又在炒股、做期货等投资领域风生水起。"实时信息沟通——→主导逻辑突破——▶快速战略调整能力——▶实时信息沟通",增强环路在这一时期表现为良性循环,意味着服装长期保持国内同行业领先地位的同时,雅戈尔在向房地产和投资领域的进军中也颇有收获。近年来,地产行业年均贡献6亿元的收益,而投资中信证券则带来了超过25倍的投资回报,服装、地产和投资组成了这家宁波籍上市公司的"三驾马车"。

2010年以后随着国内房市与股市泡沫的相继破裂,雅戈尔开始面临"三驾马车陷入泥潭"的困扰——服装行业整体不振、房产受制宏观调控,而投资也因大盘低迷屡遭"滑铁卢"。压力之下,雅戈尔被迫再次突破主导逻辑,寻求战略调整。公司在2011年年报中称,未来逐步缩减金融投资规模,进一步加大对品牌服装的投入力度。从雅戈尔的利润构成上看,这种改变已经显现:前5年,金融投资、房地产与品牌服装的利润占比是5:3:2,2011年三项各占1/3,2012年总利润构成预计为主业占4成,其他两项各占3成,未来会调整到主业占5成。

9.3.1.2 由"资源柔性——▶技术柔性——▶结构柔性——▶快速战略执行能力——▶资源柔性"构成的具有增强环路特征的战略执行能力生成机制

对三家企业不同发展阶段的研究表明:战略执行能力的生成机制可以表述为上述具有增强环路特征的因果关系链条,而且这一增强环路在实践中存在良性循环和恶性循环两种不同的运作方式。三家企业中万向集团和雅戈尔集团两家企业在各战略阶段总体上都处于良性循化状态,巨人集团在不同的发展阶段表现出不同的运作特征。

在万向集团的案例中,1979年基于对中国汽车行业发展前景的看好,鲁冠球对其创办的"宁围公社农机修配厂"进行了战略调整:将犁刀、轴承、铁耙等产品调整下马,集中精力生产为进口汽车配套的高品质万向节。之后通过承包工厂获得了企业自主创业、自主经营的权力,通过"股权换市场""设备换市场"和"让利换市场"等方式,整合海内外两套资源。以上措施使企业迅速提高了资源柔性,获得了巨大的生产能力和市场份额。早在1992年万向就已经是国内最大的万向节生产基地,占据60%以上的市场份额。在此基础上,通过在美国等发达国家设立海外公司,企业迅速提高了技术柔性。1997年8月成为美国通用汽车公司的配套产品,2001年8月一举收购NASDAQ上市公司UAL,2014年3月成功收购美国电动汽车制造商菲斯科(Fisker),技术能力的提高使万向集团成长为了一块举世瞩目的世界名牌,目前其国内市场和国际市场占有率分别达到60%和10%左右。资源与技术柔性的提高也促进了企业结构柔性的不断改善。早在1984年万向集团就开始了内部职工入股,1992年通过鲁冠球"花钱买不管"的方式和政府明晰了万向产权,1994年万向集团的核心企业万向钱潮股份公司上市。组织结构的完善进一步促进了企业战略执行能力的提高，企业进入"资源柔性——▸技术柔性——▸结构柔性——▸快速战略执行能力——▸资源柔性"的良性循环。

在巨人集团的案例中，创业初期史玉柱创立的巨人高科技集团曾一度成为中国极具实力的计算机企业。但是此后随着西方国家向中国出口计算机禁令的失效，国际著名电脑公司开始围剿中国市场，中国电脑业走入低谷。为了寻找新的支柱产业，巨人集团开始进入保健品和房地产行业。1994 年保健品"脑黄金"开发和运营的成功，使得史玉柱领导的巨人集团彻底抛弃了创业初期以聚焦为核心的战略思想，多元化扩张成为新的战略思想。在这一战略思想的主导下，巨人集团先后组织了三大战役：保健品、药品和软件，同时轻率进入了化妆品、服装领域、房地产等完全陌生的领域。投资决策的失误，摊子铺得太大，使得企业丧失了资源的柔性。企业被迫以有限的资金在多条战线上同时作战，顾此失彼、疲于奔命。资源柔性的下降也使企业技术柔性（不断开发出适合市场需要的新技术）受到削弱，表现为企业由于资金短缺在生物工程领域的技术开发和市场推广方面陷入困顿。进而影响到企业的结构柔性（组织协调能力），表现为财务管理混乱，营销状况衰势尽现，人员管理破绽百出，员工士气不振。在上述因素的推动下，企业战略执行能力不断下降，被迫陷入由"资源柔性下降——▸技术柔性下降——▸结构柔性下降——▸战略执行能力下降——▸资源柔性下降"构成的恶性循环。1996 年巨额投入的房地产项目巨人大厦受宏观调控影响，银根紧缩、地产降温。同时开发保健品又碰上全国整顿保健品市场，保健品也随之降温。巨人集团只好涸泽而渔，拆东墙补西墙。到 1997 年 1 月财务危机总爆发，巨人集团名存实亡。

在雅戈尔集团的案例中，1981 年李如成担任厂长后进行了大胆的战略调整，为这家"原始手工作坊档次"的服装厂确定了品牌服装发展的战略方向。之后通过与上海开开衬衫厂横向联营，以及与澳门企业合资组建中外合资雅戈尔制衣公司等方式迅速提高了资源柔性，使企业在资金、设备、技术和管理方面获得了巨大的突破——1990 年新创"YOUNGOR（雅戈尔）"品牌，为日益成长为国际化企业奠定了基础。在此基础上，20 世纪 90 年代初成功进行了股份制改造，使企业实现从量变到质变的飞跃，真正走向市场。1998 年在上海证券交易所成功上市，把雅戈尔推向一个与国际接轨的新阶段，也使企业进入了"资源柔性——▸技术柔性——▸结构柔性——▸快速战略执行能力——▸资源柔性"的良性循环。

9.3.1.3 战略调整能力和战略执行能力对组织即兴水平（即动态能力水平）的影响

对三家企业不同发展阶段的研究表明：战略调整能力和战略执行能力共同决定着组织即兴的水平（即动态能力水平）。

　　在万向集团的案例中，初创阶段由于形成了战略调整能力和战略执行能力的良性循环，万向集团整体上表现出很高的组织即兴水平，正是这种动态能力使企业凭借作坊式生产出犁刀、铁耙、万向节等产品并艰难地赢得了市场，进而在完成了最初的原始积累后，将犁刀、轴承、铁耙等产品调整下马，集中精力生产为进口汽车配套的高品质万向节。1990年以后，万向集团再次通过实时信息沟通克服主导逻辑，走上了"资本式运作、国际化市场"的高速发展道路，从而进入了新一轮的由"实时信息沟通——▸主导逻辑突破——▸快速战略调整能力——▸实时信息沟通"构成的良性循环。基于这一战略调整，万向集团通过成为美国通用汽车公司的OEM厂商、积极的海外并购等方式整合海内外两套资源，进一步提高了资源柔性和技术柔性；通过明细产权和成功上市，完善了组织与管理流程，从而在运营层面也进入新的良性循环："资源柔性——▸技术柔性——▸结构柔性——▸快速战略执行能力——▸资源柔性"。进入21世纪以来，汽车零部件行业日趋微利。万向敏锐地认识到这一变化，确定了"资本式经营，国际化运作"的经营理念，开始寻找"高效益"领域的多元化尝试。目前已参、控股10余家上市公司，横跨金融、汽车、农业、能源四大产业。动态能力不断给万向集团带来新的成功：2015胡润百富榜中鲁冠球及其家族以650亿元位列第十，财富比2014年增长65%。

　　在巨人集团的案例中，初创阶段由于形成了战略调整能力和战略执行能力的良性循环，巨人集团整体上表现出很高的组织即兴水平，正是这种动态能力使巨人集团迅速成为中国极具实力的计算机企业。1993年起随着计算机行业的国际巨头相继进军中国，企业生存环境恶化。通过实时信息沟通，巨人集团迅速克服了主导逻辑惯性，转而进入保健品和房地产行业，寻找新的增长点，并在保健品方面异军突起获得巨大成功。然而正当巨人集团的多元化快速扩张进行得如火如荼的时候，企业遭遇宏观调控导致的房地产降温、保健品市场整顿导致的保健品行业降温双重打击。企业不幸在战略调整能力和战略执行能力两个方面分别跌入了"实时信息沟通不足——▸主导逻辑惯性——▸战略调整缓慢——▸实时信息沟通不足"，"资源柔性下降——▸技术柔性下降——▸结构柔性下降——▸快速战略执行能力下降——▸资源柔性下降"的双重恶性循环。1997年1月危机总爆发，企业名存实亡，处于破产的边缘。最后，痛定思痛，巨人集团增强了实时信息沟通和主导逻辑突破能力，使企业重新进入"实时信息沟通——▸主导逻辑突破——▸快速战略调整能力——▸实时信息沟通"的良性循环。同时，由于适时进行战略调整、巨人的资源柔性也得以恢复，企业因此也进入"资源柔性（对内促进团队合作、对外重拾伙伴关系）——▸技术柔性（不断开发出真正适合市场需要的技术和产品）——▸结构柔性（2007年巨人网络科技有限公司在纽交所成功上市，成为中国首家登陆纽证交所的IT概念公司）——▸快速战略执行能力——▸资源柔性"的良性循环。在上述两个良性循环的增强环路作用下，巨人集团的组织即兴水平得以提高，逐渐恢复了昔日的活力。

在雅戈尔集团的案例中，初创阶段由于形成了战略调整能力和战略执行能力的良性循环，雅戈尔集团整体上表现出很高的组织即兴（即动态能力）水平，企业得到迅速发展，完成了资本与技术的原始积累，并且创立了"YOUNGOR（雅戈尔）"品牌，为日益成长为国际化企业奠定了基础。在第二阶段，20世纪90年代基于实时信息沟通，雅戈尔敏锐地感知到环境的变化，并且采取措施大胆突破主导逻辑惯性——在品牌服装领域保持持续优势的同时，雅戈尔也开始逐步在地产和投资领域攻城掠地，从而形成了服装、地产和投资"三驾马车"共同发展的局面。然而21世纪初开始，企业主营业务（品牌服装）与地产业、投资业比重出现严重下滑，被业界批评不务正业。2006—2010年间，雅戈尔金融投资、房地产与品牌服装的利润占比是5：3：2。第二阶段末期，由于未能及时突破主导逻辑惯性，企业跌入战略调整能力和战略执行能力的恶性循环，组织即兴（动态能力）水平有所下降，表现为：2011年以来，受国际金融危机和国内房地产市场宏观调控的双重影响，雅戈尔"三驾马车两失陷"，在金融投资业务和地产业务方面同时出现直线大跌。压力之下，雅戈尔开始了调整产业结构，进入战略转型阶段。转型的核心是归核，即逐步缩减金融投资规模，进一步加大对品牌服装的投入力度，更加注重服装主业的发展。从利润构成上看，目前这种改变已经初见成效。

9.3.2 家族企业企业家精神激活系统要素的内在机理

9.3.2.1 企业家精神激活实时信息沟通的内在机理表述为：

"个体层面的企业家精神→市场导向→实时信息沟通"
组织层面的企业家精神↗

对三家企业不同发展阶段的研究都表明：企业在文化和行为层面的市场导向有利于实时信息沟通机制的建立和完善，而市场导向是企业家精神内涵的构成部分，个体和组织层面的企业家精神有利于促进市场导向的形成。

创业初期受创始人鲁冠球企业家精神影响，万向集团形成了强烈的市场导向，促进了信息沟通。他们先是根据市场需求靠手工作坊生产出犁刀、铁耙、万向节等产品，艰难地完成了最初的原始积累，然后根据汽车市场的敏锐感知，大胆调整战略，集中力量生产专业化的汽车万向节，从而在汽车配件行业站稳了脚跟。

进入 21 世纪以后随着汽车零部件行业日趋微利，又在企业家精神的驱动下，通过不断强化市场导向，促进信息沟通，确定了"资本式经营，国际化运作"的经营理念，目前企业业务横跨金融、汽车、农业、能源四大产业，已形成良性发展态势。

创业初期受创始人史玉柱企业家精神影响，巨人集团形成了强烈的市场导向，促进了信息沟通。首先凭借巨人汉卡和中文手写电脑取得了初步成功，接着凭借"脑黄金"的成功开发在保健品行业异军突起，成为当时中国极具实力的高技术企业。脑黄金的成功使史玉柱和他的企业忘乎所以，不断进入新的领域，保健品、药品、软件、化妆品、服装，并且决定盖一座 70 层高的巨人大厦，但此时市场环境已经发生了巨大的变化：一方面中国加强宏观调控，银根紧缩，地产降温；另一方面全国整顿保健品市场，保健品也随之降温。偏离了市场导向的巨人集团付出了沉重的代价，1997 年危机总爆发，企业名存实亡。1998 年以后在企业家精神的驱动下，史玉柱开始运作脑白金，这次他强化了市场导向，促进了信息沟通，在短短几年时间里，公司又一次创造了销售奇迹，成为保健品状元。之后史玉柱在网游行业中敏锐地捕捉到中小城市和农村市场的巨大发展机会，他成立的巨人网络集团有限公司已发展成为在美国发行规模最大的中国民营企业。

雅戈尔的前身为一家叫作青春服装厂的队社企业。创业初期受创始人李如成企业家精神影响，雅戈尔集团形成了强烈的市场导向，促进了信息沟通。首先通过对当时的国内服装市场的调查和分析，确立了"以品牌男装"为主业的发展战略。之后企业以一段火烧西装的经历（当着众工人的面，将一批有色差的西装"逐渐剪破、填入炉膛、付之一炬"）烧醒了雅戈尔员工的质量意识和市场意识，促使雅戈尔在主业领域获得了高速增长，形成了以品牌服装经营为龙头的纺织服装垂直产业链。在中国纺织工业联合会发布的 2012—2013 年度全国纺织服装企业竞争力 500 强榜单中，雅戈尔集团名列第五，全国服装企业竞争力十强名列第一。与此同时，雅戈尔还根据对国内投资和房地产行业的市场信息沟通，及时调整战略，涉足地产开发和资本投资领域，形成了服装、地产和投资"三驾马车"共同发展的局面。近年来，随着国际金融危机和国内房地产市场宏观调控的持续，雅戈尔的金融投资业务和地产业务从 2011 年起直线大跌，企业开始面临回归主业、再次转型的新挑战。

9.3.2.2 企业家精神激活主导逻辑突破的内在机理表述为：

"个体层面的企业家精神→危机意识→主导逻辑突破"

↘抛弃政策↗

对三家企业不同发展阶段的研究表明：危机意识和抛弃政策有利于主导逻辑

突破，而个体层面企业家精神则促进了危机意识和抛弃政策的形成。

万向集团创始人鲁冠球是一个富有企业家精神的领导人，在任期间表现出强烈的危机意识和大胆的抛弃政策。鲁冠球被誉为中国企业家中的"常青树"，但是正如他常说的"幸亏我们动手早，如果等危机来了再调整，一切都晚了"，在他主宰万向集团从一个小乡镇企业发展成国内最大民营企业之一的过程中，危机感始终如影随形。危机感使善于见微知著的鲁冠球，习惯于在喧嚣声中听到危机的脚步，并积极采取行动避免危机。鲁冠球是产权意识最早苏醒的企业家之一，早在 1984 年，鲁冠球就以企业名义打报告，要求实行股份制，没批准，他就土法上马，搞内部职工入股。1992 年，鲁冠球提出"花钱买不管"，和政府明晰万向产权。1994 年万向集团核心企业万向钱潮股份公司上市，成为中国最早上市的民营企业之一。大胆的抛弃政策使得瞄准了汽车行业的鲁冠球 1979 年以当年营收减半的代价，砍掉其他项目，专攻万向节，成为万向集团事业大发展的起点。也使得以汽车零部件起家的万向集团如今成功形成了横跨新能源、金融等十大领域、不相关多元化的产业帝国。

巨人集团创始人史玉柱是一个富有企业家精神的领导人，这使他在任期间表现出强烈的危机意识和大胆的抛弃政策。大胆的抛弃政策使得史玉柱 1989 年辞去省统计局稳定的工作下海创业，创立了珠海巨人高科技集团。在投身计算机行业之后，又迅速进入保健品、房地产等多个产业，开始了多元化快速扩张的道路。1997 年企业危机爆发后，又迅速调整战略，成功开发和运营脑白金。东山再起之后，为了让自己时刻保持强烈的危机意识，他为自己制定的三项"铁律"：一是必须时时刻刻保持危机意识，每时每刻提防公司明天会突然垮掉，随时防备最坏的结果；二是不得盲目冒进，草率进行多元化经营；三是让企业永远保持充沛的现金流。2016 年 1 月回归巨人网络之后，在公司内部强制执行末位淘汰制度，宣传狼文化，尝试把危机感和竞争机制重新带回公司。强烈的危机意识和大胆的抛弃政策使巨人集团不断突破主导逻辑，提高战略调整能力。

雅戈尔集团创始人李如成是一个富有企业家精神的领导人，这使他在任期间表现出强烈的危机意识和大胆的抛弃政策。危机意识使李如成带领企业不断变革以适应环境：从横向联营到自创品牌，从股份制改造到资本上市，从新材料、新面料运用和研发到衬衫领域屡破技术瓶颈，他带领企业在变革中不断成长壮大。大胆的抛弃政策使得早期以服装、纺织类业务起家，后期则大肆扩张房地产业务和股权投资；在金融投资和房地产业务发展预冷之后，又深刻反思自己，积极调整战略回归主业。李如成强烈的危机意识和大胆的抛弃政策使雅戈尔集团不断突破主导逻辑，提高战略调整能力。危机意识和抛弃政策一起为雅戈尔集团主导逻辑突破提供了系统动力，促进了企业快速战略调整能力的形成。

9.3.2.3 企业家精神激活资源柔性的内在机理表述为：

"个体层面的企业家精神→市场导向→资源柔性"
组织层面的企业家精神↗

对三家企业不同发展阶段的研究表明：市场导向有利于资源柔性的形成，个体和组织层面的企业家精神有利于促进市场导向。

万向集团强烈的市场导向促进了资源柔性的形成。创业之初万向集团既无资金又无技术，在鲁冠球企业家精神影响下，以市场为导向，通过以优厚的待遇从全国各地商调工程师和技术员，企业自付"培养费"向各大专院校争取分配大学生，以及组织厂外的专家顾问团，定期请到厂里向他们咨询请教，获得了人才和技术。企业成长壮大之后，又通过大规模海外并购及在美国等发达国家成立子公司的方式获得前沿技术，促进企业发展。目前"钱潮牌"万向节占领了全国 60% 和国际 10% 以上的市场份额。

巨人集团强烈的市场导向促进了资源柔性的形成。1989 年 1 月深圳大学研究生院软科学硕士毕业的史玉柱，自认为自己耗费 9 个月开发的 M-6401 桌面文字处理系统作为产品已经成熟，随即带着自己仅有的 4000 元下海创业。在史玉柱企业家精神影响下，企业以市场为导向，不断开发出适合中国用户需要的桌面文字处理系统，很快在计算机市场站稳了脚跟，为企业发展攫取了第一桶金。此后企业瞄准市场需求通过成功开发和运作脑黄金，迅速成长为当时中国最具实力的高技术企业之一。

雅戈尔集团强烈的市场导向促进了资源柔性的形成。雅戈尔的前身叫作青春服装厂，只是一家"原始手工作坊档次"的队社企业。在李如成企业家精神的影响下，企业创业之初就坚持市场导向。以市场为导向确立的品牌男装的发展思路，增强了企业资源的柔性，进而促进了快速战略执行能力的形成：1983 年与上海开开衬衫厂横向联营，借助大企业的一些经营思路和管理方法，使企业得到迅速发展，完成了资本与技术的原始积累。1990 年通过与澳门企业合资组建中外合资雅戈尔制衣公司，引进了外资、技术和管理，使经营层的观念获得新的突破。2009 年与解放军总后联合开发的汉麻产业实现了产品化，正式推出汉麻世家品牌。

9.3.2.4 企业家精神激活技术柔性的内在机理表述为：

"个体层面的企业家精神→试验文化→技术柔性"
社会层面的企业家精神→技术进步↗

对五家企业的研究表明：允许试错的试验文化和社会层面的技术进步分别为

提高企业的技术柔性提供了内在和外在的动力机制。而个体和社会层面的企业家精神有利于促进试验文化的形成和技术进步的发展。

万向集团总部位于杭州。杭州市是中国经济最发达的省份之一——浙江省省会和全省经济、文化、科教中心，也是中国综合实力最强的经济中心——长江三角洲地区的中心城市之一，是我国最富有企业家精神的区域之一。企业家精神是推动杭州技术进步的根本动力。在万向集团的成长历程中，企业深受技术进步的影响，始终紧跟高科技产业发展潮流。同时在鲁冠球企业家精神影响下，万向集团上下形成了允许失败的试验文化。例如1994年万向美国公司成立时，信任和放权成为公司逐步积累经验渐获成功的关键，鲁冠球常说的一句话是"大家商讨商讨，我给他们撑撑胆"。在技术进步和试验文化的双重推动下，万向逐步提高了技术柔性：目前企业正在新能源零部件、电池、客车和乘用车等领域加紧技术储备，实现"新能源汽车之梦"指日可待。

巨人集团创立于广东珠海，1999年后企业新注册成立的子公司位于上海。上海一直是中国经济最富活力的城市，珠海也是中国最早实行对外开放政策的四个经济特区之一，两地都是我国高科技公司密集和最富有企业家精神的区域之一，是孕育大批创业型企业和企业家的摇篮。企业家精神是推动珠海和上海地区技术进步的根本动力。在巨人集团的成长历程中，企业深受技术进步的影响，始终紧跟高科技产业发展潮流。同时在史玉柱企业家精神影响下，巨人集团上下形成了允许失败的试验文化。事实上，巨人集团的发展史就是在试错中不带走向成功的历史，对此史玉柱本人曾经总结为失败是金。在技术进步和试验文化的双重推动下，巨人集团逐步提高了技术柔性：如今其旗下的巨人网络已发展成一家以网络游戏为发展起点，集研发、运营、销售为一体的综合性互动娱乐企业。

雅戈尔总部位于宁波，宁波是世界第四大港口城市，中国近代最早开放的五个通商口岸之一，目前是我国长三角南翼经济中心，也是我国最富有企业家精神的区域之一。企业家精神是推动宁波地区技术进步的根本动力。在雅戈尔集团的成长历程中，企业深受技术进步的影响，始终紧跟全球高科技产业发展潮流。同时在李如成企业家精神影响下，雅戈尔上下形成了允许失败的试验文化。雅戈尔的企业精神倡导第二次创业，强调名牌不是终点，步步是台阶，年年是起点。在技术进步和试验文化的双重推动下，雅戈尔逐步提高了技术柔性：近年来企业新材料、新面料的运用和研发方面取得了丰硕的成果。

9.3.2.5 企业家精神激活结构柔性的内在机理表述为：

"个体层面的企业家精神→企业层面的制度创新→结构柔性"
社会层面的企业家精神→社会层面的制度创新↗

对三家企业的研究表明：企业层面和社会层面的制度创新分别为结构柔性的形成提供了内在和外在的动力机制。而个体和社会层面的企业家精神有利于促进企业和社会层面的制度创新。

企业家精神推动着杭州的制度创新。同时在鲁冠球等企业家精神影响下，万向进行了很多企业层面的制度创新：创业之初他就在工厂实行按劳动效益分配的制度，即类似于今天所讲的奖金或绩效。早在1984年鲁冠球就以企业名义打报告，要求实行股份制，没批准，他就土法上马，搞内部职工入股。创造性地在按劳分配之外实行按资分配，即类似于今天所讲的入股分红。1994年通过公司上市确立了现代企业制度。上述制度创新促进了万向集团结构柔性的增强：通过确立现代企业制度使公司形成了规范的企业治理结构。职工入股和按股分红，理顺了内部权力和利益分配机制，完善了员工激励机制。

企业家精神推动着上海的制度创新。同时在史玉柱企业家精神影响下，巨人集团进行了很多企业层面的制度创新：如2007年11月1日，通过巨人网络有限公司在纽交所成功上市，使企业确立了现代企业制度。2016年通过推出"赢在巨人"计划和强制末位淘汰制激励网络游戏的开发和运营人才。"赢在巨人"计划的核心是：只要加入这一计划，公司将为创业者提供资金、技术、团队补充、全国推广运营等全方位支持。一旦创业项目成功，创业团队最高可获得20%的利润分成。与此同时企业还宣布推行狼文化，实行每季度10%末位淘汰制，把巨人从兔子窝改成狼群。上述制度创新促进了巨人集团结构柔性的增强。

企业家精神推动着宁波的制度创新。同时在李如成企业家精神影响下，雅戈尔集团进行了很多企业层面的制度创新：通过1983年与上海开开衬衫厂横向联营引进了大企业的经营思路和管理方法，促进了企业的迅速发展和管理的规范化。20世纪90年代通过股份制改造，使企业实现从量变到质变的飞跃，真正走向市场，通过成功上市，把雅戈尔推向一个与国际接轨的新阶段，通过组建专事创品牌、做市场、争效益的现代化营销中心，使企业形成覆盖全国以自营专卖店、大型窗口商场、特许专卖店和团队订购为主要营销方式和渠道的多元化营销网络体系，成为支撑雅戈尔品牌发展和参与国际竞争的有力武器。

9.3.3 战略调整时点的识别与家族企业动态能力控制

对三家企业的研究表明：这些企业都曾有过战略调整时点选择不当的经历，之后它们从失败中学习，先后建立起实时信息评估机制，从而改善了战略调整的效果。由此可见，实时信息评估机制是企业准确识别战略调整时点、有效克服过程悖论的关键。

雅戈尔集团在品牌男装行业站稳脚跟之后，便开始谋求多元化战略转型。1992 年起进军房地产业务。1999 年出资 3.2 亿元成为中信证券的主发起人之一。当前已形成服装、地产、金融投资"三驾马车"并驾齐驱的局面。金融和房地产行业的巨大收益使雅戈尔忽略了市场的变化。2011 年受宏观调控影响，雅戈尔的房地产业务直线大跌，股权投资也因市场低迷而经营惨淡。与此同时，由于企业一直不肯聚焦服装主业，企业在服装行业的地位也受到影响。事实上，2006—2007 年、2009—2010 年的两场房市与股市泡沫，使实业在雅戈尔业务的份额不断下降至 25%。压力之下雅戈尔高层开始从问题中吸取教训，通过构建实时信息评估机制，完成了以归核化为中心的战略调整，以期使企业重新进入健康发展的轨道。

1979 年鲁冠球看到中国汽车行业开始起步，决定将犁刀、轴承、铁耙等产品调整下马，集中精力生产为进口汽车配套的万向节。"万向节"刚开始生产出来时，没有社会认可度，产品很难销售。鲁冠球基于实时信息评估，决定充分发挥民营企业机制灵活的优势，优质低价吸引顾客。产品进不了国家的交易会，就在市场外面摆摊卖。

1980 年，为了建立起从上到下的质量意识，鲁冠球把 43 万元有瑕疵万向节当废品处理掉了。企业一年利润泡汤，大家心痛流泪，但质量意识从此深植。优质低价的竞争战略最终为企业赢得了市场，1992 年万向集团的产品在国内市场上的占有率达到 62%，完全掌握了国内市场竞争的主动权。同时企业也得到了国外市场的认可，发展成为了中国第一个为美国通用汽车公司提供零部件的 OEM。

1993 年随着西方国家向中国出口计算机禁令失效，国际著名电脑公司开始围剿中国市场，中国电脑业走入低谷。刚刚在计算机行业站稳脚跟的巨人集团，迫切需要寻找新的支柱产业。从 1994 年到 1996 年，巨人集团凭借"脑黄金"的成功在保健品方面异军突起。脑黄金的成功使在多元化快速扩张的道路上忘乎所以，一发不可收拾。短期内企业不断拓展新的领域，涉足房地产、保健品、药品、软件、化妆品、服装等多个行业，完全忽略了市场信息的变化。1996 年，伴随着中国房地产市场的宏观调控和保健品市场的全国整顿，巨人集团陷入严重的财务危机，名存实亡。1998 年史玉柱复出后，通过构建实时信息评估机制，完成了以聚焦化为中心的战略调整，在保健品和网游领域重获成功。

9.4 家族企业企业家精神培育的跨案例比较研究

9.4.1 企业家精神构建的比较案例检验

表9-3 案例企业企业家精神构建情况比较

	创业阶段 （1969至20世纪80年代末）	高速增长阶段 （20世纪90年代）	战略转型阶段 （2000年至今）	
万向集团	1. 该阶段杭州地区社会层面的企业家精神较强，改革开放唤起的创新意识，长三角地区创业先驱的示范效应。 2. 个体层面的企业家精神较强，改革开放的外部环境、鲁冠球本人对创业机会的强烈渴求和企业家潜质共同促成了其个体层面企业家精神的来源。 3. 组织层面的企业家精神较强，以信任机制为基础，个体层面的企业家精神沿着鲁冠球本人的企业内外社会关系网络在组织和社会层面完成了协同扩散。	1. 该阶段杭州地区社会层面的企业家精神很强。 2. 个体层面的企业家精神很强，主要源于鲁冠球及其高层团队的企业家素质对事业的强烈追求。 3. 组织层面的企业家精神增强，本质上是由于三个层面的企业家精神协同效应增强造成的。造成该阶段协同效应增强的原因与企业社会关系网路及蕴含其中的社会资本的运用有关。一方面万向集团长期形成的以诚信和忠诚为特征的企业文化有利于增强企业内部社会资本；另一方面，作为民营企业的典范万向集团得到了政府的大力支持。	1. 该阶段杭州地区社会层面的企业家精神强。 2. 个体层面的企业家精神强，主要源于鲁冠球及其高层团队的企业家素质对事业的强烈追求。 3. 组织层面的企业家精神强，本质上是由于三个层面的企业家精神协同效应增强造成的。而造成该阶段协同效应增强的原因主要与企业家社会关系网络及蕴含其中的社会资本有关。该阶段万向集团加强了内外部社会关系网络建设，社会资本得到了大幅度提升，企业家精神得到了强化。	

（续上表）

	创业阶段 （1991－1996）	受挫阶段 （1996－1997）	再创业阶段 （1998－2004）	战略转型 （2004至今）
巨人集团	1. 该阶段珠海地区社会层面的企业家精神强。改革开放唤起的创新意识，珠三角地区创业先驱的示范效应。 2. 个体层面的企业家精神强。该阶段改革开放唤起的创新意识，史玉柱本人强烈的创新精神、敏锐的市场感知能力共同促成了其个体层面企业家精神的来源。 3. 组织层面的企业家精神较强。以信任机制为基础，个体层面的企业家精神沿着史玉柱本人的企业内外社会关系网络在组织和社会层面完成了协同扩散。	1. 该阶段珠海地区社会层面的企业家精神强。 2. 脑黄金成功后，史玉柱在多元化快速扩张的道路上忘乎所以，个体层面的企业家精神减弱。 2. 组织层面企业家精神衰退，企业陷入困境。本质上是由于三个层面的企业家精神协同效应弱化造成的。造成协同效应弱化的原因主要与企业家社会关系网络及蕴含其中的社会资本有关。由于摊子铺得太大，巨人集团有限的资金不得不在多条战线上同时作战，当然顾此失彼、疲于奔命，以致于眼看着自己失去越来越多的合作的伙伴、远离越来越多的消费者而无能为力。	1. 该阶段上海地区社会层面的企业家精神强。 2. 个体层面的企业家精神强，受挫之后史玉柱的企业家精神再次得以激发，他深刻反思、重新创业。 3. 组织层面的企业家精神增强，是由于三个层面的企业家精神协同效应增强造成的。与企业家社会关系网络及蕴含其中的社会资本的运用有关。受挫后企业聚焦于保健品行业，企业内部形成了很高的组织创新精神和创新能力；上海是当时中国经济最活跃的地方，同时随着外部经济逐渐宽松，社会创新精神逐步回升。	1. 该阶段上海地区社会层面的企业家精神强。 2. 个体层面的企业家精神强。史玉柱和他的管理团队强烈的创新精神、敏锐的市场感知能力共同促成了其个体层面企业家精神的来源。 3. 组织层面的企业家精神较强。史玉柱和原班底人马在上海及江浙创业，通过金收购烂尾的巨人大厦，重塑了企业信誉，加强了内外部社会关系网络建设，社会资本得到了大幅度提升，企业家精神得到了强化。
	创业阶段 （1979-1989年）	多元化成长阶段 （1990-2010）	回归主业阶段 （2011年至今）	
雅戈尔集团	1. 该阶段宁波地区社会层面的企业家精神强。改革开放唤起的创新意识、长三角地区富有创新精神的社会文化。 2. 个体层面的企业家精神强。该阶段改革开放唤起的创新意识、李如成本人强烈的创业精神和敏锐的市场嗅觉共同促成了其个体层面企业家精神的来源。 3. 组织层面的精神较强。以信任机制为基础，个体层面的企业家精神沿着李如成本人的企业内外社会关系网络在组织和社会层面完成了协同扩散。	1. 该阶段宁波地区社会层面的企业家精神强。 2. 个体层面的企业家精神强。 3. 组织层面的企业家精神增强。本质上是由于三个层面的企业家精神协同效应增强造成的。造成该阶段协同效应增强的原因与企业家社会关系网络及蕴含其中的社会资本的运用有关。一方面长期形成的以和合为特征的企业文化有利于增强企业内部社会资本；另一方面，李如成积极运用社会资本促进华为的管理走上规范化轨道。早在创业早期企业就通过横向联营和中外合资的方式学习大企业先进的管理经验，促进自身成长。	1. 该阶段宁波地区社会层面的企业家精神强。 2. 个体层面的企业家精神强。 3. 组织层面的企业家精神增强。本质上是由于三个层面的企业家精神协同效应增强造成的。该阶段雅戈尔一方面通过积极参与公益事业、加强企业宣传等方式扩大了企业的品牌知名度，加强了外部社会关系网络建设，使得企业外部社会资本得到了大幅度提升；另一方面，通过战略转型促进了组织内部社会资本的形成、组织创新精神的恢复和强化。	

9.4.2 企业家精神与动态能力匹配关系分析

在本书的研究框架中，企业家精神是动态能力生成过程中系统要素的激活机制，也是系统结构中的"高杠杆解"。接下来我们将三个案例企业生命周期各阶段的企业家精神与动态能力水平进行评价和匹配，以初步验证三个层面企业家精神与企业动态能力水平之间的相关性。

9.4.2.1 研究过程和研究方法

1.由于主要是基于多案例研究方法对企业家精神和动态能力的关系进行初步检验，因此在对企业家精神和动态能力两个变量进行评价的时候我们选择采用了定性的评价方法。

2.具体的评价过程：第一步，组建了由研究者本人和5名课题组成员组成的案例评价小组（共6人都是管理学博士）；第二步，在系统的案例资料整理的基础上，召开小组会议，对小组成员进行概念内涵培训和案例资料介绍；第三步，将企业家精神和动态能力水平划分为五个等级："很弱——较弱——一般——较强——很强"要求小组成员独立完成对下表中各项目的评价；第四步，对评价结果进行汇总和分析；第五步，评价结果不一致的进行第二轮沟通和讨论，以取得一致见解；第六步，第二轮仍不能取得一致见解的，以多数人意见为准。

9.4.2.2 评价结果和匹配情况

如表9-4所示：

表9-4 企业家精神与动态能力的匹配关系

案例企业	发展阶段	企业家精神				动态能力
		个体层面	组织层面	社会层面	协同效应	
万向集团	创业阶段	较强	较强	较强	较强	较强
	高速增长阶段	很强	很强	很强	很强	很强
	战略转型阶段	较强	较强	较强	较强	较强
巨人集团	创业阶段	很强	很强	很强	很强	很强
	受挫阶段	较强	较弱	较强	较弱	较弱
	再创业阶段	很强	很强	很强	很强	较强
	战略转型阶段	较强	较强	较强	较强	较强
雅戈尔集团	创业阶段	很强	很强	很强	很强	很强
	多元化成长阶段	较强	较强	很强	较强	较强
	回归主业阶段	一般	一般	较强	一般	一般

9.4.3 分析与讨论

9.4.3.1 万向集团的案例讨论

万向集团是一个具有企业家精神的企业。在万向集团发展历程的三个阶段，企业家精神始终构成了企业动态能力生成的主要动力。

万向集团的创业阶段，正是市场经济制度在中国逐步确立、企业家精神在中国文化中逐渐渗透的时期。鲁冠球是一个非常富有企业家精神的实业家，有着极强的市场机会感知和市场创造能力及大胆追求、勇于创新的个性特征。从社会层面来看，万向集团创业阶段正是中国改革开放的初期，当时市场经济制度在中国尚未发展成熟，企业发展的制度条件很不完善。但是万向集团所在地浙江杭州是中国经济改革开放最早的地区之一，在制度的灵活性和制度创新方面存在一定的优势。从企业的角度来看，当1979年鲁冠球决定砍掉其他项目，专攻万向节生产时，他所带领的宁围公社农机厂只是一家既无资金又无技术的名不见经传的小乡镇企业。但是，整体上看，创业初期的万向集团却是一个善于学习的企业。在鲁冠球的领导下，企业通过灵活经营机制解决了人才、技术、质量和市场问题，使企业能够迅速突破人才、技术、质量和市场的瓶颈，因此整体上该时期万向集团的动态能力水平相对较强。

进入20世纪90年代，中国市场经济的地位逐步巩固，民营企业发展的制度条件逐步完善。在这一背景下，万向集团步入高速增长的快车道，也是最具企业家精神的时期。在这一阶段鲁冠球的儿子和女婿先后加入企业并成长为富有个人魅力和创新精神的企业家，企业家团队和家族企业的格局已经形成。以信任机制为基础，这种个体层面的企业家精神沿着企业的内部关系网络在组织中扩散形成了强大的组织层面的企业家精神，表现为强有力的市场开拓能力，使企业在国内外市场上获得了巨大的成功：成为国内最大的万向节生产基地（占据60%以上的市场份额），并且成功敲开世界汽车业巨头美国通用汽车公司大门，成为通用汽车公司国内的第一个配套商。

进入21世纪，万向集团在中国已经成为了一块举世瞩目的世界名牌，但是随着竞争日趋激烈，汽车零部件行业日趋微利。在这一背景下，万向集团确定了"资本式经营，国际化运作"的经营理念，开始寻找"高效益"领域的多元化尝试。从社会层面来看，这一时期，随着改革开放的深入，市场经济制度已基本完善，长三角地区仍然是中国改革开放的排头兵。从个体层面和企业层面来看，以鲁冠球的儿子鲁伟鼎和女婿倪频为代表的万向集团管理团队继续表现出很强的企业家精神，带领企业在资本市场和国际市场上不断开疆拓土。三个层面企业家精神协同效应的增强，有效地促进了丰田汽车公司动态能力的生成。如今，除了赖以起家的汽车零部件外，万向集团已形成了横跨新能源、金融等十大领域的一个不相关多元化的产业帝国。

总体来看，无论是鲁冠球本人还是万向集团本身的企业家精神都与其生存的环境——长三角地区的创业示范效应息息相关。开放的长三角地区，其独特的社会层面的企业家精神与鲁冠球和万向集团的企业家精神相互交融，有效地促进了企业动态能力的生成。

9.4.3.2 巨人集团的案例讨论

巨人集团的创始人史玉柱被誉为当代中国企业界的传奇人物——早年凭借巨人汉卡和脑黄金迅速飞腾，然后因巨人大厦而迅速坠落。经过几年的蛰伏之后，依靠"脑白金"和"征途"重新崛起，人生呈现一个精彩的"N"形转折。在巨人集团的发展历程中，企业家精神始终构成了企业动态能力生成的主要动力。

在创业阶段，以史玉柱为代表的企业家团队有着极强的市场机会感知力和市场创造能力。以信任机制为基础，这种个体层面的企业家精神沿着企业的内部关系网络在组织中扩散形成了强大的组织层面的企业家精神，表现为强有力的技术开发和市场开发能力，使企业能够迅速突破资金和技术的瓶颈，获得巨大成功。然而无论是史玉柱本人还是巨人集团本身的企业家精神都与其生存的环境——作为中国创业先驱的珠海经济特区已经和珠三角地区的一系列制度创新息息相关。珠海于1980年成为经济特区，是中国最早实行对外开放政策的四个经济特区之一。开放的珠海经济特区以其独特的社会层面的企业家精神与史玉柱本人和巨人集团的企业家精神相互交融，有效地促进了企业动态能力的生成。

在企业发展的第二个阶段，巨人集团所遭遇的创新衰退本质上是由于三个层面的企业家精神协同效应弱化造成的。而造成该阶段协同效应弱化的原因主要与企业社会关系网络及蕴含其中的社会资本有关。这一阶段随着改革开放深入珠海和其所在的珠三角地区社会层面的企业家精神仍然较强。但是巨人集团所涉及的计算机、房地产和保健品三大行业都面临巨大的挑战：一方面，随着西方国家向中国出口计算机禁令的失效，中国的计算机行业开始受到国际著名电脑公司的围剿，市场竞争日益激烈。另一方面，恰好碰上中国房地产市场加强宏观调控、保健品市场的全国整顿，地产和保健品双双降温。同时在企业内部，一方面，随着企业创业的成功，个体层面企业家精神开始削弱。另一方面，伴随着企业的快速扩张，企业内部人才准备不足、财务管理混乱等管理问题纷纷暴露，企业内部人心浮动，组织层面的企业家精神受到削弱。

挫折使史玉柱本人的企业家精神再次得以激发。1998年重创之后史玉柱找朋友借了 50 万元从运作脑白金做起开始重新创业，并很快使企业走上了复兴的历程。到 2000 年，公司创造了 13 亿元的销售奇迹，成为保健品状元。史玉柱 2004 年重返 IT 行业，并凭借自己创建的网络游戏服务提供商征途网络大获成功。巨人集团在这一时期的复兴很大程度上可以归结为三个层面企业家精神协同效应的增强。造成该阶段协同效应增强的原因同样与企业家社会关系网络及蕴含其中的社会资本有关。从企业内部看，经过了十年的历练，史玉柱不仅更加成熟和富有企业家精神，而且从自己之前的失败中深刻认识到信任与合作的价值。在企业外部，再创业的史玉柱充分认识到结盟的力量。2008 年史玉柱旗下的巨人投资与酒业巨头五粮液签署了长达 30 年的战略合作，由巨人投资担任黄金酒的全球总经销。就此五粮液的这款保健酒正式披上了史玉柱牌子的黄金外衣。2015 年史玉柱的巨人网络与 Intel（英特尔）旗下游戏引擎公司 Havok 在上海正式签约结成战略合作伙伴，在 3D 手游领域展开全面深度合作。史玉柱的再创业创造了巨人集团复兴的神话，但是史玉柱从未试图扮演战略家或管理大师。他所做的只是恢复了巨人集团创新精神和创新能力，从而实现了三个层面企业家精神在该阶段的融合。

9.4.3.3 雅戈尔集团的案例讨论

在雅戈尔集团从创业到多元化成长进而回归主业的过程中，企业家精神始终是推动企业动态能力生成的主要力量。

在创业阶段，以李如成为代表的个体层面的企业家精神发挥了重要的作用。雅戈尔的前身为一家叫作青春服装厂的队社企业。1981 年，30 岁的李如成进入这家"原始手工作坊档次"的服装厂，做了一名裁剪工。随后，凭一己之力拯救服装厂于既倒的李如成就任厂长。在李如成的领导下，雅戈尔确立了发展品牌男装的发展战略，通过横向联营吸收国内先进的经营思路和管理方法，使企业迅速成长为中国第一代男装品牌的代表。从社会层面看，雅戈尔创业初期正是中国改革开放的初期，当时在中国市场经济建设上处于摸索时期，企业发展的制度条件很不完善。但是雅戈尔所在地浙江省宁波市是中国经济改革开放最早的地区之一，在制度的灵活性和制度创新方面存在一定的优势。从企业的角度看，虽然创业之初只是一家"原始手工作坊档次"的队社企业，在技术、生产、市场等各方面都缺少知识积累，但是在极富企业家精神的李如成的领导下，企业的创新精神得到了充分的激发，使企业迅速突破了各方面的瓶颈，成长为中国品牌男装的领跑者。整体上看，这一时期三个层面的企业家精神得到了有效的协同，较高的协同效应赋予了雅戈尔集团相对较强的动态能力，促进了雅戈尔集团初期的健康发展。

1990 至 2010 年是雅戈尔集团成长历程中的多元化阶段，多元化战略在促进雅戈尔高速增长的同时，也导致了一系列问题。从本书的分析框架来看，雅戈尔集团在多元化阶段遭遇的困境本质上是由于三个层面企业家精神协同效应弱化造成的。而造成该阶段协同效应弱化的原因主要与企业家社会关系网络及蕴含其中的社会资本有关。从个体层面看，1990 年后李如成携雅戈尔闯入的两个领域——与服装毫无关系的地产和金融投资。在这两个高手众多的领域，雅戈尔做过"地王"也做过"股王"，获得过数倍于服装的利润。但是多元化也分散了李如成的精力。同时随着多元化业务的开展，很多业务跟他熟悉的服装行业的业务相差很远，这就造成了其原有知识和经验转移的困难。事实上，由多元化造成的企业家精神弱化不仅体现在个体层面，在向多元化转型的过程中，雅戈尔集团大多数管理人员、营销人员和技术人员都面临不同程度知识和经验的转移问题。这就使得企业内部原有的社会关系网络和社会资本的协调性受到影响，从而导致组织层面企业家精神出现弱化。从社会层面看，伴随着中国改革开放和长三角地区制度创新的深入，社会层面企业家精神持续增强。整体上说，这一阶段联想集团三个层面的企业家精神协同效应出现弱化，影响了企业动态能力的成长。

2011 年以后雅戈尔进入回归主业阶段。从个体层面看，前一阶段在地产和金融投资领域获得的巨额利润使李如成尝到了甜头。个人层面的企业家精神受到削弱，到 2011 年实业在雅戈尔业务的份额不断下降至 25%。从社会层面看，2006至 2007 年、2009 至 2010 年的两场房市与股市泡沫，严重损伤了中国实业经济的发展，社会层面的企业家精神受到削弱。为重振实业政府出台了一系列房地产市场和投资市场的宏观调控政策，在这一背景下，雅戈尔的发展陷入了"三驾马车两失陷"的窘境。投资深陷泥潭在某种程度上使雅戈尔人心浮动，其组织层面的企业家精神因而受到削弱。雅戈尔集团从 2001 年开始投资于汉麻纤维产业，2009 年正式推出"汉麻世家"品牌后，曾经引发市场高度关注。然而雅戈尔一直谋求多元化发展，不肯聚焦服装主业，再转型做汉麻产业时已经晚了，再加亚麻产业投入高，资金需求大，国内亚麻产业技术不成熟无法打通全产业链，因此一直没有根本性突破。2015 年雅戈尔无奈将汉麻产业的"壳资源"出售至联创电子，失去了控股权。这一举动，在一定程度上被外界视为转型失败的标志。整体上看，这一时期三个层面的企业家精神得到受到削弱、协同效应降低，较低的协同效应抑制了了动态能力的生成和企业的健康成长。

| 10 |
结论与展望

10.1 研究结论

本书运用系统动力学方法构建了家族企业动态能力生成的分析框架，揭示了其动态能力生成的内在机理，以及动态能力生成中过程悖论产生的内在机理和战略调整时点的识别机制，进而提出了基于企业家精神的家族企业动态能力培育策略。最后通过实证研究和案例研究，检验了本书提出的基本假设、验证了本书提出的理论框架。本书的主要研究结论如下：

10.1.1 快速战略调整能力和快速战略执行能力共同决定组织系统的即兴水平，进而体现家族企业的动态能力

研究表明，组织即兴是家族企业动态能力具有可考核性的表现形式，而战略期间的快速战略调整能力和运营期间的快速战略执行能力是组织即兴的两个可考核的具体指标，二者共同构成了组织即兴能力，进而决定着家族企业的动态能力水平。其中快速战略调整能力的生成机制可以表述为由"实时信息沟通——→主导逻辑突破——→战略调整能力——→实时信息沟通"构成的具有增强环路特征的因果关系链条，而且这一增强环路在实践中存在良性循环和恶性循环两种不同的运作方式。快速战略执行能力的生成机制可以表述为由"资源柔性——→技术柔性——→结构柔性——→快速战略执行能力——→资源柔性"构成的具有增强环路特征的因果关系链条，而且这一增强环路在实践中存在良性循环和恶性循环两种不同的运作方式。

10.1.2 企业家精神是家族企业动态能力生成系统中系统要素的激活机制

研究表明，企业家精神是家族企业动态能力生成过程中系统结构的"高杠杆解"，其作用在于激活战略规划系统和战略执行系统中的增强机制，促使具有增强环路特征的两大系统保持良性循环状态，其激活系统要素的内在机理如图10-1所示。

具体表述为：（1）企业在文化和行为层面的市场导向有利于实时信息沟通机制的建立和完善，而市场导向是企业家精神内涵的构成部分，个体和组织层面的企业家精神有利于促进市场导向的形成。（2）危机意识和抛弃政策有利于主导逻辑突破，而个体层面企业家精神则促进了危机意识和抛弃政策的形成。（3）市场导向有利于资源柔性的形成，个体和组织层面的企业家精神有利于促进市场导向。（4）允许试错的试验文化和社会层面的技术进步分别为提高企业的技术柔性提供了内在和外在的动力机制。而个体和社会层面的企业家精神有利于促进试验文化的形成和技术进步的发展。（5）企业层面和社会层面的制度创新分别为结构柔性的形成提供了内在和外在的动力机制。而个体和社会层面的企业家精神有利于促进企业和社会层面的制度创新。

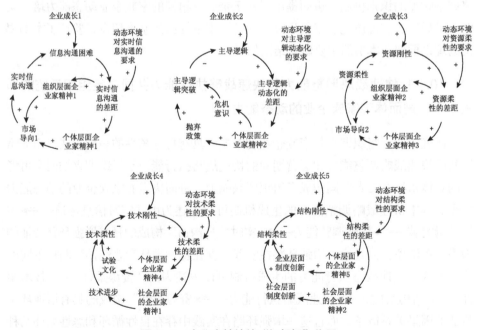

图10-1　企业家精神的"杠杆解"作用

10.1.3 实时信息评估机制是破解过程悖论的关键

研究表明，及时构建和完善实时信息评估机制是确保家族企业准确识别战略调整时点、有效克服过程悖论的关键。家族企业发展初期，信息评估机制主要限于企业家个体层面，信息评估功能依赖企业家个人对市场信息的敏锐感知和判断完成。随着企业的成长，应该逐步以规范的评估制度取代以个人为中心的信息评估机制。成熟的家族企业应该以制度和文化相结合的方式充分调动全体员工参与信息提供和评估的积极性。

10.1.4 企业家精神是家族企业动态能力生成的主要动力

我们将三个案例企业生命周期各阶段三个层面企业家精神协同效应与企业动态能力水平进行评价和匹配，初步验证了三个层面企业家精神协同效应与企业动态能力水平之间具有正相关性。研究表明，在企业发展的不同阶段，三个层面企业家精神的协同效应始终构成了家族企业动态能力生成的主要动力。而三个层面企业家精神协同效应的强弱主要与企业社会关系网络及蕴含其中的社会资本有关。从而在一定程度上验证了本书提出的基于企业家精神培育的动态能力策略的有效性。

10.2　实践启示

本书通过对家族企业动态能力生成机理的系统归纳与提升，意图为家族企业的管理者更好地理解和培育动态能力提出相应的对策建议，为家族企业获得与环境相匹配的竞争力、实现可持续发展提供战略指导。

10.2.1 从组织即兴的角度评价和推断家族企业的动态能力水平

以往对动态能力分析主要将其视为一种持续的战略变革能力或改变惯例的惯例。虽然强调其动态性，但是却不具有直接可考查性，因而不能很好地解释其形成的过程，无法有效地指导企业的实践。本书将组织即兴视为动态能力可考查的表现形式，从系统思考的角度构建了家族企业动态能力生成的分析框架，从长期与短期相结合的角度解释了动态能力的生成过程，从而使动态能力的研究更具有可操作性。

10.2.2 高度重视企业家精神在动态能力培育和提升中的重要作用

企业家是家族企业的灵魂，在企业"整合、建立、重新配置内外部能力来适应快速变动环境"的过程中发挥着无可替代的主导作用。要探究家族企业转型升级的关键、分析家族企业动态能力的生成机理，企业家在动态配置、整合企业资源与能力过程中的异质性是一个不容忽略的重要变量。本书通过大量的分析和论述证明：企业家精神是体现这一异质性的重要变量和促使企业克服战略刚性、突破成长上限的动力源泉。因此家族企业应将培育和提升企业家精神作为塑造动态能力的切入点，通过企业家精神的培育有效地克服企业成长过程中存在的各种刚性特征，促进动态能力的生成。

10.2.3 深化对过程悖论和动态能力控制机理的认识

现有对动态能力的研究表明，家族企业动态能力发展过程中企业很容易陷入两难困境（本书称之为过程悖论）。目前学术界对过程悖论少有深入的理论探讨和突破。本书从系统动力学视角揭示了过程悖论产生的内在机理，并在此基础上通过深入的多案例分析，提出：实时信息评估机制是战略调整时机的识别机制，也是破解过程悖论的关键。这一研究结论深化了我们对过程悖论和家族企业动态能力控制机理的认识，也为我们破解过程悖论、提高家族企业动态能力控制提供了分析思路。

10.2.4 重视和提高政府制度创新的功能和作用

从嵌入性视角来看，企业的经济行为是嵌入于社会制度之中的。本书通过理论和实证研究证明社会层面的企业家精神通过技术进步和制度创新对家族企业动态能力的生成具有重要影响。这就从宏观层面为全面认识和系统培育家族企业动态能力提供了启示。政府是社会层面制度创新的提供者，应该重视和发挥政府在制度创新方面的主体功能和重要作用，从宏观层面为家族企业动态能力的生成提供有利的条件。

10.3 研究局限与未来展望

尽管本研究取得了一定的理论进展，主要结论也为家族企业动态能力的培育和提升提供了一定的实践启示。但是由于主观能力和客观资源的约束，研究不可避免地存在较多局限和不足之处，这也为后续研究工作提供了进一步完善的空间和方向。

1. 在理论方面，本书构建的动态能力生成机理只是基于企业家精神提出的，并非分析企业动态能力生成的唯一思路。系统动力学是一种强调整体性和互动性思考问题的方式，还可以运用这一思考方式从别的视角探讨动态能力的生成问题。

2. 在政策主张方面，本书提出的策略建议主要是方向性的，尚缺乏深入具体的探讨，这也是未来应重点研究的问题。

本书提出的基于企业家精神培育的家族企业动态能力策略，强调从个体、组织和社会三个层面相结合的角度促进家族企业动态能力的生成。其中，在个体层面应将该培育和提升企业家精神作为塑造动态能力的切入点；在组织层面，应该高度重视企业社会关系网络建设，促进企业家精神的传播和扩散；在社会层面，应该高度重视和提高政府制度创新的功能和作用。后续研究可以就各个层面展开更深入具体的探讨，以得出更具操作性的研究建议，弥补本书的研究局限。

参考文献

［1］[英]安德鲁·坎贝尔，凯瑟琳·萨姆斯·卢克斯.战略协同[M].任通海，龙大伟，译.北京：机械工业出版社，2000.

［2］[英]安德鲁·沃德.领袖的生命周期：使领袖与进化中的组织相适应[M].北京：经济管理出版社，2004.

［3］白景坤.基于组织惰性视角的组织理论演进路径研究[J].经济与管理，2007（12）：32-36.

［4］边燕杰.找回强关系：中国的间接关系、网络桥梁和求职[J].国外社会学，1998（2）：50-65.

［5］[美]保罗·萨谬尔森，威廉·诺德豪斯.经济学（16版）[M].萧琛等，译.北京：华夏出版社，1999：28.

［6］[美]彼得·德鲁克.创新与企业家精神[M].蔡文燕，译.北京：机械工业出版社，2009：106-135.

［7］[美]布鲁斯·格林沃德，贾德·卡恩.企业战略博弈：揭开竞争优势的面纱［M］.程炼，译.北京：机械工业出版社，2007：3-6，18-27，37-38.

［8］曹红军，赵剑波，王以华.动态能力的维度：基于中国企业的实证研究[J].科学学研究，2009，27（1）：36-44.

［9］陈晓东，陈传明.战略调整中的核心刚性探析[J].华东师范大学学报（哲学社会科学版），2005，37（1）：94-100，125.

［10］陈传明.企业战略调整的路径依赖特征及其超越[J].管理世界，2002（6）：94-101.

［11］陈立新，张玉利.现有企业的突破性创新动能研究[J].现代管理科学，2008（5）：38-40.

［12］陈国权.组织与环境的关系及组织学习[J].管理科学学报，2001，4

（5）：39–49.

［13］陈墀元.组织即兴、组织学习与组织惯例之内生性演化[D].国立云林科技大学管理研究所博士毕业论文，2006.

［14］储小平.家族企业传承之难：企业家精神[N].经理日报，2011-02-16（A02）.

［15］崔瑜，焦豪.企业动态能力提升作用机制研究：基于学习理论的视角[J].软科学，2009（4）：30–35.

［16］[美]戴维·贝赞可.战略经济学[M].北京：北京大学出版社，1999：373.

［17］[美]丹尼斯·舍伍德.系统思考[M].邱昭良，刘昕，译.北京：机械工业出版社，2007：3.

［18］邓少军，焦豪等.复杂动态环境下企业战略转型的过程机制研究[J].科研管理，2011（1）：60–61.

［19］丁任重.转型与发展中国市场经济进程分析[M].北京：中国经济出版社，2004：16.

［20］董保宝，李白杨.新创企业学习导向、动态能力与竞争优势关系研究[J].管理学报，2014，11（3）：376–382.

［21］董俊武，黄江圳，陈震红.基于知识的动态能力演化模型研究[J].中国工业经济，2004（2）：117–127，156.

［22］董俊武，黄江圳，陈震红.动态能力演化的知识模型与一个中国企业的案例分析.管理世界，2004（4）：117–127，156.

［23］杜丹丽，姜铁成，曾小春.企业社会资本对科技型小微企业成长的影响研究——以动态能力作为中介变量[J].华东经济管理，2015（6）：148–156.

［24］杜小民，高洋，刘国亮等.战略与创业融合新视角下的动态能力研究[J].外国经济与管理，2015（2）：18–28.

［25］[美]多萝西·伦纳德·巴顿.知识与创新[M].北京：新华出版社，2000.

［26］窦军生.家族企业代际传承中企业家默会知识和关系网络的传承机理研究[D].浙江大学，2008.

［27］甘德安.中国家族企业研究[M].北京：中国社会科学出版社，2002.

［28］高波.文化、文化资本与企业家精神的区域差异[J].南京大学学报，2007，44（5）：39–48.

［29］傅家骥，洪后其.企业家精神的培养与技术创新扩散[J].中外管理导报，1990（2）：4–11.

［30］[美]N·格里高利·曼昆.经济学基础（2版）[M].梁小民，译.北京：中国人民大学出版社，2005：310.

［31］郭斌.企业异质性、技术因素与竞争优势：对企业竞争优势理论的一个评述[J].自然辩证法通讯，2002（2）：55-61.

［32］贺小刚.企业可持续竞争优势[J].经济管理，2002（14）：4-12.

［33］贺小刚，李新春，方海鹰.动态能力的测量与功效：基于中国经验的实证研究[J].管理世界，2006（3）：94-103，113，171.

［34］贺小刚，潘永永，连燕玲.核心能力理论的拓展：企业家能力与竞争绩效的关系研究[J].科研管理，2007（4）：141-148.

［35］胡林，孙仁金.基于系统观的企业竞争优势来源研究[J].经济论坛，2006（21）：79-81.

［36］胡晓红，李新春.家族企业创业导向与企业成长[J].学术研究，2009（4）：79-82.

［37］胡象明，陈晓正.汶川地震灾区企业员工危机意识的调研与分析[J].北京航空航天大学学报（社会科学版），2010，23（1）：22-25.

［38］黄俊，王钊，白硕等.动态能力的测度：基于国内汽车行业的实证研究[J].管理评论，2010（1）：76-81.

［39］贾良定，周三多.论企业家精神及其五项修炼[J].南京社会科学，2006（9）39-35.

［40］江积海.知识传导、动态能力与后发企业成长研究[J].研究与发展管理，2006，18（2）：22-27.

［41］蒋春燕，赵曙明.社会资本和公司企业家精神与绩效的关系：组织学习的中介作用[J].管理世界，2006（10）：90-99，171-172.

［42］姜奇平.重新定义新经济[J].互联网周刊，2004（2）：64-67.

［43］焦锋，雍克勤.美国"服务学习"对我国民族高等教育的价值探析[J].民族高等教育研究，2015（2）：213-217.

［44］焦豪，魏江.企业动态能力度量与功效——本土模型的构建与实证研究[J].中国地质大学学报（社会科学版），2008，8（5）：83-87.

［45］[美]卡波萨罗纳，安德里斯贝帕德，乔埃波多尼.战略管理[M].王迎军，译.北京：机械工业出版社，2004：44-45，47-55.

［46］[美]克林·盖尔西克等.家族企业的繁衍[M].贺敏，译.北京：经济日报出版社，1998.

［47］李兴旺.动态能力理论的操作化研究：识别架构与形成机制[M].经济

科学出版社，2006.

[48] 李笑男，潘安成.基于多维搜索的组织即兴模型研究[A].第五届（2010）中国管理学年会——组织与战略分会场论文集，2010：1-10.

[49] 李新春等.企业家精神、企业家能力与企业成长——"企业家理论与企业成长国际研讨会"综述[J].经济研究，2002（1）：89-92.

[50] 李乾文.创业型战略的兴起及实施[J].商业研究，2006（16）：137-139.

[51] 李忠辉.企业知识资本管理模式初探[J].南开管理评论，2002，5（4）：12-22.

[52] 李正彪.一个综述：国外社会关系网络理论研究及其在国内企业研究中的运用[J].经济问题探索，2004（11）：58-61.

[53] 李维安，王辉.企业家创新精神培育：一个公司治理视角[J].南开经济研究，2003（2）：56-59.

[54] 林萍，李刚.企业竞争优势根源的理论述评[J].重庆工商大学学报（社会科学版），2008，25（5）：45-48.

[55] 林萍.动态能力的测量及作用：来自中国企业的经验数据[J].中南大学学报（社会科学版），2009，15（4）：533-540.

[56] 刘海建，陈松涛，陈传明.企业核心能力的刚性特征及其超越[J].中国工业经济，2003（11）：47-54.

[57] 刘海建.企业组织结构刚性与企业战略调整[D].南京大学，2005：35.

[58] 刘建伟，张正堂.能力经济：一种新的理论假说[J].财经研究，2003，29（2）：56-61.

[59] 刘光岭.影响企业核心能力的因素及对策研究[D].西北大学，2004.

[60] 刘漩华.基于核心能力的企业组织创新研究[D].鹭南大学，2003.

[61] 柳传志.联想的失败与成功——联想如何穿越多元化到国际化的险滩[J].中国企业家，2007（18）：52-56.

[62] [美]罗伯特·K·殷.案例研究设计与方法（第三版）[M].周海涛，译.重庆：重庆大学出版社，2004：11，19，95，106.

[63] 罗珉，刘永俊.企业动态能力的理论架构与构成要素[J].中国工业经济，2009（1）：75-86.

[64] 马刚.企业竞争优势的内涵界定及其相关理论评述[J].经济评论，2006（1）：113-121.

[65] 马强，远德玉.技术行动的嵌入性与技术的产业化[J].自然辩证法研

究，2004，20（5）：71-74，93.

［66］马鸿佳，宋春华，葛宝山.动态能力、即兴能力与竞争优势关系研究[J].外国经济与管理，2015（11）：25-37.

［67］[美]迈克尔·波特.竞争优势[M].陈小悦，译.北京：华夏出版社，1997：6-7，36-45.

［68］[美]米歇尔.A.赫特等.战略型企业家[M].北京：经济管理出版社，2002.

［69］潘国锦.企业竞争优势理论的渊源与演变[J].华东经济管理，2006，20（6）：92-94.

［70］彭正龙，王海花.企业社会责任表现与员工满意度对组织即兴效能的影响[J].心理科学，2010，33（1）：118-121.

［71］彭明朗.经济发展的源泉在于人力资本[J].读与写，1997（3）：58-59.

［72］彭晶晶.晋商东掌制度述论[J].中州学刊，2009（4）：180-182.

［73］蒲明.组织即兴、组织学习和组织记忆三者关系的研究[J].科学学与科学技术管理，2007（9）：154-157.

［74］钱亚鹏，陈圻，赵梦楠.企业战略柔性测度及评价[J].统计与决策，2009（1）：176-177.

［75］青木昌彦.比较制度分析[M].上海：上海远东出版社，2001.

［76］邱钊，黄俊，李传昭等.动态能力与企业竞争优势——基于东风汽车有限公司的质性研究.中国软科学，2008（10）：134-140.

［77］邱国栋，白景坤.价值生成分析：一个协同效应的理论框架[J].中国工业经济，2007（6）：88-95.

［78］邱绍良.系统思考实践篇[M].北京：中国人民大学出版社，2009：234.

［79］芮明杰，屈路，胡金星.企业追求内部协同向外部协同转变的动因分析[J]，上海管理科学，2005，27（03）：5-7.

［80］[美]彼得·圣吉.第五项修炼：学习型组织的艺术与实务[J].张成林，译.北京：中信出版社，2009：61，63，73，81.

［81］时鹏程，许磊.论企业家精神的三个层次及其启示[J].外国经济与管理，2006，28（2）：44-51.

［82］[德]柯武刚，史漫飞.制度经济学——社会秩序与公共政策[M].朝韩华，译.北京：商务印书馆，2003：35.

［83］[美]斯蒂芬·P·罗宾斯.组织行为学（第七版）.孙健敏，李原等

译.北京：中国人民大学出版社，1997：423.

［84］陶然，彭正龙，许涛.组织认知的即兴现象与组织创新能力研究[J].图书情报工作，2009，53（14）：59-62，79.

［85］陶厚永，王秀江，刘洪.组织即兴及其对企业应对危机的意义研究[J].外国经济与管理，2009，31（9）：53-59.

［86］[美]托马斯·福特·布朗.社会资本理论综述[J].木子西，编译.马克思主义与现实，2000（2）：41-46.

［87］田奋飞.企业竞争优势源泉新论：一个整合的观点[J].社会科学家，2005（4）：61-64.

［88］[美]赫伯特·西蒙.现代决策理论的基石——有限理性说[M].北京：北京经济学院出版社，1989：45-62.

［89］王核成.中国企业国际竞争力的评价指标体系研究[J].科研管理，2001，22（4）：73-77.

［90］王吉发等.基于竞争优势的企业转型范式研究[J].企业经济，2006（1）：30-33.

［91］王翔.企业动态能力演化理论和实证研究[D].复旦大学，2006.

［92］王毅.以核心能力为主导逻辑的战略管理[J].科研管理，2001，22（3）：13-19.

［93］王建安.技术创新与制度创新的匹配机制研究——一个理论框架和两个案例分析[J].科研管理，2001，22（3）：79-85.

［94］魏江，陈志辉，张波.企业集群中企业家精神的外部经济性考察[J].科研管理，2004，25（3）：20-25.

［95］吴东，裘颖.团队即兴能力与创新绩效的关系研究[J].科学管理研究，2010，28（12）：23-27.

［96］吴家曦，李华燊.浙江省中小企业转型升级调查报告[J].管理世界，2009（8）：1-5，9.

［97］吴应宇，路云.企业可持续竞争能力及其影响因素分析[J].中国软科学，2003（9）：88-91.

［98］项保华，罗青军.基于主导逻辑与规则的战略循环模式[J].西北工业大学学报（社会科学版），2002，22（4）：23-26.

［99］邢以群.企业家及其企业家精神[J].浙江大学学报（社会科学版），1994（2）：67-74.

［100］夏普，雷吉斯特，格里米斯.社会问题经济学（第13版）[M].郭庆

旺，应惟伟，译.北京：中国人民大学出版社，2000：336.

［101］[美]约瑟夫·熊彼特.经济发展理论[M].李默，译.西安：陕西师范大学出版社，2007.

［102］许征文.企业持续竞争优势的资源视角[D].上海交通大学，2008.

［103］许征文，刘敏，胡连根.竞争优势分析单位的整合研究[J].科技管理研究，2007，27（9）：199-202.

［104］许庆瑞，谢章澎，杨志蓉.企业技术与制度创新协同的动态分析[J].科研管理，2006，27（4）：116-120，129.

［105］许和隆.冲突与互动：转型社会政治发展中的制度与文化[D].苏州大学，2006.

［106］薛红志，张玉利.公司创业研究评述——国外创业研究新进展[J].外国经济与管理，2003，25（11）:7-11.

［107］薛有志，王世龙.基于资源与能力的企业家精神机能体系研究[J].现代管理科学，2008（9）：7-9.

［108］杨丽，孙国辉.战略执行影响因素研究[J].中央财经大学学报，2009（5）：48-53.

［109］叶卫华.人格特质理论的探讨与运用[J].江西社会科学，2004（10）：200-202.

［110］殷华方.核心能力刚性的维度、机理与超越[J].南京师大学报（社会科学版），2006（5）：56-61.

［111］游达明，彭伟.战略资产与持续竞争优势的建立[J].石家庄经济学院学报，2004，10（2）：74-77.

［112］余菁.案例研究与案例研究方法[J].经济管理，2004（10）：24-29.

［113］韵江，姜晨.国外组织即兴研究述评[J].国外社会科学，2010（5）：4-10.

［114］曾萍.知识创新、动态能力与组织绩效的关系研究[J].科学学研究，2009，27（8）：1271-1280.

［115］张厚义，明立志.中国私营企业发展报告（1999）[M].北京：社会科学文献出版社，2000.

［116］章威.基于知识的企业动态能力研究：嵌入性前因及创新绩效结果[D]，浙江大学，2009.

［117］张小林，裘颖.即兴能力理论研究综述[J].科技进步与对策，2010，27（23）：156-161.

［118］张文坤.组织即兴文献综述研究[J].时代经贸，2008（2）：139，141.

［119］张玉利.创业与企业家精神：管理者的思维模式和行为准则[J].南开学报，2004（1）：12-15.

［120］张钢.基于技术转移的企业能力演化过程研究[J].科学学研究，2001，19（3）：70-77.

［121］张娟.制度创新：当代中国政治发展的现实诉求与路径选择[M].长沙：湖南人民出版社，2010.

［122］张佑林.江浙区域经济发展中的文化因素分析[D].华中科技大学，2005.

［123］赵永杰.基于企业家精神的动态能力生成机理研究[D].东北财经大学，2011.

［124］赵永杰，刘浩.家族企业动态能力生成机理——基于企业家精神视角的分析[J].东北财经大学学报，2016（2）：57-63.

［125］赵永杰，刘浩.基于动态能力视角的家族企业转型升级研究[J].辽宁工程大学学报（社会科学版），2016（3）：149-157.

［126］赵永杰，张要杰.家族企业动态能力：理论与实证研究[J].甘肃理论学刊，2016（3）：154-160.

［127］郑刚，颜宏亮，王斌.企业动态能力的构成维度及特征研究[J].科技进步与对策，2007，24（3）：90-93.

［128］郑胜华，芮明杰.动态能力的研究述评及其启示[J].自然辩证法通讯，2009，31（5）：56-64，70，111.

［129］郑素丽，章威，吴晓波.基于知识的动态能力：理论与实证[J].科学学研究，2010，28（3）：405-411，466.

［130］邹国庆.企业持续竞争优势的经济学评析[J].当代经济研究，2003（4）：28-32.

［131］邹国庆，徐庆仑.核心能力的构成维度及其特性[J].中国工业经济，2005（5）：96-103.

［132］周会斌，刘冰.高新技术企业集群中企业家精神的扩散机理研究[J].企业活力，2007（5）：82-85.

［133］周其仁.新经济下的企业家精神[N].中国企业报，2000.

［134］周立群，邓宏图.企业家理性、非理性与相对理性研究——兼论企业家精神[J].天津社会科学，2002（1）：74-81.

［135］庄子银.企业家精神、持续技术创新和长期经济增长的微观机制[J].

管理世界，2005（12）：32–44.

［136］Adner, R. & Helfat, C.E. Corporate effects and dynamic managerial capabilities, Strategic Management Journal, 2003, 24(10): 1011–1025.

［137］Akgün, A.E & Lynn, G. S. New product development team improvisation and speed–to–market: an extended model. European Journal of Innovation Management, 2002, 5(3): 117–129.

［138］Aldrich, H. E & Zimmer, C. Entrepreneurship through social networks, In: the art and science of entrepreneurship, ed. D. L. Sex–ton and R. W. Smilor. Cambridge, MA: Ballinger Publishing, 1986: 3–23.

［139］Amit, R. & Schoemaker, P. J. H. Strategic assets and organisational rent, Strategic Management Journal, 1993, 14(1): 33–46.

［140］Ansoff, H. I. & McDonnell, E. 1990. Implanting Strategic Management. UK: Prentice Hall.

［141］Argyris, C. & Schön, D. A. 1978. Organizational Learning: A Theory of Action Perspective, Massachusetts: Addison Wesley.

［142］Argyris C. & St. Schön D. A. 1996. Organizational learning II: Theory, method, and practice. Reading, MA: Addison Wesley.

［143］Arrow K. J. Economic welfare and the allocation of resources for innovation, Princeton, NJ: Princeton University Press, 1992: 609 –626.

［144］Arthurs J D, Busenitz LW. Dynamic capabilities and venture performance: the effects of venture capitalists. Journal of Business Venturing, 2006, 21(2): 195–215.

［145］Bacharach, S. B., Bamberger, P. and Sonnenstuhl, W J. The organizational transformation process: The micropolitics of dissonance reduction and the alignment of logics of action. Administrative Science Quarterly, 1996,41(3): 477–506.

［146］Barney, J. Firm Resource and Sustained Competitive Advantage. Journal of Management, 1991, 17(1): 99–120.

［147］Barney, J. B. Resource–based Theories of Competitive Advantage: a Ten-year Retrospective on the Resource–Based View, Journal of Management, 2001, 27(6): 625–641.

［148］Barrett, F. J. Coda: Creativity and improvisation in organizations for organizational learning, Organization Science, 1998, 9(5): 605–622.

［149］Bastien, D.T.& Hostager ,T J. Cooperation as communicative accomplishment: A symbolic interaction analysis of an improvised jazz concert,

Communication Studies, 1992, 43(2): 92–104.

［150］Bettis, Richard A & C. K. Prahalad. The Dominant Logic: Retrospective and Extension, Strategic Management Journal, 1995, 16(11): 5–14.

［151］Blyler, M. & Coff, R. W. Dynamic capabilities, social capital, and rent appropriation: Ties that split pies, Strategic Management Journal, 2003, 24(17): 677–686.

［152］Bourdieu, Pierre. Le capital social: notes provisoires, Actes de la Recherche en Sciences Sociales, 1980, 31(11): 2–3.

［153］Bourdieu, Pierre. The social space and the genesis of groups, Theory and Society, 1985, 14(6): 723–744.

［154］K.J.Button. 1976. Urban Economic: Theory and Policy.London: the MacMillan Press.

［155］Burt, R.S. 1992. Structural holes: the social structure of competition, Cambridge, MA: Harvard University Press.

［156］Calogherou, Y. A. Protogerou, Y. E. Spanos &L. Papayanakis. Industry vs. Firm–specific effects on Performance: Contrasting SMEs and Large–sized firms, European Management Journal, 2004, 22(2): 231–243.

［157］Carlsson, S. A. Knowledge managing and knowledge management systems in inter–organizational networks, Knowledge and Process Management, 2003, 10(3): 194.

［158］Cangelosi, V.E & Dill, W R. Organizational Learning: Observations Towards a Theory. Administrative Science Quarterly, 1965, 10(12): 175–203.

［159］Cepeda, G. and Vera, D. 2005. Knowledge management and firm performance: examining the mediating link of dynamic capabilities. 4th International Meeting of the Iberoamerican Academy of Management, Lisbon, Portugal.

［160］Chakravarthy, B.S & Lorang, P. 1991. Managing the Strategy Process: A Framework for a Multibusiness Firm, Englewood Cliffs: Preptice–Hall.

［161］Churehill, G. A. Paradigm for Developing Better Measures of Marketing Constructs. Journal of Marketing Research, 1979, 16(1): 64–73.

［162］Cohen, M.D., Burkhart R., Dos, i G. Egid,i M., Margengo, L., Warglien, M. & Winter, S. Routines and other recurring action patterns of organizations: contemporary research issues, Industrial and Corporate Change, 1996, 5(3): 653–698.

［163］Coleman, J.S. Social Capital in the Creation of Human Capital, American

Journal of Sociology, 1988, 94(5): 95–121.

［164］Collis D J. Research note: how valuable are organizational capabilities?, Strategic Management Journal, 1994, 15(2): 143–152.

［165］Covin J G & Slevin D P. Strategic Management of Small Firms in Hostile and Benign Environments, Strategic Management Journal, 1989, 10(1): 75–87.

［166］Crossan, M., Cunha, M P., Vera, D., & Cunha, J. Time and organizational improvisation, Academy of Management Review, 2005, 30(1): 129–145.

［167］Crossan, M. & Sorrenti, M. Making sense of improvisation. In J. P.Walsh and A S. Huff (Eds.), Advances in Strategic Management, 1997(14): 155–180. Greenwich, CT: JAI Press.

［168］Cunha, M. P., Cunda, J.V. da & Kamoche, K. Organizational Improvisation: What, When, How and Why, International Journal of Management Reviews, 1999, 30(11): 299–341.

［169］Cunha, M. & Cunha, J. 2002. To plan and not to plan: Toward a synthesis between planning and learning, International Journal of Organization Theory and Behavior, 2002, 5(3): 299–315.

［170］Cyert, R. & March, J.G. 1963. A Behavioral Theory of the Firm. New Jersey: Prentice Hall.

［171］Daniel E M &Wilson H N. The role of dynamic capabilities in e–business transformation, European Journal of Information Systems, 2003, 12(4): 282–296.

［172］Danneels, E. Trying to Become a Different Type of Company: Dynamic Capability at Smith Corona. Strategic Management Journal, 2011, 32(1): 1–31.

［173］Davidsson, P. The Domain of Entrepreneurship Reach: Some Suggestions, Advances in Entrepreneurship Firm Emergence and Growth, 2003(6): 315–372.

［174］David J. Teece. Explicating Dynamic Capabilities: The Nature and Micro-foundations of (Sustainable) Enterprise Performance, Strategic Management Journal, 2007, 28(13): 1319 – 1350.

［175］Deeds D L, De Carolis D, Coombs J. Dynamic capabilities and new product development in high technology ventures: an empirical analysis of new biotechnology firms. Journal of Business Venturing, 2000, 15(3): 211–229.

［176］Diericks, I. & Cool, K. Asset Stock Accumulation and Sustainability of Competitive Advantage. Management Science, 1989, 35(12): 1504–1511.

［177］Dijksterhuis, M. Where Do New Organizational Forms Come Form?

Management Logics as a Source of Revolution. Organization Science, 1999, 10(5): 569–582.

［178］Dorothy Leonard Barton. Core Capabilities and Rigidities: A Paradox in Managing New Product Development, Strategic Management Journal, 1992, 13(51): 111–125.

［179］Dosi, G. Technological paradigms and technological trajectories: a suggested interpretation of the determinants and directions of technical change. Research Policy, 1982, 11(3): 147–162.

［180］Doving, E. & Gooderham, P.N. Dynamic capabilities as antecedents of the scope of related diversification: The case of small firm accountancy practices, Strategic Management Journal, 2008, 29(8): 841–857.

［181］Eisenhardt Kathleen M. Building Theories from Case Study Research, The Academy of Management Review, 1989, 14(4): 532–550 .

［182］Eisenhardt, Kathleen M. & Tabrizi, Benham N. Accelerating adaptive processes: product innovation in the global computer industry, Administrative Science Quarterly. 1995, 40(1): 84–110.

［183］Eisenhardt K M & Martin JA. Dynamic capabilities: What are they?, Strategic Management Journal, 2000, 20(10): 1105–1121.

［184］Forrester J W. Greetings to the 1991 System Dynamics Conference in Bangkok, Supplemental Proceedings of the 1991 Inte.System Dynamics Conference. 1991: 1–3.

［185］Gary Gereffi. International Trade and Industrial Upgrading in the Apparel Commodity Chains. Journal of International Economics, 1999, 48(1): 37–70.

［186］Gerbing, D. W., Anderson, J. C. An Updated Paradigm for Scale Development Incorporating Unidimensionality and Its Assessment. Journal of Marketing Research, 1988, 25(2): 186–192.

［187］Gersick, CJG & Hackman, JR. Habitual Routines in Task–performing Groups, Organizational Behavior and Human Decision Processes, 1990, 47(1): 65–97.

［188］G. Gordon. 1978. System Simulation. Englewood Cliffs, N.J.: Prentice–Hall.

［189］Goto, Akira. Business Group in a Market Economy, European Economic Review, 1982, 19(1): 53–70.

［190］Godfrey, P. & Hill, C. The problem of unobservable in strategic management research, Strategic Management Journal, 1995, 16(7): 519–533.

［191］Gorsuch, R. 1983. Factor analysis. Hillsdale, NJ: L.Erlbaum Associates.

［192］Granovetter, M. Economic Action and Social Structure: The Problem of Embeddedness, American Journal of Sociology, 1985, 91(3): 481–510.

［193］Grant, R. The resource–based theory of competitive advantage: Implication for strategy formulation, California Management Review, 1991, 33(3): 114–135.

［194］Grant, R.M. prospering in dynamically competitive environments: Organizational capability as knowledge integration, Organization Science, 1996, 7(4): 375–387.

［195］Guth,W.D. & Ginsberg, A. Guest Editor's Introduction: Corporate Entrepreneurship, Strategic Management Journal, 1990, 11(5): 5–16.

［196］Hagedoorn, J. Understanding the cross–level embeddedness of interfirm partnership formation, Academy of Management Review, 2006, 31(3): 670–680.

［197］Hannan, M. & Freeman, J. The population ecology of organizations, American Journal of Sociology, 1977, 82(5): 929–964.

［198］Hannan, M. & Freeman, J. Structural Inertia and Organizationl Change, American Sociological Review, 1989, 49(2): 149–164.

［199］Hayek, F.A.von. Economics and Knowledge, Economica, 1937, 4(13): 33–54.

［200］Helfat, C. & Peteraf, M. The dynamic resource–based view: Capability lifecycles, Strategic Management Journal, 2003, 24(10): 997–1010.

［201］Henderson Rebecca M. & Clark ,Kim.B.1990. Architectural Innovation: the Reconfiguration of Exiting Product Technologies and The Failure of Establised Firms, Administrative Science Quarterly, 1990, 35(1): 9–30.

［202］Hodgkinson, G.P. Cognitive inertia in a turbulent market:the case of UK residential estate agents, Manage Study, 1997, 34(6): 921–945.

［203］Nicole P. Hoffman. An Examination of the Sustainable Competitive Advantage Concept: Past, Present, and Future, Academy of Marketing Science Review, 2000(4): 1–16.

［204］Hoskisson, R. E., Hitt, M.A. & Wan, W. P. Theory and Research in Strategic Management: Swings of a Pendulum, Journal of Management, 1999, 25(3): 417–456.

［205］Iansiti ,M & Clark, K B. Integration and dynamic capability: Evidence from product development in automobiles and mainframe computers, Industrial and Corporate Change, 1994, 3(3): 557–605.

［206］Jay Barney. Looking Inside for Competitive Advantage, Academy of Management Executive, 1995, 9(4): 49–62.

［207］Joseph F Hair, Rolph E Anderson, Ronald L Tatham, William C Black. Multivariate analysis .Englewood: Prentice Hall International.

［208］King, A.A. &Tucci, C.L. Incumbent entry into new market niches: The role of experience and managerial choice in the creation of dynamic capabilities, Management Science, 2002, 48(2): 171–186.

［209］Kirzner, Israel M. 1973. Competition and Entrepreneurship, Chicago: University of Chicago Press.

［210］Kohli A. K. & Jaworski, B.J. Market orientation: the construct, research propositions and managerial implications, Journal of Marketing, 1990, 54(2): 1–18.

［211］Kogut B. & Zander, U. Knowledge of Firm, Combinative Capabilities, and the Replication of Technology. Organization Science, 1992, 3(3): 383–397.

［212］Leoncini, R., Montresor, S.& Vertova, G. 2003. Dynamic capabilities: evolving organizations in evolving (technological) systems, U of Bergamo Economics Working Paper No.4/2003.

［213］Leonard–Barton, D. Core Capability and Core Rigidity: A Paradox in Managing New Product Development, Strategic Management Journal, 1992, 21(S1): 111–125

［214］Levinthal, D.A.& Macrh, J.G. The myopia of learning, Strategic Management Journal, 1993, 14(8): 95–112.

［215］Levy, A., Merry, U. 1986. Organizational transformation: Approaches, strategies, theories. New York: Praeger.

［216］Lumpkin G T & Dess G G. Clarifying the Entrepreneurial Orientation Construct and Linking it to Performance, Academy of Management Journal, 1996, 21(1): 135–172.

［217］Lynn, R. The Secret of the Miracle Economy: Different National Attitudes to Competitiveness and Money. London:Crowley Esmonde Ltd, 1991: 112.

［218］Makkonen, H., Pohjola, M., Olkkonen, R., Koponen, A. Dynamic Capabilities and Firm Performance in a Financial Crisis.Journal oI Business Research, 2014, 67(1): 2707–2719.

［219］March, J. & Simon.H. 1958. Oganizations, Newyork: Wiley.

［220］Masini, Zollo & Wassenhove. 2004. Understanding Exploration and Exploitation in Changing Operating Routines: The Influence of Industry and Organizational Traits, Working Paper, 4–22.

［221］McEvily & Zaheer. Bridging ties: A source of firm heterogeneity in competitive capabilities, Strategic Management Journal, 1999, 20(12): 1133–1156.

［222］McEvily, S., Eisenhardt, K. & Prescott, J. The global acquisition, leverage and protection of technological competencies, Strategic Management Journal, 2004, 25(8–9): 713–722.

［223］Menguc B. and Auh S. Creating a firm–level dynamic capability through capitalizing on market orientation and innovativeness, Journal of the Academy of Marketing Science. 2006, 34(1): 63–73.

［224］Mehra, A. Strategic groups:a resource–based approach, Academy of Management Journal, 1998, 31(2): 331–339.

［225］Miner, A., Bassoff, P. & Moorman, C. Organizational improvisation and learning: A field study. Administrative Science Quarterly, 2001, 46(2): 304–337.

［226］Miller D. The Correlates of Entrepreneurship in Three Types of Firms, Management Science, 1983, 29(7): 770–791.

［227］Moorman,C & Miner, A S. Organizational improvisation and organizational memory, Academy of Management Review, 1998a, 23(42): 698–723.

［228］Moorman, C & Miner. A S. The convergence of planning and execution: Improvisation in new product development, Journal of Marketing, 1998b, 61(1): 1–20.

［229］Mosakowski, E. & McKelvey, B. 1997. Predicting Rent Generation in Competence–based Competition, In Heene, A. and Sanchez, R. (ed.), Competence–Based Strategic Management, Chichester: John Wiley.

［230］Muller D C. The Persistence of Profits above the Norm, Economica, 1977, 44(176): 369–380.

［231］Narver J C. & Slater, S F. The effect of a market orientation on business profitability, Journal of Marketing, 1990, 54(4): 20–35.

［232］Nelson, R.R. & Winter, S.G. 1982. An evolutionary theory of economic change, Cambridge, MA: Harvard University Press.

［233］North, D. 1990. Institutions, Institutional Change, and Economic Performance. Cambridge: Cambridge University Press.

［234］Pavlou A P, El Sawy O A. From IT leveraging competence to competitive advantage in turbulent environments: the case of new product development, Information Systems Research, 2006, 17(3): 198–227.

［235］Peteraf, Margaret A., The Cornerstones of Competitive Advantage: A Resource- Based View. Strategic Management Journal, 1993, 14(3): 179–191.

［236］Polanyi K. 1944. The great transformation. Boston: Beacon Press.

［237］Porter, Michael E. 1985. Competitive Advantage. New York: The Free Press.

［238］Powell, W.W. Neither market nor hierarchy: Network forms of organization, Research in Organizational Behavior, 1990(12): 295–336.

［239］Prahalad C.K & Bettis R.A. The Dominant Logic: A New Linkage between Diversity and Performance, Strategic Management Journal, 1986, 7(6): 485–501.

［240］Prahalad, C. K. & G.Hamel. The core competence of the corporation, Harvard Business Review, 1990, 68(3): 79–91.

［241］Priem, R. L. & Butler, J. E. Is the Resource–Based"View"a Useful Perspective for Strategic Management Research?, Academy of Management Review, 2001, 26(1): 22–40.

［242］Prieto, I, Revilla, E.& Rodriguez, B. 2008. Building Dynamic capabilities in Product Development: The Role of Knowledge Management, IE Business School Working Paper WP08–14 05–03–2008.

［243］Putnam R D. The Prosperous community: Social Capital and Public Life, The American Prospect, 1993, 4(13): 35–42.

［244］Quinn, James B.& Hilmer, Frederick G. Strategic Outsourcing, Sloan Management Review, 1994, 35(1): 43–55.

［245］Rapoport, A. 1986. General System Theory, Tunbridge Wells: Abacus Press.

［246］Rindova & Kotha. Continuous"Morphing": Competing Through Dynamic Capabilities, Form, and Function, Academy of Management Journal, 2001, 44(6): 1263–1280.

［247］Ron Sanchez & Aime Heene. 2004. The New Strategic Management: Organization, Competition and Competence, New York: John Wiley and Sons.

［248］Rumelt, R. P. Diversification Strategy and Profitability. Strategic Management Journal, 1982, 3(4): 359–369.

［249］Rumelt, R. P. Towards a Strategic Theory of the Firm, In R. B. Lamb. (ed.), Competitive Strategic Management, Prentice-Hall, Englewood Cliffs, N J.1984: 556-570.

［250］Sanchez, Ron. Strategic Flexibility in Product Competition. Strategic Management Journal, 1995, 16(1): 135-159.

［251］Schreyogg, G. & Kliesch-Eberl, M. How dynamic can organizational capabilities be? Towards a dual-process model of capability dynamization, Strategic Management Journal, 2007, 28(4): 15-24.

［252］Senge, P. 1990. The Fifth Discipline: the Art and Practice of the Learning Organization. New York: Doubleday Currency.

［253］Sharma,P.& Chrisman,J.J. Toward a Reconciliation of the Definitional Issues in the Field of Corporate Entrepreneurship, Entrepreneurship Theory and Practice, 1999, 23(3): 11-27.

［254］Shuk-Ching Poon. Beyond the Global Production Networks: A Case of Further Upgrading of Taiwan's Information Technology Industry[J]. Technology and Globalization, 2004, 1(1): 130-144.

［255］Simon, H.A. Birth of an Organization: The Economic Cooperation Administration, Public Administrative Review, 1953, 13(4): 227-236.

［256］Simonin, B. Ambiguity and the process of knowledge transfer in strategic alliances, Strategic Management Journal, 1999, 20(7): 595-623.

［257］Stopford, J.M.Baden-Fuller, C. W. F. Creating Corporate Entrepreneurship, Strategic Management Journa1, 1994, 15(7): 521-536.

［258］Sull, D.N. Why good companies go bad, Harvard Business Review. 1999, 77(4): 42-52.

［259］Tan, J. & Tan, D. Environment-strategy Co-evolution and Co-alignment: A Staged Model of Chinese SOEs under Transition, Strategic Management Journal, 2005, 26(2): 141-157.

［260］Teece DJ. Capturing Value from Knowledge Assets: The New Economy, Markets For Know-How, and Intangible Assets, California Management Review, 1998, 40(3): 55-79.

［261］Teece, D & Pisano, G. The dynamic capabilities of firms: an introduction, Industrial and Corporate Change, 1994, 5(3): 537-556.

［262］Teece, D.J., Pisano, G. & Shuen, A. Dynamic capabilities and strategic management, Strategic Management Journal, 1997, 18(7): 509–533.

[263] Teece, D.J. Explicating Dynamic Capabilities: the Nature and Microfoundations of (sustainable) Enterprise Performance, Strategic Management Journal, 2007, 28(13): 1319–1350.

[264] Vanpoucke, E. ,Vereecke, A., Wetzels, M. Developing Supplier Integration Capability for Sustainable Competitive advantage: A Dynamic capabilities approach. Journal of Operations Managenment, 2014, 7(32): 446–461.

[265] Vera, D. & Crossan, M. Theatrical improvisation: Lessons for organizations, Organ. Stud, 2004, 25(5): 727–749.

[266] Vera, D. &Crossan, M. Improvisation and innovative performance in teams, Organization Science, 2005, 16(3): 203–224.

[267] Verona, G. and D. Ravasi. Unbundling dynamic capabilities: an exploratory study of continuous product innovation. Industrial and Corporate Change, 2003, 12(3): 577–606.

[268] Wang, C. L. & Ahmed, P. K. Dynamic Capabilities: A review and research agenda, International Journal of Management Reviews, 2007, 9(1): 31–51.

[269] Weick, K. E. The collapse of sense making in organization: The mann Gulch disaster, Administrative Science Quarterly, 1993a, 38(4): 628–652.

[270] Weick, K. E. Organizational redesign as improvisation, In G. P. Huber and W. H. Glick (eds.) Organizational Change and Redesign: New York: Oxford University Press, 1993b: 346–379,

[271] Weick, K. E. Improvisation as a mindset for organizational analysis, Organization Science, 1998, 9(5): 543–555.

[272] Weiss, H.M. & Ilgen, D R. Routinized Behavior in Organizations, Journal of Behavioral Economics, 1985, 14(1): 57–67.

[273] Wernerfelt B. A resource–based view of the firm, Strategic Management Journal, 1984, 5(2): 171–180.

[274] Williamson, O.E. 1985. The Economic Institutions of Capitalism: Firms, Markets Relational Contracting, New York: Free Press.

[275] William J. Baumol. Entrepreneurship: Productive, Unproductive, and Destructive. The Journal of Political Economy, 1990, 98(5): 893–921.

[276] Williamson, O. Strategy research: governance and competence perspectives, Strategic Management Journal, 1999, 20(12): 1087–1108.

〔277〕Wooten, L.P. & Crane, P. Generating dynamic capabilities through a humanistic work ideology, The American Behavioural Scientist, 2004, 47(6): 848–866.

〔278〕Yiannis E. Spanos & Spyros Lioukas . An examination into the causal logic of rent generation: contrasting Porter's competitive strategy framework and the resource-based perspective, Strategic Management Journal. 2001, 22(19): 907–934 .

〔279〕Zahra, S. A., Sapienza, H. J. &Davidsson, P. Entrepreneurship and dynamic capabilities: A review, model and research agenda, Journal of Management Studies, 2006, 43(4): 917– 955.

〔280〕Zollo, M. , Winter,S.G. Deliberate Learning and the Evolution of Dynamic Capabilities. Organization Science, 2002, 13(3): 339–351.

〔281〕Zott, C. Dynamic capabilities and the emergence of intra-industry differential firm performance: insights from a simulation study, Strategic Management Journal, 2003, 24(2): 97–125.

〔282〕Zukin, S., and P. DiMaggio. Structures of Capital: The Social Organization of the Economy. Cambridge: Cambridge University Press.

〔283〕Zhou K., Li B. How Strategic Orientations Influence the Building of Dynamic capability in Emerging Economies. Journal of Business Research, 2010, 63(3): 224–231.